尾鷲卓彦

三国志誕生

真のヒーローは誰か

影書房

三国志誕生　真のヒーローは誰か　目次

付録

三国志誕生

真のヒーローは誰か

序　なにが英雄を奮い立たせたか

歴史の理解に紋切り型は不要である。

危険ですらある。

わたしたちは司馬遷《しばせん》の『史記《しき》』を、班固《はんこ》の『漢書《かんじょ》』を、陳寿《ちんじゅ》の『三国志』を、范曄《はんよう》の『後《ご》漢書』を、あまりに教科書的に読んできはしなかっただろうか。斬れば鮮血がほとばしる文体を、たんにＣＤ－ＲＯＭの画面にはじき出されてくる無機質な文字と同じに感じてはいないだろうか。

易姓《えきせい》革命を是《ぜ》としてきた中国においては、治乱興亡の烈しさはむしろ民族の活力をしめす証《あかし》だった。支配者も被支配者も平和な世をのぞみはしたが、それ以上に、見せかけの泰平、虚構の繁栄に耐えしのぶよりは、たがいの生き様をぶつけあって激しく燃焼してゆく道をえらんだ。

人の血液は寂寞《せきばく》の風景のなかでこそ温かみを増す。それが曹操《そうそう》と関羽《かんう》の、劉備《りゅうび》と諸葛亮《しょかつりょう》の、孫権《そんけん》と周瑜《しゅうゆ》の物語りなのだ。その記録を太平逸楽の民が安穏《あんのん》と百万遍読んだとて、ただの教科書ほどの意味ももたないに違いない。兵馬《へいば》倥偬《こうそう》の時代を駆けめぐった英雄豪傑の気概を、汚辱《おじょく》乱世を生きぬいた悪人や庶民の真心《まごころ》を、いったいどれほど実感できようか。

たとえば――

「曹操は漢王室を簒奪《さんだつ》した逆臣である」という論が一般に多い。「本質的には逆臣だが、あくまでも忠君勤王の名分《めいぶん》をたてる。これが策略家としての曹操一流のパフォーマンスだった」という、うがった見方もある。だが陳《ちん》寿《じゅ》作『魏《ぎ》書』(1)「武帝紀」（曹操の伝）の、曹操の詩の、文の、どこを読めばそのような結論にたっするというのだろうか。いずれも後漢以降の、羅《ら》貫中《かんちゅう》作『三国志演義』（明末）をもふくめた、中国における曹操逆臣論の受け売りにすぎないのである。

蟹《かに》はおのれの甲羅《こうら》に似せて穴をほる、と言う。中国の史書を日本的空間と次元で読んではならないだろう。歴史上の曹操が逆臣だという攻撃は、激烈な儒教社会、中国においてこそ意味をもつ。そのままの論を日本で空念《からねん》仏《ぶつ》したところで、わたしたちになんの喜びも苦痛ももたらしはしない。むしろそれは、二～三世紀の中国に生をうけた漢帝国の一遺臣の心中を、大きく誤解させることに役立っている。

治世であれ乱世であれ、時代に相渉《あいわた》る、とはいかなる意味だろうか。

まずは食衣住を確保し、個々の希求にしたがって行動する。道づれがいればともに進み、行く手を遮《さえぎ》る者があれば協同して排除する。不安、疑心、阿諛《あゆ》、裏切り、謀略、闘争、殺戮《さつりく》が生じ、義理、友情、信頼、結束、犠牲、愛、恩が生まれる。人類が営々といとなんできた歴史である。

しかしながら、ただそれだけなのだろうか。

――思うに、文章をつくるということは国を治めるにも等しい大事業であり、永遠に朽ちることのない営みである。人の寿命には終わりがあり、名誉も楽しみもその肉体とともに消え去る。寿命と栄耀の消滅は避けられぬ運命であり、文章のもつ無限の生命には及ぶべくもない。それゆえに、その昔から個性に生きる人びとは文章におのれの全存在をかけて自己を表現してきた。彼らは一流の史家の評価にたよらず、時流の勢いに乗ることもしなかった。

『典論《てんろん》』にある曹丕《そうひ》のことばである。この「文は気（個性）をもって主となす」と喝破《かっぱ》した建安《けんあん》文学の旗手の父が、前後四〇〇年間にわたる漢帝国の遺臣曹操である。高みに登ればかならず詩をつくり、そのまま歌っても曲調にはずれなかった曹操は、かつてこう詩《うた》った。

酒宴の席だ、短歌行《たんかこう》でも歌おうか。
ああ、人生などというものは、
朝露《あさつゆ》のようにはかなく消えてゆき、
残された日々は、すでに僅《わず》か。
何かしれず憤り、声高らかに歌っても、
心中の憂い、晴れはせぬ。
無理にも憂いを忘れるには、
酒のむほかに何があろう——

こう詩に詠《よ》んだ曹操は「自ら本志《ほんし》を明らかにする令」（建安十五年、二一〇年）で、つぎのように言った。

「あいつは不遜な考えを抱いている」と言う者もいようが、まあ勝手にさわぐがいい。……私は率直に、胸中にあることを語っているのだ。なぜこれほどくりかえし正直に本心を打ちあけるかといえば、ただ信じて欲しいからである。金の箱の中にあった文書によって、はじめて周公《しゅうこう》の真意が伝えられたように[2]、人に信じてもらうのはむつかしいものなのだ。

中国古代に生きた当人たちの詩文に親しまずして、英雄も逆臣もないのではなかろうか。戦闘や謀略のかけひきは、彼らの道行《みちゆき》の一風景にすぎない。その衷心《ちゅうしん》の叫びを聴くには、後漢末を疾駆した男たちの〝金の箱〟を開けねばならないのである。

わたしたちの血を逆流させるなにかが、そこには在るはずなのだ。

注(1) 晋の陳寿が編集したのは『魏書』『蜀書』『呉書』であり、後世（北宋・一〇〇三年頃）その三つを総称して『三国志』と呼ぶようになった。本書では一般的呼称のみ「三国志」として使用した。

(2) 周の武王《ぶ》の弟周公は摂政として、幼少だった武王の子成王《せい》を補佐した。のち成王は周公を疑うが、周公の没後、残された金の箱を開けて、周公がかつて武王の身替りになろうとしたことを知り、涙を流した（『史記』）。

第一章　曹一族と閹軍団　曹操の出自

曹参《そうさん》を祖先とする曹操一族は、漢の名門であった。後漢の中頃、祖父曹騰《そうとう》が宦官《かんがん》になることによって、曹一族の権力はふたたび甦《よみがえ》る。

1　曹操の先祖は漢の名門だった

三国志前史でよく対比されるのは、後漢末の豪雄袁紹《えんしょう》とのちの魏《ぎ》王曹操《そうそう》の家柄の違いである。袁紹の一門は四世代にわたって三公（太尉《たいい》・司徒《しと》・司空《しくう》の、三つの最高官位）を輩出した名門で、宦官《かんがん》（宮中で奉仕する去勢された男）の孫である曹操の一族など遠くおよばない高い家格だった、などといわれ、またそれがほとんどの三国志物《もの》の常識になっている。しかし、これほど天と地をひっくり返したような誤解も少ないのである。

結論をさきにいうなら、曹操の家系こそ漢の高祖劉邦《りゅうほう》の時代から四〇〇年ちかくつづいてきた名門中の名門なのであり、袁紹家はようやく後漢のはじめころから記録が残っている、いわば〝ポッと出《で》〟の豪族にすぎないのだ。この大誤解が袁紹や曹操の人物像をゆがめ、ひいては後漢末群雄たちの離合集散の情勢や曹操の権勢集中過程などの誤った理解に少なからぬ影響をあたえている。まずは、その基本的な誤解をとくことからはじめたい。

『魏書』「武帝紀」の冒頭に、武帝（曹操）は「漢の相国《しょうこく》、参《さん》の後《こう》なり」と記されている。相国は秦《しん》代にできた官で、天子の意をうけて政務万端をたすける最高官位である。ありがたいことに、司馬遷は『史記』に「曹相国世家《せいか》」の項をたてている。世家とは世襲の家柄の記録のことだが、曹操の先祖の家柄はそれほどだったのである。以下に「曹相国世家」によりつつ、曹参《そうさん》がいかなる人物だったのか見てゆこう。

曹参は若いころ沛《はい》（山東省沛県）の獄掾《ごくえん》（獄をつかさどる事務官）をしていた。上司に蕭何《しょうか》がいた。秦末の動乱に乗じて劉邦が沛公となり反秦軍を起こしたとき、曹参は侍従官として、蕭何は補佐官としてつきしたがった。またこのとき、同じ沛県の役人だった夏侯嬰《かこうえい》が劉邦の太僕《たいぼく》（輿《こし》や馬をつかさどる官）として行をともにしている。

以来、曹参は劉邦とほとんど一心同体となって山東、河南一帯の秦軍をしらみつぶしに攻撃し、ことごとく配下におさめてゆく。転戦に転戦をかさねて西方の陝西《せんせい》にいたり、ついに首都咸陽《かんよう》をおとして秦を滅ぼした。このとき、いまだ勢力の強大な反秦軍の首領項羽《こうう》は劉邦を漢中《かんちゅう》の漢王に封じ、劉邦は曹参を建成侯に封じて将軍に任じた。丞相《じょうしょう》（朝政を総覧する最高の官職）は蕭何、大将軍は蕭何らの推薦による韓信《かんしん》である。

漢中を足場にして、劉邦らはさらに周辺の平定に力をそそぐ。魏王豹《ひょう》を捕え、趙《ちょう》を取り、斉《せい》を撃ち、やがて垓下《がいか》における楚《そ》王項羽との決戦に勝利して、劉邦は名実ともに漢の皇帝（高祖）となった。曹参の戦功は楚王に抜擢された韓信におとらないものであり、劉邦は曹参を斉《せい》の相国（斉王は劉邦の長男肥《ひ》）に任じ、平陽侯にとりたてた。

創建まもない漢王朝には謀反や反乱がたえまなく生じた。淮陰《わいいん》公韓信につづく淮南《わいなん》王黥布《げいふ》の謀反。その討伐戦で劉邦は流れ矢にあたり、それがもとで病にふす。妻の呂后《りょこう》が病床の劉邦にたずねた。

「もしも不幸にして陛下がお隠れあそばされ、蕭相国も亡くなられたら、だれを代わりにしたらよろしいでしょうか」

劉邦がこたえた。

「曹参がよかろう」

高祖劉邦が崩じ、つづいて立った孝恵帝は曹参をあらためて斉の丞相に任命した。その当時のことである。斉には七十あまりの城邑《じょうゆう》（まちや村）があったが、あるとき曹参は長老や学問のある者を招いて、民百姓《たみひゃくせい》（一般民衆）を安らかに生活させる道をたずねた。しかし皆がそれぞれ異なった考えをのべ、まとめようがない。膠西《こうせい》に蓋《こう》公という人物がいて黄老《こうろう》の道（黄帝・老子の教え）に深いと聞き、曹参は人をやって手厚く招聘し、政治の要諦を質問した。

「それは何もほどこさず、ごく静かであることです。清静《せいせい》を大切にすれば、人びとの生活はおのずから安定するでしょう」

蓋公はこうこたえて、具体的なことに話をすすめる。曹参は聞きおわると、政務をとる場所に蓋公をおしとどめ、黄老の道を政治に生かそうとした。曹参が丞相の任にあった九年間、斉はよく治まり、かれは賢相とたたえられた。

故郷沛の親しいなかまだった曹参と蕭何だが、劉邦のもとで互いが権勢を持ってくると間隙《かんげき》を生じた。しかし孝恵帝の二年（前一九三年）、死にのぞんだ蕭何が推薦した人物はやはり曹参だった。蕭何の没後、曹参は漢の相国になったが、彼は蕭何がさだめた規則をなにひとつ変えることなく、以前と同じように静かな政治をおこなった。庶民たちの歌にある。

蕭何さまは立派な法律つくられた
曹参さまは、それを守って過失《あやまち》なし
清らかで静かなその治政《ちせい》
わしらは安心、乱れなし

曹参は相国になって三年後に病没、子の曹窋《ちゅつ》がかわって平陽侯になった。司馬遷は曹参をつぎのように評している。「その政治はきわめて清静無為で、その言辞は道に合致していた。民は秦の苛酷な政治から解放され、参は民衆とともに休息して無為にして民衆を教化した。」

以上、曹参の事蹟や黄老的政治観をすこしこまかく見てきたのは、ほかでもない、やがてほぼ四〇〇年後、曹操が後漢末の政治舞台で活躍するようになるとき、かれの人生観や政治理念に、漢創業の功臣である先祖曹参の大きな影をみることになるからである。

ちなみに『漢書』（後漢の西暦八〇年前後に完成）の作者班固《はんこ》は、韓信らが滅亡したあと漢の功名は曹参がひとりじめし、官位は群臣に抜きん出、名声は後世に伝わり、子々孫々、その余光をこうむった、と述べている。

2　豪族曹家と夏侯家の結びつき

劉邦の漢創業期に、かれの手足となって活躍した者のなかに夏侯嬰《かこうえい》がいた。出身地は曹参とおなじ沛である。出身がおなじだけでなく、やがて曹家と夏侯家はいく代にもわたって同族としての固い結束を結んでゆくことになる。ここではまず夏侯氏の祖ともいえる夏侯嬰（以下、嬰と記す）について述べておこう。『史記』には、かれの列伝が収録されている。

嬰は若いころ沛の廏司御《きゅうしぎょ》（御者）をしていたが、そのころから劉邦と仲がよかった。劉邦は反秦軍決起にあたり、嬰に七大夫《たいふ》の爵をあたえ、太僕《たいぼく》に任命した。今日でいう〝劉邦付運転手〟のようなもので、劉邦は嬰の御《ぎょ》す馬車にのって戦場をかけめぐり、漢高祖への道をひた走ったといえる。漢中に入ってのち、嬰は昭平侯に封じられた。

項羽との数度にわたる個別戦において、劉邦軍が敗走したことがあった。逃げる途中、劉邦の子の孝恵《こうけい》と魯元《ろげん》に出あい、嬰は二人を車上にひきあげた。だが馬は疲れ、敵の追手はうしろに切迫している。劉邦はせめて自分だけは生きのびねばと、二人の子を車から蹴落とそうとした。嬰はそのたびに二人をかばいながら馬車を飛ばし、ようやく九死に一生をえて逃げきることができた。劉邦の起兵から漢帝国の創業をへて病没するまで、嬰はつねに太僕としてそばにはべり、劉邦の信頼は絶大なものがあったが、皇族からの信任もあつかった。孝恵が帝位につくと、かつて自分らを救出してくれた嬰を尊敬し、近くに居てもらいたいという理由で宮中の一等地に立派な邸宅を建て、住まわせたのである。

司馬遷は、嬰から三代目の夏侯頗《は》は平陽公主（孝景帝の皇女）と結婚したが、のち「父の妾と姦通した罪に坐して自殺、封国をのぞかれた」と伝を結んでいる。いっぽう班固『漢書』の夏侯嬰伝には「はじめ嬰は滕《とう》の県令として沛公（劉邦）の車を御したので滕公と号した。頗が公主をめとるにおよんで母方の姓を孫《そん》公主と名乗ったため、滕公の子孫はあらためて孫氏となった」と追記されている。封国はのぞかれたものの、夏侯氏は皇族の流れをくむ一族として生きつづけるのである。かくして後漢末乱世にいたり、わたしたちは曹一族とともに不死鳥のように甦《よみがえ》ってくる夏侯一族の底力を目《ま》のあたりにすることになろう。曹操を押したてつつ、ともに激戦場をくぐりぬけながら漢王朝を支えつづけようとした夏侯惇《とん》、夏侯淵《えん》らの登場である。

もうひとつ、こちらがより根本的なのだが、曹・夏侯両族が一体化する原因があった。それは地方郷党《きょうとう》内における豪族同士の共棲ともいうべき関係である。後漢時代は、強力な漢帝国によっていったん中央集権化された豪族の力が、それにあぶれた地方各所が反権力の拠点になってゆくにつれてふたたび群雄化していった時代であり、さらに壊滅的な国家的経済破綻《はたん》に襲われたことによって、地方に経済的基盤をもつ郷党たちは一丸とならざるを得なかったという事情があった。中国中世の始まりである。

いつの頃からか、沛県出身の曹氏と夏侯氏は約一五〇キロ西南にある譙《しょう》（安徽省亳《はく》州市）に根拠地をおいている。漢代の豪族たちは、おおむねいくつかの宗《そう》族が一地方に共棲し、多勢の家族や成員を外敵から共同でまもる傾向にあった。田畑をつくる労働力や困窮・弱者の相互扶助はいうまでもない。かれらはほとんど毎月のように先祖を祭り、宗族や郷党の人間関係の結束をつよめた。

正月元旦、家長は祖先の祭壇に酒をそなえ、そのまえに子、妻、嫁、孫などが坐って杯をめぐらせながら長寿をことほぐ。それが終わると年賀の挨拶まわりである。名刺をもって主君、教師、一族の老人、父兄などを巡回した。曹・夏侯両家は洛陽の中央官界に太いパイプをもっていたので、むしろ頼られる側だと思われるが、挨拶回り先には地方の有力者や大官僚、将軍なども少なくなかったはずである。すなわち譙における曹一族と夏侯一族は、いわば大家族の構成員として一体となり、ほぼ同じ敷地内に居住し、相互に助けあいつつ宗族の秩序をたもち、地域社会においては役所などにつとめ、あるいは周辺の城邑や首都洛陽にまでつてを求めて活動していたと考えられるのである。

さて、漢の相国曹参いらいの曹一族については「征和《せいわ》二年（武帝時代、紀元前九一年）、曹宗《そう》は戻《れい》太子の死に連坐して国をのぞかれた」（『史記』）とか、「爵位・封土を世襲するも一度絶え、ふたたび復興していまにいたる」（『魏書』注）などともいわれている。しかし『史記』のこの記述は後世の付加で信用できないとされており、また『曹瞞伝《そうまん》』（曹操に批判的な当時の伝記。佚書《イッショ》）から引用した『魏書』注も、記録として確認できない。今日、関連書をしらべた範囲で「曹一族系図」（曹操出生まで）を作成してみるなら、だいたい21頁に示したようになるだろう。

この系図を見れば、曹一族が四〇〇年ちかい漢帝国においてつねに本流に位置し、かつ代々平陽侯に封じられてきた名家だということは一目瞭然である。記録によれば曹時《じ》のときに平陽公主（公主は皇帝の娘）を妻にしているので、時代の前後ははっきりしないものの、同じく平陽公主をめとった夏侯（頗《は》）一族とは、この時点ですでに親戚関係になっていたはずである。

曹参ののち曹家の一党がふたたび正史の伝にあらわれるのは、南朝宋《そう》の范曄《はんよう》が著した『後漢書』「宦者列伝《かんじゃ》」においてである（『魏書』「武帝紀」が先に書かれているが、生存者順に記す）。「宦者列伝」は後漢に輩出した大物宦官九人の事績を記録したもの。その一人にあげられた曹騰《とう》こそ、曹家中興の祖ともいうべき人物であり、祖父にあたるかれもまた曹操の人間形成に抜きがたい影響をあたえたのである。

3　後宮にうごめく宦官たち

曹騰の父曹節《せつ》、つまり曹操の曾祖父は仁徳のあつい人として尊敬されていたという。こんな話がある。飼っていたブタを逃がした隣人が、曹節の家のブタがよく似ていたので、門のまえまできて自分の家のだと言い張った。

曹節は口論しない。まもなく逃げたブタが自分で家にもどってきた。隣家の主人は大いに恥じいり、持っていったブタを返しにきて平謝《ひらあやま》り、曹節は笑ってブタをうけとった。心のひろい人格、漢の家臣としての曹家の風格をほうふつとさせてくれるような話だ。

ここで少しふれておきたいのは、曹節の住居《すまい》のことである。前漢はじめの曹参は長安城内に建ちならぶ大邸宅のひとつに住んでいたようだが、後漢になると王城は東都洛陽に移っていた。曹家は代々平陽侯に封《ふう》じられていたから封地の平陽（山西省のほぼ中央部）にも仮住居はあったかもしれない。しかし当時、列侯で任地におもむく者はほとんどいなかった。曹節は洛陽城内の一廓《いっかく》に住んでいたはずである。

そのころの洛陽城は四方を長大な土の城壁にかこまれ、楼閣そびえ建つ南宮と北宮を中心に官庁街、邸宅街がひろがっていた。武器庫があり、庭園があり、さまざまな市がひらかれ、それらの空間をうずめるように里閭《りりょ》の内側に一般住民の住居がこまごまと建てられていた。里閭は周囲に壁垣《かべがき》をめぐらせた密集聚落のひとつの形で、里中の住民はきまった門（閭）からのみ出入りを許された。一里（約一〇〇戸）に一閭あり、監門《かんもん》が出入りを監視していた。城内には農民をはじめとするさまざまな階層の人びとが生活していたわけで、そう考えれば、ブタの話はむしろ古代王城内の日常的風景のひとこまなのである。

さきにふれたとおり、曹家はこのころすでに郷里の譙においても、夏侯一族とともに一大生活圏をきずいていたと思われる。すなわち、かれらは地方譙に一族の根拠地をもちつつ宮中で勢力を伸ばしてゆくという、後漢豪族の典型的ありようを示していたといえるのである。

曹節には四人の息子がいた。うえから伯興《はくこう》、仲興《ちゅうこう》、叔興《しゅくこう》、そして騰《とう》である。『魏書』注によれば、すえっ子の曹騰は「少《わか》くして黄門《こうもん》の従官に除《じょ》せら」れた。黄門とは黄色に塗られた宮中の小門内にある役所で、そこにつ

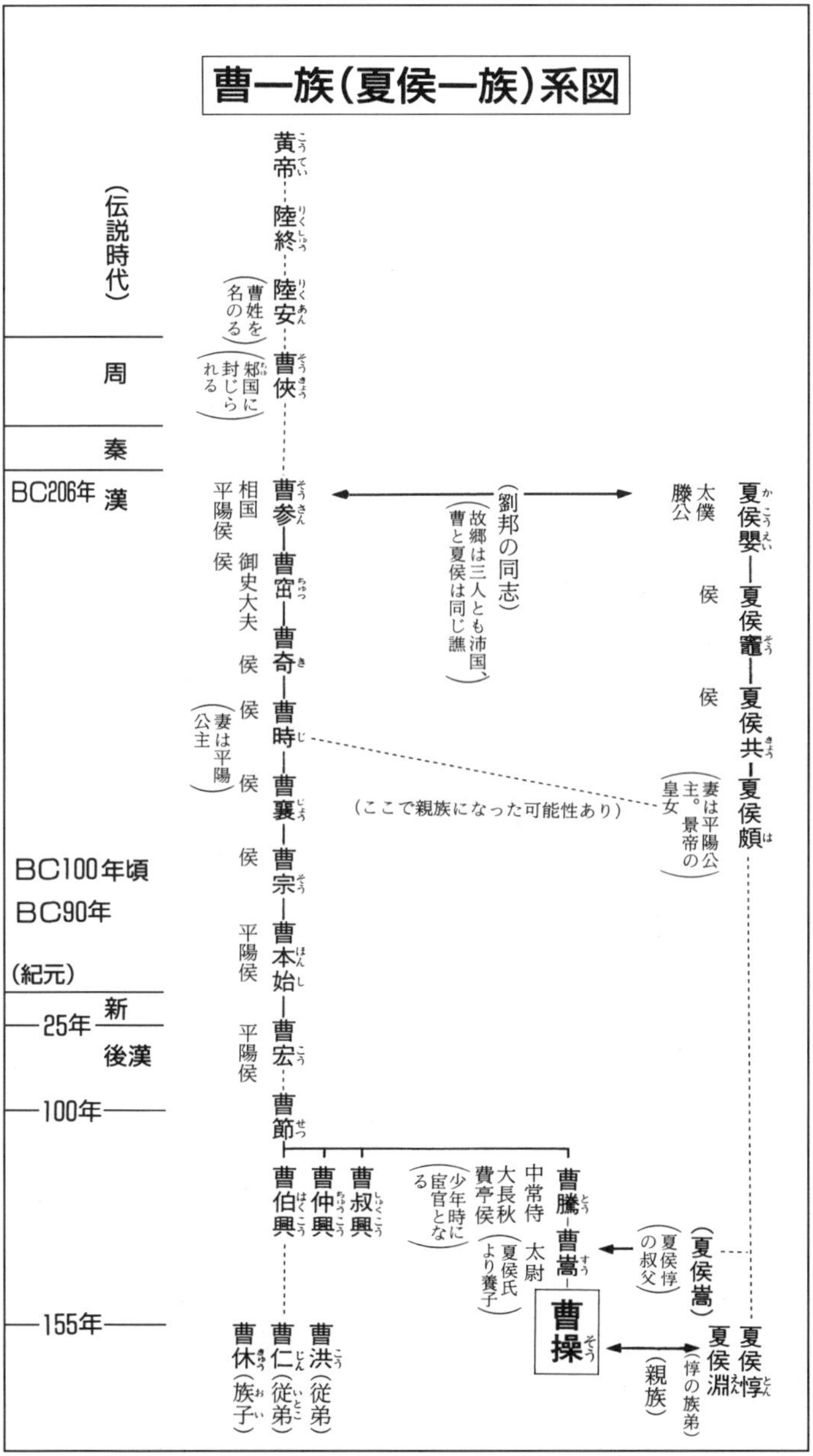
曹一族（夏侯一族）系図
（伝説時代）
周
秦
BC206年 漢
BC100年頃
BC90年
（紀元）
新
25年
後漢
100年
155年
黄帝《こうてい》
陸終《りくしゅう》
陸安《りくあん》
（曹姓を名のる）
曹俠《そうきょう》
（邾国に封じられる）
曹参《そうさん》
相国 平陽侯
曹窋《ちゅう》
御史大夫 侯
曹奇《き》
侯
曹時《じ》
侯
（妻は平陽公主）
曹襄《じょう》
侯
曹宗《そう》
侯
曹本始《ほんし》
平陽侯
曹宏《こう》
平陽侯
曹節《せつ》
曹伯興《はくこう》
曹仲興《ちゅうこう》
曹叔興《しゅくこう》
曹騰《とう》
中常侍 大長秋 費亭侯
（少年時に宦官となる）
曹嵩《すう》
太尉
（夏侯氏より養子）
曹操《そう》
曹洪《こう》（従弟）
曹仁《じん》（従弟《いとこ》）
曹休《きゅう》（族子《おい》）
（劉邦の同志）
（故郷は三人とも沛国、曹と夏侯は同じ譙）
（ここで親族になった可能性あり）
夏侯嬰《かこうえい》
太僕 滕公
夏侯竈《そう》
侯
夏侯共《きょう》
侯
夏侯頗《は》
（妻は平陽公主。景帝の皇女）
（夏侯嵩）
（夏侯惇の叔父）
夏侯惇《とん》
夏侯淵《えん》
（惇の族弟）
（親族）

とめる役人は宦官でなければならない。宦官とは後宮で奉仕する去勢された男たちをさす。すなわち少年曹騰は性器を切除されて宦官となり、宮中におくりこまれて黄門の従官に任命されたのである。いったい、どのような理由で、曹騰は宦官にならなければならなかったのだろうか。ここで、後漢の宮中における宦官の実態を見ておく必要がある。

商《しょう》代（紀元前一〇〇〇年頃）にはじまった王宮における宦官使用は、秦をへて漢王朝になると形がととのえられ定着した。はじめは捕虜や罪人で性器を切除された者が宦官に利用されたが、みずから去勢して宮中にはいりこみ皇帝やその周辺に接近して地位権力を手にしようと目論《もくろ》む、いわゆる〝自宮者《じきゅうしゃ》〟もしだいに増えていった。皇帝や后妃の身のまわりの世話をする奴僕《ぬぼく》にすぎなかった宦官が、中常侍《ちゅうじょうじ》や尚書《しょうしょ》と呼ばれる官職につき皇帝の秘書的役割を担うようになる。唯一の男である皇帝の住む後宮には、あふれるほどの后妃や宮女らがいたが、宦官は男と同じ力はあっても性器がないため彼女らと関係をもてない中性の奴隷として重宝され、やがて皇帝自身にも信頼されるようになっていったのである。むろん、そのような支配者の側に立つ高級宦官は宦官のうちの数パーセントにすぎず、残りのほとんどは奴隷そのものと言っていい下級宦官だった。

中国王朝のトップに立ち絶対的権力を保持する皇帝は、膨大な数の官僚群を通して全中国を支配したわけだが、その政治の場である朝廷をうずめる大臣官僚たちはまた、皇帝権力の暴走を制約しようとする一種の敵対集団でもあった。その意味で皇帝の立場は孤独そのものと言ってよかった。一方、ほとんどの官僚は当時の中国をおおっていた儒教思想の信奉者であり、彼らは〝後《こう》（子孫）なき〟を第一の恥とする観念から、生殖器をなくした男である宦官をもっとも軽蔑すべき存在として唾棄《だき》し、差別した。官僚を出世の第一とする世間一般も同様で、宦官たちもまた朝廷や社会から見放された孤独な集団だった。

かくして皇帝と宦官の、強大かつ至高の権力者と性器のない奴僕との、奇妙な連帯と相互扶助の関係が生じる。漢の高祖劉邦が宦官の籍孺《せきじゅ》や李延年《りえんねん》を男色の対象として寵愛したのはよく知られているが、後漢の光武帝になると後宮には宦官のみを任用（それまでは一般男性の士人も混用された）するようになり、以後、皇帝権力をバックにした宦官の勢力は日ごとに増大していった。

曹騰が宦官になった（というより、されたのは、宦官がもっとも勢力をもちつつあった後漢の中期、安帝《あん》（在位一〇七〜一二五年）のときだった。彼はいわば後宮の小姓《こしょう》として召しだされ、ほどなく年少ながらもまじめで温厚な人柄が鄧《とう》太后（安帝の母）の目にとまり、やはり年少だった皇太子劉保《りゅうほ》（安帝の子）の学友に抜擢されて、とりわけかわいがられるという幸運にあう。

当時、安帝のそばで力をもっていた宦官は中黄門の孫程《そんてい》である。一二五年に安帝が死ぬと、孫程は閻《えん》皇后およびその兄閻顕《えんけん》らと闘争のすえ政変をひきおこし、そのころ済陰王に左遷されていた劉保を擁立した。これが順《じゅん》帝である。孫程と十九人の仲間の宦官たちは、みな侯に封じられた。そしてまた順帝ともっとも親しかった曹騰も小黄門にとりたてられ、たちまちのうちに中常侍という高官に昇進したのである。

4　宦官曹騰の残したもの

それにしても、曹節はなぜ曹騰を宦官にしたのだろうか。

いくつかの理由があげられよう。ひとつは、そしてこれが目的のほとんどだと考えられるが、曹一族のさらなる出世と繁栄である。漢王朝創業の功臣の家系であり、歴代平陽侯に封じられてきた名門ではあったが、曹節のころの家産が豊かだったという記録はない。さきに引用したブタの話などから想像すると、むしろ逆のようである。蔑視や差別をうける可能性はさけられないものの、宦官はうまくゆけば出世の頂点にのぼりつめるもっとも手っとり早い職業でもあったのである。

しかも曹騰は曹家の四男坊である。正統は長男の曹伯興が継承するのだから、家系に問題が生じることはなかろう。あるいは曹騰の母が、数人はいたであろう曹節の妻妾のなかでもっとも出身が低かった、というような事情も考えられなくはない。

もうひとつ思い合わされるのは、四男を、儒教的教育観からすれば唾棄すべき存在だった宦官にしたということは、曹節（つまりは曹家）に曹参いらいの黄老《こうろう》（もしくは老荘《ろうそう》）的な思想が一方にあったのではないか、ということである。性器があろうとなかろうと同じ人間であり、能力や人徳ある者が世の中をささえ動かしてゆくというような考えである。荀子《じゅんし》のいう、一種の〝是々非々《ぜぜひひ》主義〟（良いと思うことには賛成し、良くないと思うことには反対する、公平な立場による判断）といってもいいだろう。

曹節がどのていど曹騰の出世を期待していたかはわからない。ところがすでに触れたように、曹騰の性格や順帝の即位というような時運にもめぐまれて、またたく間に宦官の最高位をきわめ、権力を行使できる立場に立ったのである。宮中に出仕していらい、曹騰は三十余年にわたって順帝、沖《ちゅう》帝、質《しつ》帝、桓《かん》帝の四人の皇帝に仕えることになる。この四人はいずれも幼少のときに即位し、沖帝と質帝（毒殺された）の在位はわずか一年にも満たなかった。すなわちこれらの皇帝は、そのときどきに〝垂簾聴政《すいれんちょうせい》〟（すだれの陰からの執政）をおこなった太后《たいこう》（皇帝の祖母）のあやつり人形にすぎず、大臣官僚らは後宮に入ることができないので、自然、太后の手足となった曹騰ら宦官に権力が集中していった。

しかしながら曹騰は、曹節の血を濃くうけついだようである。四帝に仕えたあいだ、彼は一度として失敗したことはなかった。すすんですぐれた人物をひきたて、他人をそしったり傷つけたりもしない。陳留《ちんりゅう》郡の虞放《ぐほう》や辺韶《へんしょう》、南陽郡の延固《えんこ》、弘農《こうのう》郡の張奐《ちょうかん》らを推挙し、いずれも高位高官についたが、彼らに恩きせがましい態度はとらなかった。あるとき益《えき》州刺史《しし》（知事）の种暠《ちゅうこう》が、蜀郡の太守から賄賂をうけとったとして曹騰を弾劾したことがあった。桓帝は、手紙にそえられた賄賂は外部からきたものであって曹騰に非はない、と种暠の上奏を却下した。こんなことがあっても曹騰は怨むようなことはなく、かえって种暠の有能さをほめたたえた。その度量の大きさに、人びとは感嘆の声をあげた。

だがその一方で、時宜《じぎ》を見はからって果断な処置を決行する胆力も、曹騰はもっていた。たとえば、桓帝擁立劇（一四六年）がそうである。

後漢の梁冀《りょうき》といえば外戚《がいせき》（皇后の兄）として宮廷権力を牛耳《ぎゅうじ》り、専横のかぎりをつくした大将軍として知られるが、実は曹騰はその梁冀と関係がよかった。順帝が崩じ、梁太后（梁冀の妹）が乳飲み児の沖帝を帝位につけたころ、梁冀は事実上、政治の全権を掌握する立場にあった。ほどなく沖帝が崩じ、梁冀は質帝を立てた。しかし、質帝は子供ながら梁冀の本質を見ぬいており、あるとき居ならぶ百官のまえで、

「おまえは跋扈《ばっこ》将軍じゃ」

と面罵《めんば》した。激怒した梁冀は、その日のうちに食べ物に鴆毒《ちんどく》（鴆の羽からとった猛毒）を盛らせて質帝を暗殺、さらにあと釜に桓帝を擁立して、反対派の太尉李固《りこ》、前太尉の杜喬《ときょう》を冤罪《えんざい》で処刑した。

この桓帝擁立劇のうらに、後宮に隠然たる勢力をもつ曹騰のうごきがあった。新帝をだれにするか廷議にはかったおり、太尉李固派と梁冀一派がはげしく対立して結論がつかず、会議はいったん打ちきられた。李固らは

清河《せいが》王劉蒜《りゅうさん》を推してゆずらない。劉蒜はかつて曹騰が拝謁したさい、軽くあしらったことがある。曹騰は夜陰にまぎれて梁冀のもとを訪れた。「あなた様は代々、外戚として国政をきりまわされ、多くの方がたを使ってこられましたが、そのなかにはすねに傷もつ者もおられましょう。清河王様は英明にして厳格なお人柄、もし帝位につかれるようなことがございましたら、きっとあなた様にも災難がふりかかってまいりましょう。ここはなんとしてでも蠡吾《れいご》侯様（桓帝）をお立てしなければなりませぬ……」

梁冀の断固たる決意は、この一言で決まったのだった。その功績で曹騰は費《ひ》亭侯に封じられ、大長秋《だいちょうしゅう》（皇后侍従長）に昇官し、そのうえに特進を加位された。曹一族の本家をしのぐ権勢を手にいれたのである。

ところで曹騰は、私兵ともいうべきふたつの軍団を配下にもっていたと思われる。ひとつは後漢帝国の軍事組織とは別系統の皇帝直属の軍事集団（かりに闇軍団《やみぐんだん》とよぶ）であり、もうひとつは王城の外、すなわち故郷譙《しょう》に居をかまえる曹一族とその周辺で結束された地方軍団（かりに譙軍団とよぶ）である。前者は皇帝および皇族を武力で保護する秘密軍隊であり、後者は地方における宗族と地域集団の生活を防衛するための自衛軍隊である。譙軍団については第二章でふれるので、ここでは後宮に本営をおく闇軍団について述べておこう。

改めていうまでもないことだが、いつの時代、いかなる王国にあっても、トップの身辺警護は一瞬の油断もゆるされぬ最重要任務である。秦《しん》の始皇帝は、殿上においては皇帝以外の者は身に一寸の武器もおびてはならぬという規則をしいていたばかりに、あやうく刺《し》客《かく》荊軻《けいか》の匕首《ひしゅ》（あいくち）に倒れるところだった。それ以後、始皇帝は身の周りの警戒を厳重にする。その護衛らが、たとえ最少限度のものであれ武器をもつ以上、彼らは皇帝の信頼にたる人間でなければならない。皇帝が親子兄弟よりも、皇后よりも信任し、かつ護衛が可能な者たち——武闘に秀《ひい》でた宦官集団ほど、闇軍団に最適な存在はなかった。

記録によれば、中国史上もっとも早く軍隊に食いいった宦官は春秋時代末期の斉《せい》の荘賈《しょうか》であり、最初に将軍になった宦官は後漢の趙忠《ちょうちゅう》（霊帝時代）、またはじめて元帥になった宦官は蹇碩《けんせき》（霊帝時代）だった。君主専制国家の支柱である軍隊に宦官ははやくから目をつけていたわけで、むろん表面上はうかがいしれぬ閹軍団や特務警察の掌握は、皇帝権力を守護し、かつ自分たちの存在を安泰にするための絶対条件であった。この傾向は三国時代をへて晋《しん》から唐へとより統制されてゆき、明《みん》代にいたって宦官の軍隊・秘密警察支配は頂点にたっし、皇帝そのものをも脅《おびや》かすようになる。

宦官の首領は、すなわち閹軍団の総帥である。曹騰が後漢の閹軍団を支配するにいたる源流は、すでに漢の高祖劉邦の盟友だった曹参および夏侯嬰の時代にあったといえなくもない。前述したように曹参と夏侯嬰は劉邦を盟主とする数限りない戦闘に参加し、つねに劉邦の身辺を警護・補佐し、かつ戦いを勝利にみちびいた中心的人物だった。その系統は数百年にわたって維持され、曹騰にいたりふたたび隠微に花ひらく。そして、それゆえにこそ皇帝権力を背後にひかえる曹騰の実力は、大臣・官僚はじめ外戚でさえ無視できぬ絶大なものとなったのである。

しかも曹騰は、その権勢をただ私《わたくし》するような小物の政治家ではなかった。あの「後漢は宦官によって国を傾く」と書き、その孫の曹操が国を奪うにいたったと曹一族を批判した『後漢書』の作者范曄《はんよう》でさえ、宦者列伝のなかで曹騰を忠誠廉潔な人物としてえがいているのである。

その曹騰が身内ともいえる夏侯家から養子（曹嵩《そうすう》）をもらったのは、まさに彼が最盛期（一四〇～一五〇年代）のころのことである。養子による宦官の封地の世襲は、すでに順帝時代に制度化されていた。

第二章　英雄を育《はぐく》んだ男たち　曹操周辺の知識人

武術にはげむ一方で、豊かな感性を育《はぐく》んだ曹操は、橋玄《きょうげん》・蔡邕《さいよう》らの教えをうけ、漢の重臣の血を継いだ若きリーダーに成長してゆく。

1　曹操、生まる

桓《かん》帝擁立の功績で大長秋《だいちょうしゅう》（皇后侍従長）までのぼりつめた宦官曹騰《とう》に初孫が生まれたのは、永寿《えいじゅ》元年（一五五年）のことである。孫は操《そう》と名づけられた。『後漢書』によれば、その年、洛陽を中心とした黄河流域の一帯は深刻な飢饉におそわれた。飢えた奴婢《ぬひ》や土地を失った貧農の群れが彷徨《ほうこう》し、餓死者の屍体や殺した相手の肉を食らいあう悲惨なありさまが繰りひろげられたという。そのうえ洛水《らくすい》（河）の氾濫によって南陽一帯（河南）が大水害にあい、巴《は》郡や益《えき》州（四川）では山崩れがおこり、太山《たいざん》・琅邪《ろうや》（山東）の各地では民衆の不満を糾合した義軍（世直しを標榜する反乱集団）の蜂起が頻発した。そういう風景のなかで、曹操は生をうけたのである。

曹操の父、曹嵩《すう》は夏侯《かこう》氏からきた養子である。のち曹操の腹心となって活躍する夏侯惇《とん》の叔父にあたり、ここに前漢以来の両家の結びつきはいっそう強力になった。曹嵩はおとなしく、つつしみぶかい性格で、忠孝心があつかったという。司隷校尉《しれいこうい》となり、霊帝時代には大司農《しのう》・大鴻臚《こうろ》を歴任、最後は太尉にまでのぼった。養父である宦官曹騰の力をバックにした、異例の昇進といえよう。

とはいえ、のちにも述べるように、霊帝という皇帝は官職を売りさばいて己れの享楽費を捻出した男である。後漢帝国の末期的症状を露呈していた当時の高位高官の実力のほどは、推《お》して知るべしである。ついでに触れておくなら、後年、曹操と袁紹《えんしょう》が雌雄を決した官渡《かんと》の戦いのさい、袁紹側の陳琳《ちんりん》が起草した曹操弾劾文のなかでは「父の曹嵩は乞食の身だったのを曹騰にひろわれて養われ、賄賂で高位高官をかすめとり、さらに金や宝物を貴権の者に贈ってついに三公の位をぬすみ取り、天下の政治を転覆させた」と痛罵されている。しかしながらこの弾劾文は、曹操側を徹底的におとしめて他の豪雄らの心情を袁紹側に引きつけようとするねらいがあり、表現には誇大な潤色がほどこされていると考えるべきだろう。また霊帝時代の大臣たちの実態からいえば、四代つづいて三公を出し、〝名家〟とうたわれた袁紹一族にしたところで、太尉曹嵩の実力と五十歩百歩といったところだったはずである。

さて、曹騰や曹嵩は今をときめく曹一族の御曹司として生まれた曹操に、どのような教育をほどこしたのだろうか。曹操が生まれた場所が洛陽なのか、故郷の譙なのか不明だが、少年期から青年期にかけてはおもに洛陽で育ったことは、はっきりしている。『魏書』およびその注には、そのころ鷹狩りや競犬の遊びにうつつをぬかして学業にはふりむきもしなかったとか、痛風のまねをしていやな叔父をだますほどの機知謀略にたけていたとか、あるいは宦官のボスだった中常侍《ちゅうじょうじ》張譲《ちょうじょう》の邸宅にしのびこんで発見され、得意の武芸で手戟《しゅげき》（短い槍）をふりまわしうまく逃げおおせた、というような話が記載されている。南朝宋の逸話集『世説新語《せせつしんご》』（劉義慶《りゅうぎけい》編）にも、不良少年仲間だった曹操と袁紹が結婚式前夜の家にしのびこんで花嫁をさらって逃げる話、袁紹が曹操を殺そうとして刺客を送ったものの曹操の機転によって果たせなかった話、などが収められている。

しかしまた一方では、曹操は大の読書家で、とくに諸家の兵法書をよく読み、それらを抜粋して『接要《せつよう》』（要点を抜き書きした自分用の兵法書）をつくったとか、数人の人物鑑定家から将来、有望な青年だと太鼓判をおされたというような話も残っている。いったいどちらが、より実像に近いのだろうか。

ここで曹操本人の声を聞いてみよう。建安元年（一九六年）八月、献帝を洛陽から許都《きょ》にむかえた直後につくった楽府《がふ》（漢詩の一種で曲をつけてうたう）「善哉行《ぜんさいこう》」（その三）の前半部分である。

仕合わせの少なかったわが過去よ。
生まれてこのかた、
微賤で頼るものなく、
やさしい母のいつくしみも、
きびしい父の教えもなかった。
孤立無援、
どん底のわが脳裡に、
消えては浮かぶ父の姿。
一郡の太守になりたいという、
ちっぽけな望みすら、
いつかなえられることか――。
貧窮と困難にあまんじつつも、

いやせぬ傷心は涙の雨となる。
哭《な》き叫び、悲嘆すれば、
活路が見出せるとでも言うのか⁉
天よ、
父が死んだ琅邪《ろうや》の山を打ち崩せ！
……

曹操四十二歳のときの作だが、少しく説明が必要だと思われる。

文学的表現をそのまま現実と思いこむのは真実とかけ離れてゆく危なさをふくんではいるものの、この詩の前八行の世界には、少年期から青年期にいたる曹操の、家庭における精神風景がかいま見られよう。詩人はことばの陰影を強調して一枚の画をえがく。「仕合せの少なかった……」「微賤で頼るものなく……」「母のいつくしみも……父の教えもなかった」「孤立無援」……実生活において、少なくとも外見上にこのようなことはなかったはずである。むしろ世間の人びとは、大邸宅のなかで衣食の心配もなく多勢の家臣らにかしずかれて育つ仕合わせな曹操に、強い羨望をおぼえたはずである。

しかし曹操が回想しているのは、少年期の心象風景である。ここで少し妄想をたくましくするなら、――母は丁《てい》氏ということのみしか記録にない。生まれてすぐ、しっかりした乳母にあずけられ、祖父曹騰のもとで保育された。当時の大官僚家庭で一般的だったように、儒教的な基礎学問と教育がほどこされたが、しかしその環境は自然で自由な黄老的雰囲気が濃厚だったと思われる。物心つくころには、曹騰から折にふれ、曹参いらいの漢王朝における曹家および夏侯家の伝統の重みと重臣としての役割を諭された。

曹操の幼少から少年期にかけての遊び相手は、ほとんどが皇族や貴族の子弟だった。同じ様な境遇の、宦官の孫たちも少なからずいただろう。二歳年下の解瀆《かいとく》亭侯劉宏《りゅうこう》（のちの霊帝）と球蹴りに興じた可能性もおおいにある。そのようななかに、当時、桓帝の三公をつとめた袁湯《とう》の孫、袁紹もいた。ときには彼らから宦官の孫としての屈辱を味わわされたことがあったかもしれない。鋭敏な曹操は儒教社会における宦官家の微賤な地位をかぎとる。祖父の厳しさと期待の大きさにくらべて、父はただ温厚で、保守的で、ほとんど覇気のない男にすら見えた。孤立無援——曹操の精神にとって仕合わせの少なかった過去、という表現は、偽りのないものだったといえるかもしれない。

引用した詩の後半部について、少しふれておきたい。曹嵩は、家督を曹操にゆずって官職をしりぞいて以降、故郷の譙で隠居生活をすごした。ところが董卓《とうたく》の乱（第三章、第四章参照）がおこり北西部の琅邪《ろうや》国に移って難をさけていたため、かえって曹操との戦いに敗れた徐州《じょ》の牧《ぼく》（知事）陶謙《とうけん》の部下に殺されてしまった（一九四年）。曹操の弟曹徳《とく》をふくめた一家全員がみな殺しにあい、財物も奪われた。この詩は、その二年後につくられたもので、陶謙への深いうらみと傷心が背後に流れている。

2　橋玄、蔡邕との出会い

祖父曹騰のほかに、青少年期の曹操につよい影響をあたえた人物がふたりいる。司空・司徒・太尉の地位までのぼった橋玄《きょうげん》と、後漢の大学者蔡邕《さいよう》である。まず橋玄から見てゆこう。

橋玄は梁《りょう》国睢陽《すいよう》の生まれである。睢陽は曹操の故郷譙から六〇～七〇キロ北に位置しており、橋玄が四十七歳年長だとはいえ、ふたりはほぼ同じ地理的空間の出身者だった。先祖に『礼記章句《らいき》』を著わした〝橋君学《きょうくんがく》〟の祖がいるほどの学者肌の家系で、代々各地の太守《たいしゅ》（県知事）もつとめた。おそらくは地域的つながりによって、曹騰の庇護もうけたであろう。霊帝時代になって橋玄は司空・司徒となった。曹操、十六〜十七歳のころである。

そして、そのころから橋玄は曹操の〝人生の師〟のような存在になったようである。

『魏書』の注や『後漢書』「橋玄列伝」などによれば、橋玄の性格は剛毅果断、他人には謙虚な態度で接し、相手の地位や血のつながりの関係などでは動かされなかった。才略があり、鑑識にすぐれ、あるとき曹操をこう評した。

「わたしはこれまで、ずいぶん天下の名士を見てきたが、君はずばぬけている。体を大切にしなさい。わたしはもう老いたが、できることなら妻子のことを君のような人物にたのみたいものだ」

また、こうも評した。

「乱世をむかえ、群雄あい食《は》むこのとき、それを収拾できるのは君であろう。君は乱世なら英雄だが、太平の世なら大悪人となろう。残念ながら、わたしはもう長くない。わたしの子孫に、君の出世ぶりを見てもらおう」

後世の脚色があるにせよ、このような橋玄の批評が若い曹操のはげみになったであろうことは想像にかたくない。また世間的名声の高い橋玄の推賞によって、曹操の知名度もしだいにひろがっていったのである。

二〇二年、袁紹軍を官渡で破ったばかりの曹操（四十八歳）は久方ぶりに譙に帰り、そのおり橋玄の墓に参った。「故太尉橋玄を祀《まつ》る文」に、曹操はこう述べている。

もと太尉の橋玄先生は、徳厚く広い愛情と深い包容力をもたれていた。……ああ、先生の霊魂はかそけく、肉体はかすかに、すべては遠く、おぼろになってしまった！

若いころ素直でなかったわたしを、先生はとくに許されて弟子にしてくださった。その後わたしがうけた栄誉は、すべて先生のはげましのおかげです。それはちょうど、孔子が弟子の顔回《がんかい》に及ばないと称し、李生《りせい》が賈復《かふく》（いずれも漢代の好学の徒）に熱い感嘆をもらしたのと同じでした。「士は己れを知る者のために死す」と申しますが、わたしは先生にたいして、この気持を忘れたことはありません。……

さらに、あるとき先生は冗談に、「わしの死後、君がわしの墓のちかくを通るようなことがあったら、一杯の酒を地に注いでくれよ。素通りしたら、三歩もいかずに腹痛がおこっても知らんぞ」といわれたことがあったが、そのご好意が忘れられず、こうしてお参りしたと曹操はつづけている。その師弟愛の深さは、あえて云々するまでもないだろう。

もう一人、曹操に少なからぬ影響をあたえたと思われる人物に蔡邕がいる。はじめ洛陽にある後漢の王室図書館で古文書の整理にしたがっていたが、しだいに頭角をあらわし、文章、数学、天文、音楽、書道、古典学などで一流の才能を発揮し、後漢随一の学者・文人として名をひびかせた男である。二十二歳の年長だったが、若い曹操にとっては学者・思想家として、あるいは政治的出処進退の先達として、もっとも信頼し尊敬する先輩同志という関係だったようである。

後年、曹操の長男の曹丕《そうひ》は「父上と蔡邕はひじょうに親しかった」（『太平御覧』所収「曹丕《蔡伯喈の女《むすめ》の賦》序」）と回想し、また蔡邕の娘の伝をあつかった『後漢書』「董祀《とうし》の妻」にも「曹操はもともと蔡邕と仲がよかった」と記されている。

蔡邕の出身地は陳留《ちんりゅう》郡の圉《ぎょ》、洛陽から譙へいたる途中の県である。代々、黄老の学をこのみ、前漢末に王莽《おうもう》が新《しん》を建国したさいには、深山に逃げこんで新王室に仕えなかったというほどの家系だった。

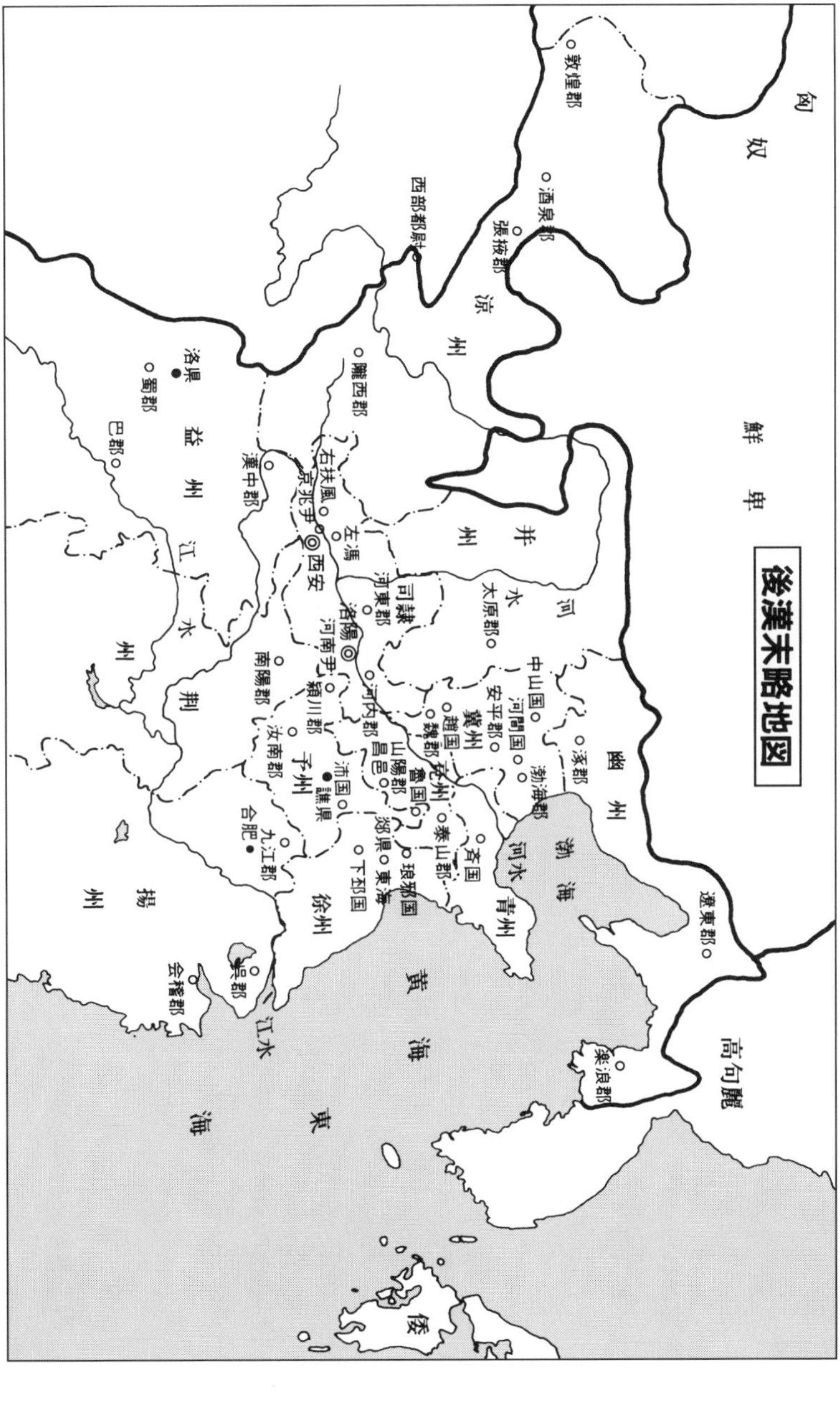
後漢末略地図
匈奴
鮮卑
高句麗
倭
敦煌郡
酒泉郡
張掖郡
西部都尉
涼州
隴西郡
洛県
蜀郡
巴郡
益州
漢中郡
右扶風
京兆尹
西安
左馮
并州
太原郡
河水
司隷
河東郡
洛陽
河南尹
南陽郡
江水
荊州
潁川郡
汝南郡
豫州
譙県
沛国
合肥
九江郡
揚州
呉郡
会稽郡
江水
徐州
下邳国
東海
琅邪国
泰山郡
山陽郡
昌邑
河内郡
魏郡
趙国
冀州
安平郡
中山国
河間国
渤海郡
涿郡
幽州
河水
青州
渤海
遼東郡
楽浪郡
黄海
東海

桓帝時代の終わりころ、朝廷を牛耳《ぎゅうじ》っていた宦官の徐璜《じょこう》、左悺《さかん》らが、蔡邕が琴の名手ときいて天子のまえで弾かせようと召し出したことがあった。洛陽に向かったものの、蔡邕は途中で病気を理由にひきかえし、世間との交際を断って古典にしたしんだ。宦官の専権に批判的だったのである。そんな蔡邕の人物と才能を見ぬいて、彼を議郎《ぎろう》（天子の顧問官）にとりたてたのは、実はほかならぬ霊帝時代の司徒橋玄だった。蔡邕と曹操の出合いは、おそらく橋玄を介してのことだったに違いない。

十二歳の霊帝が即位して九年目、蔡邕の上書事件というのがおこる。当時の朝廷では、宦官派と官僚派が熾烈な権力争奪をくりかえしていた。後漢の政治的・経済的屋台骨は急速に崩壊にむかい、深刻な社会不安が蔓延しつつあった。一般社会と巨大な城壁で隔絶された宮中という異常空間にも、あやしげな現象が続発する。

光和元年（一七八年）

四月某日　地震があった。近侍武官府の牝鶏《めんどり》が、突然、雄鶏《おんどり》に変わった。

五月某日　白い喪服を着た男が徳陽殿の門にはいり、ふいと姿を消した。

六月某日　帝が出御した温徳殿の庭に、黒い妖気がたちこめた。

七月某日　帝の居る玉堂の後殿の庭に、青い虹がかかった。……

いずれも史書に記載されている出来事だが、霊帝は勅命によって蔡邕らに、これらの異変の意味と解決策を具申させた。学ぶことが好きだった霊帝は何人もの学者を召しだして詩・書・画をたしなんだが、なかでも蔡邕の才能を買っていたといわれる。蔡邕は誠意をこめて、妖異はすべて亡国のきざしであること、霊帝の乳母だった趙嬈《ちょうじょう》、女官の霍玉《かくぎょく》、老女官の程璜《ていこう》ら婦人が政治に干渉していること、太尉の張顥《ちょうこう》や近衛大臣の姓璋《せいしょう》ら小者が高位にのぼって政治を汚していること、ひいては暗に宦官らの専横を批判した上書を密封して呈上した。

ところが宦官のボス曹節《そうせつ》（同名のため、この人物を曹操の曽祖父としている三国志物があるが、むろん取り違えである）に盗み見され、非難された程璜の讒言《ざんげん》にあって蔡邕は投獄のうきめにあう。反曹節派の宦官呂強《りょきょう》の請願により一命はとりとめたものの、蔡邕は家族ともども髪を切り、首かせをつけて朔北《さくほく》の地に流されることになった。

以上が蔡邕上書事件のあらましだが、潔白頑固な気位《きぐらい》をもつ蔡邕はその後も俗物宦官らの反感を買い、ついに南方への亡命を余儀なくされた。ふたたび政界にかえり咲くのは十二年ののち、辺境のあらくれ将軍董卓《とうたく》が擁立した後漢のラスト・エンペラー献《けん》帝の政権下においてだった。

祖父曹騰、そして橋玄、蔡邕——人格形成期の曹操にあたえた彼らの影響には少なからぬものがあった。少年時代はわがままで、手のつけられぬやんちゃな面もあっただろう。だが、やがて一個の青年にたっした曹操は武術にはげむ一方、ゆたかな詩的感性をはぐくみつつ、橋玄、蔡邕らの教導につよい刺激をうけながら、後漢王朝における自己の立場と時代への挑戦の意識を確かなものにしていったのである。そして、それを一層リアルに認識させたのが、かつて祖父が統率していた故郷の譙軍団、さらに数年後に青年将校としてみずから率いることになる近衛兵の存在だった。

3　譙軍団の若きリーダー

二十歳で孝廉《こうれん》（郡や国から推薦された学問・人格にすぐれた官吏候補生）にあげられて以後、曹操はかけだし官吏として若者らしい正義感と責任感で仕事にあたった。最初は洛陽の北部尉、すなわち首都警備隊長である。

その勤務ぶりは、夜間外出禁止令に違反した大物宦官の叔父ですら条例にのっとって打ち殺すほどだったので、違反者はいなくなったものの、宦官の一族やその一党からはひどくにくまれた。

頓丘《とんきゅう》の令（県知事）をへて議郎となった翌年（一七八年）、従妹《いとこ》の夫である濦彊《いんきょう》侯宋奇《そうき》が誅殺されたのに連座して、曹操も罷免された。現代中国の歴史家によれば『後漢書』「霊帝宋皇后伝」に「中常侍王甫《おうほ》らの謀略にかかって宋皇后が自殺し、父と兄弟は誅《ちゅう》された」とあり、宋奇はその兄弟のひとりであろうと推測している。とすれば、曹一族は後漢末においても皇族の一端につらなっていたことになる。遠く曹参からの王家に近い系譜を考えてみれば、べつに怪しむにたりないことではあるが――。

官を免ぜられた曹操は、洛陽をあとにして譙に帰った。そこは父祖以来の、一族郎党があたたかく迎えいれてくれるわが故郷である。少年時代、いく度となく訪れた地平線の見える山野がひろがっている。二十四～五歳の曹家の若き御曹司は、数年間の荘園生活にどっぷりつかることになる。

ここで地方豪族の自衛体制についてふれておこう。

漢王朝の中枢に直結していた曹一族は、譙においては王族にもひとしい大豪族であった。曹家や夏侯家など家族の構成員によって広大な荘園がいとなまれ、そのころ増大しつつあった小作人や、従来から使用していた奴婢《ぬひ》の数は数千人にのぼっていたと思われる。居住区は高くそびえる墻壁《しょうへき》にかこまれ、宗廟を中心とする居宅、穀物倉庫、厨房《ちゅうぼう》、麹室《こうじしつ》（こうじかびをつくる部屋）、蚕室《さんしつ》、武器庫、農具収納庫、牛馬や羊、豚の畜舎などがひろがっていた。多くの使用人たちは農耕、家事に従事するいっぽう、農閑期には見張の楼や門を修理し、槍や弩《ど》（おお弓）などの武器を手入れし、集団を編成して射撃や攻撃、防御の訓練をほどこされた。後漢の国家経済はほぼ破綻し、農村には土地をはなれた貧民やよるべない民衆が無数の群れをなしていた。それらが土匪《どひ》と化し、野盗を組んで、春秋の収穫期や厳冬の食糧不足期に地方の荘園を襲ったのである。豪族たちは、流民や奴婢あるいは主人をもとめ歩く賓客《ひんかく》の士《し》を擁しつつ、自衛のための武装集団を蓄積していった。それは部曲《ぶきょく》と呼ばれる、国家とはまったく関係のない私的な戦闘部隊だった。武器は官営の造兵廠《ぞうへいしょう》でつくられたもの以外に、荘園内で独自に製造される場合もあった。

譙という地域社会における曹家と夏侯家の宗族《そうぞく》、郷党《きょうとう》関係についてはすでに第一章でふれたが、新進気鋭の青年官吏だった曹操は右に見たような郷党社会のなかでもまれ、かついくつかの私的な武装集団の集合体である譙軍団の指揮官として衆望をあつめていったのである。では具体的には、譙にはどのような私的武装集団があったのか。以下に、いくつかの推測をまじえながら見てみたい。

譙の中心は曹嵩を家主《かしゅ》とする曹騰の一族であり、いまやその跡継ぎの曹操が核となる人物だった。当然、曹家の武装集団は曹操を指揮官とあおぎ、その部隊は譙軍団の中核である。成員の人数は、いくつかの資料からおし測れば少なくとも数百人はいたと考えられる。

曹嵩家は曹一族の分家筋だが、本家筋には後漢の侍中《じちゅう》（皇帝身辺の秘書役）をつとめていた曹熾《そうし》がいた。父は潁川《えいせん》郡の太守であり、長男は曹操より十歳年少の曹仁《そうじん》である。曹仁はやがて馬術・弓術に秀でた若者に成長し、一〇〇〇人あまりの私兵を糾合して曹操の配下にはいることになるが、そのとき中心となった部曲は曹熾の時代に形成されていたはずである。

譙軍団のうち曹操率いる集団につぐのが、夏侯家の武装集団である。夏侯家が劉邦の盟友夏侯嬰《えい》の後裔《こうえい》で、曹家とは深い親戚関係にあったことはすでにふれた。曹嵩は夏侯一族の出であり、甥に夏侯惇《とん》がいた。当時十歳、曹操にとっては従兄弟《いとこ》にあたり、後年、曹操のもっとも信頼する部将として生死をともにする。彼は十四歳のとき自分の先生を侮辱した男を殺害したほど激しい気性のもちぬしだったが、それは夏侯家の武装集団のなかでつちかわれたものかもしれない。夏侯惇の族弟《いとこ》に夏侯淵《えん》がいた。惇より二歳年少で、曹操が譙で事件にまきこまれたとき身代りになったことがある。淵もまた後年、曹操軍の部将として活躍するようになる。

以上、後漢末譙における曹・夏侯一族の私的武装集団のありさまをうかがってきたが、それらが同族的結合と任俠的習俗による保護・雇用関係からなる集団だけに、その中核部隊は正規の国軍に勝るとも劣らぬ強靭な志気があったと思われる。譙軍団の存在は、曹操雄飛のもっとも重要な基盤であったばかりでなく、詩人曹操を鼓舞してやまない曹騰、曹参そして夏侯嬰につらなる一統の精神の、具体的な権化だったともいえるのである。

4　口で匡正《きょうせい》できぬ時代

かつて梁冀《りょうき》とともに桓帝を擁立した曹騰は、皇帝を護衛する闇軍団を支配していた。それは後漢の行政組織としての光禄勲《こうろくくん》（近衛大臣）が任にあたった皇帝防衛や、衛尉（皇宮警察長）の任務とは別系統の、皇帝の私生活における守護にまでおよんだ宦官の秘密部隊だった。

しかし曹騰が引退してのちは、闇軍団の統括者はあらたな宦官の実力者、たとえば曹騰の息のかかった単超《ぜんちょう》、左悺《さかん》、さらにくだって曹節《そうせつ》、王甫《おうほ》といった者の手にうつっていったはずである。温厚な養子の曹嵩には、闇軍団の存在を知ってはいても、それを操って政権を左右しようなどという気も、実力もなかった。家督が曹操にうつったころは護るべき皇帝そのものが崩壊の危機に瀕しており、ほどなく袁紹《えんしょう》による宦官みな殺し劇のために闇軍団はほぼ消滅したと思われる。あらたな回復は、三国の動乱から晋、南北朝、隋をへて唐王朝の出現までまたねばならない。

さて故郷の譙にしりぞいてから二年後、曹操はふたたび中央政府の議郎《ぎろう》にとりたてられる。当時、日に日に破局をむかえつつあった後漢王朝の宮廷には、陰謀と享楽がうずまいていた。とくに貪欲な側近たちに囲まれていた霊帝は、利欲と享楽にうつつをぬかし、政治など見むきもしない。後宮のなかに市場をつくらせると、女官らを売り子にしたてて互いに物品を盗ませ、嬌声《きょうせい》をあげて大さわぎするなかに霊帝自身も商人姿になって加わり、いっしょになって飲めや歌えの酒宴をくりひろげる、というありさまだった。このころから中国の各地で、強化される搾取とうちつづく天災によって疲弊しきった農民たちの蜂起が、ひんぱんに引きおこされてくる（第三章参照）。

朝廷では何氏《か》が霊帝の皇后となり、その兄の何進《かしん》が勢威をふるいはじめて宦官一派と対立した。だれもが自分の出世しか頭になく、賄賂《わいろ》がとびかい、羽ぶりをきかせる連中は告発されずに、かえって国や民衆の現状を憂《うれ》える真面目な臣僚が〝うらみの的《まと》〟となって罷免された。

光和五年（一八二年）二月、ちまたでは疫病が猛威をふるい、春には旱魃《かんばつ》が農村を襲った。さすがの霊帝もひろく政治への批判をもとめ、災害をくだした天の意志がどこにあるかを明らめようとした。曹操はこの機をとらえ、三公（太尉、司徒、司空の最高大臣）の政治的腐敗を告発するが、ほとんど何の効果もない。むしろ狡猾な官僚の手にかかって、おとしいれられる危険にさらされた。深い絶望感――曹操は、おのれが口では匡正《きょうせい》できない時代に生きていることを悟りつつあった。

中平元年（一八四年）、鉅鹿《きょろく》（華北）の張角が率いる太平道《たいへいどう》（民間宗教）反乱の火の手があがった。いわゆる〝黄巾《こうきん》の乱〟である。三十歳の曹操は蜂起軍鎮圧を命ぜられて騎都尉《きとい》に抜擢された。従騎《じゅうき》兵《へい》をひきいる近衛《このえ》騎兵隊の青年将校になったのである。かくして曹操は、軍事的実践を着々とつみかさねていくことになる。

ここで後漢における兵制について、簡単にふれておこう。絶対君主制においては司法、立法、行政、軍事などあらゆる面における最高権力者は皇帝だが、その実際的力関係となると、個々の歴史的局面においてことなる。後漢末期の皇帝は中国王朝史のなかでも、その権威がもっとも失墜した時代である。とくに霊帝のころは、国政の大もとである三公の存在はほとんど名目だけのものと言ってよかった。自然災害の発生原因が悪政にあるとされた当時、最高責任者の皇帝にかわって三公がもち回りのように実際上の責任をとらされ、頻繁に首のすげかえが行なわれたのである。軍事を統括する太尉の職も例外ではなかった。

軍事や内政において不動の実力をもっていたのは、三公の上に位置する大将軍である。大将軍府には軍師《ぐんし》、長史《ちょうし》、司馬《しば》、従事中郎《じゅうじちゅうろう》、主簿《しゅぼ》、参事《さんじ》などの属官がおかれ、トップの大将軍に就任するのは外戚《がいせき》（皇后の一族）が多かった。中央軍は北軍、南軍、近衛兵などに分かれ、一部の地方軍をのぞいては郡や国に常備軍は配置されず、地方で反乱が生じた場合などは、その規模に応じて民間から兵士が募集された。むろん給与を支払い、軍功にしたがって恩賞をあたえねばならない。

大将軍配下の各将軍は校尉《こうい》と呼ばれた。たとえば北軍には驍騎《ぎょうき》（勇猛な騎兵）校尉、越騎《えっき》（越国の騎兵のように強い）校尉、歩兵校尉、射声《しゃせい》（弓の名手）校尉などがあり、それぞれ七〇〇～八〇〇人の兵士がいた。また光禄勲（近衛大臣）のもとには一五〇〇人前後の近衛兵を擁する虎賁《こほん》（虎のように勇猛な）中郎将《ちゅうろうしょう》や羽林《うりん》（国の羽翼《うよく》となり、林のように盛んな）中郎将がいた。羽林の属官には羽林郎、羽林左《さ》（右《ゆう》）監《かん》などがあり、三十歳の曹操がはじめて将校になった騎都尉《きとい》は、この羽林に属していたのである。

第三章　後漢末、憂《う》き世の風景

黄巾の乱と英雄たち

黄巾《こうきん》の乱の鎮圧を契機に、曹操、劉備《りゅうび》、孫堅《そんけん》ら、のちの三国時代の礎《いしずえ》となる英雄たちが活躍しはじめる。

1　襲いかかる飢餓

後漢の朝廷は、基本的な儒学をまなんだ地方豪族の息子たちを、まず郡や県につとめさせたあと秀才《しゅうさい》・孝廉《こうれん》などの名目で中央政府に推薦させ、数年後にいったん地方長官として外の経験をつませると、ふたたび中央に舞いもどらせて大臣にする、というパターンで地方と中央の人事をうまく行ないながら、みずからの権力を強化していった。しかし、その一方では中央権力にむすびついた地方大地主たちが、やがて貴族となり、王族と縁戚関係をもち、特権階級化していくことも避けられなかった。曹一族や夏侯一族の例で見たとおりである。

彼らは大量の奴婢《ぬひ》や浮浪者らを労働力にして広大な荘園をいとなみ、中央と地方の二重の重税にあえぐ農民たちの土地を次つぎと吸収してゆく。その結果、大量の農民が流民化し、そこを干魃《かんばつ》や洪水などの自然災害が容赦なく襲いかかった。

永初三年（一〇九年）　洛陽は大飢饉におちいり、飢えた民衆同士が食いあった。并《へい》州と涼《りょう》州は大飢饉に見舞われ、人びとが相食《あいは》みあった。

建和元年（一四七年）　荆《けい》州と楊《よう》州では大量の餓死者がでた。

同　三年（一四九年）　郡や県のいたるところに、飢え死にした屍体が折りかさなって散乱した。

永寿元年（一五五年）　冀《き》州では飢饉のため、人びとが互いに食いあった。

延熹九年（一六六年）　予《よ》州が大飢饉に襲われ十人のうち四、五人は餓死し、家屋を失った。


右は後漢末の数十年間の記録から、ざっと拾いあげた飢饉の情況である。なかでも被害がはなはだしかったのは、黄河の中流域だった。この一帯はまた、豪族の多い土地でもある。

そのころ一人の逸民《いつみん》（世をのがれて隠れ住む人）がいた。名は梁鴻《りょうこう》、扶風《ふふう》郡（山東省）の出身で、いちどは太学《たいがく》を卒業して上林苑《じょうりんえん》（洛陽東の御狩場《おかりば》）で宮仕えしたこともあったが、のち長安ちかくの山奥に、肥って色が黒く、顔の醜い力持ちの妻とひっこんだ。その彼が、函谷関《かんこくかん》をこえて東の洛陽の都を通ったおりにうたった〝五噫《ごおく》の歌〟がある。

かの北邙山《ほくぼうさん》*にのぼって　噫《ああ》！
都のかたを見おろせば　噫《ああ》！
宮殿はたかだかと聳《そび》えたち　噫《ああ》！
民草《たみくさ》の苦しみは　噫《ああ》！
いつ果てるとも知れず　噫《ああ》！

＊洛陽の北、洛河《らくが》ぞいに続く高台。王侯貴族の墳墓が多くあった。

後漢の安帝の時代は、沿海や諸郡をあらしまわった海賊、匪賊、盗賊のたぐいに事かかなかった。海賊の張某《なにがし》、勃海《ぼっかい》郡平原の盗賊劉某……桓帝のころには太上皇帝を自称し、多くの部下を各地に配した賊徒もいた。彼らは民衆を襲ったが、彼ら自身が実は飢えた民衆そのものの姿にほかならなかった。

飢餓の時代——それは、たとえ現実が悲惨きわまりないものであろうとも、人が自然に、自然のなかで生きる人間としてのありように、忠実な時代だといえはしないだろうか。それゆえに、逸民梁鴻の〝五噫の歌〟の背景にひろがる光景こそ、絶望のはての民衆に希望の蜂起をうながし、後漢末英雄を奮起させた原点だったといってもいいだろう。

しかしながら、民衆を救おうとする者は政治的・軍事的英雄だけではない。宗教者もまた、然《しか》りである。当時の民間宗教は、その地域の郷里社会で生活をいとなむ社会集団と深く結びついていた。その共同体的社会そのものが崩壊し、郷里をすてて流亡しなければならない災難のまっただなかにあって、よるべなき民衆は何をたよりに生きてゆけばよいのか。ここに、有象無象《うぞうむぞう》をふくめた新興宗教が急激に勢力を伸ばしてきた理由があった。そのうち、もっともひろまったのが太平道《たいへいどう》と五斗米《ごとべい》道である。四川盆地の漢中に王国を樹立した五斗米道教団については第九章でふれる。ここでは冀《き》州を中心に急速に勢力を拡大していった新興宗教太平道と、彼らがひきおこした〝黄巾《こうきん》の乱〟についてふれなければならない。

太平道の創始者張角《ちょうかく》は、後漢のなかごろ山東地方に伝えられた『太平清領書《たいへいせいりょうしょ》』という経典をもとに教義をあみだした。もともと民間で行なわれてきた巫祝道《ふしゅくどう》（みこによる原始宗教）に讖緯《しんい》・陰陽五行《おんようごぎょう》や儒家《じゅか》・道家《どうか》の思想などが加わった道術による病気治療が中心の宗教で、専門書によれば、そこに信者の罪の告白の儀式を採用したのが、それまでの民間信仰より発展した点だという。

太平道教団の中心は流民だった。宮廷は宮廷で、朝廷は朝廷で、皇帝や宦官や外戚や官僚らが、民衆の生き死になどはそっちのけで享楽にふけり、また暗闘をくりひろげていた。暗澹《あんたん》かつ飢餓的情況の社会にあって、民衆は土地も財産も棄てて太平道教団のもとに走った。そのようななかで中平《ちゅうへい》元年（一八四年）甲子《きのえね》の年、〝後漢王朝（蒼天《そうてん》）は滅亡し、新しい時代（黄天《こうてん》）が来る！〟というスローガンをかかげて、各地の太平道教団が一斉に蜂起したのである。信者たちは黄色の頭巾をかぶって目じるしにしたので〝黄巾賊《こうきんぞく》〟と呼ばれた。『後漢書』「皇甫嵩《こうほすう》伝」をたよりに、そのあらましを見ておこう。

鉅鹿《きょろく》郡（河北省南部）の張角は「大賢良師《たいけんりょうし》」と名のり、黄老《こうろう》の道（黄帝・老子の教え）を信奉して弟子を養成した。この教えを信じると非常によく病気がなおったので信者は急速にふえ、十数年のあいだに何十万という数になった。張角は八人の弟子を四方につかわして、郡国をくまなく組織した。三十六の〝方《ほう》〟（教団の組織単位で、のち反乱軍団の単位となる）を置き、それぞれ首領をたて「漢が滅びるときは甲子（一八四年）の歳《とし》だ！」と流言をとばした。そして首領の馬元義《ばげんぎ》らは、宮中の宦官封諝《ほうしょ》らと呼応して、しめし合わせた期日に立ちあがる手立てをととのえた。

ところが張角の弟子の唐周《とうしゅう》の密告にあい、馬元義は洛陽のまちで車裂きの刑に処せられ、信者千余人が処刑される。張角はことが露顕したことを知るや、各地の信者に檄《げき》をとばして一斉蜂起を指示した。ここに、間歇熱《かんけつねつ》的にほぼ二十年ちかく繰りひろげられることになる、中央軍や豪雄たちと黄巾賊の交戦がはじまったのである。

黄巾賊はいたるところで官府を焼きはらい、町や村を略奪した。地方高官の多くは逃亡し、行政は乱れに乱れ、都の洛陽は大混乱におちいった。朝廷では首都圏長官の何進《かしん》（霊帝の皇后何氏の兄）を大将軍に任命し、近衛軍に洛陽を守備させるいっぽう、盧植《ろしょく》、皇甫嵩《こうほすう》ら硬派の大物を黄巾討伐軍として派遣した。黄巾賊の破竹の勢いに、はじめ討伐軍は各地で苦杯をなめるが、しだいに態勢をたてなおし、二カ月後の〝長社《ちょうしゃ》の戦い〟において皇甫嵩は大勝利を手にする。そのとき、初陣《ういじん》ながら活躍したのが、霊帝が派遣した近衛騎兵隊長の曹操（三十歳）であった。

2　若き日の英雄たち

黄巾賊鎮圧の功績によって、曹操は青州《せいしゅう》の済南《せいなん》国（山東省済南一帯）執政官に昇進し、任地におもむいた。着任そうそう、彼は汚職官吏の八割を罷免し、また民衆のあいだにはびこっていた淫祀邪教《いんしじゃきょう》の社《やしろ》をすべて取りこわして祭祀を禁止した。悪人は鳴りをひそめ、済南国の治政は落ちついた。

このころ曹操は、おのれの思いえがく理想社会をひとつの楽府《がふ》（歌謡曲）に残している。

酒を飲みつつ、詩《うた》にせん、
わが理想とする太平の世を。
役人が戸口をたたいて徴発することもなく、
王者は賢明、宰相は忠良、
礼節は都じゅうに行きとどき、
民衆に争いごとはない。
日々耕やしては、九年分の蓄《たくわ》え、
農家の倉には穀物があふれ、

白髪の老人は、もう働かずともよい。
慈雨ふりそそいで、
作物ゆたかに稔《みの》り、
猛々《たけだけ》しい軍馬は、
畑仕事にかりだされる。
公・侯・伯・子・男の爵位はととのい、
諸侯はその民衆をいつくしみ、
才なきものをしりぞけ、
才あるものは登用する。
父が子に、兄が弟にたいするように、
お上《かみ》は庶民を守り育てる。
礼法を犯すものは、
軽重に応じて処罰し、
落し物を私《し》する者なく、
牢獄は空《あ》き家《や》と同じ、
冬の最後のひと月に、
判決を下すこともない。*
人びとは老いて天寿をまっとうし、

王者の恩沢《おんたく》は、
草木昆虫にまでゆきわたる。

＊当時は冬季の最後の一ヵ月のあいだに判決を言いわたした。

一途《いちず》に理想的政治世界をもとめようとする、青年官吏曹操の心意気が伝わってくる。その実践が、済南国における手あらすぎるとも思える処置となったのであろう。だが一年も経ずして曹操は済南国執政宮を辞し、ふたたび洛陽で議郎（天子の顧問官）をつとめる。そしてほどなく、東郡《とう》（河南濮陽《ぼくよう》付近）太守の官位を蹴って故郷の譙《しょう》に身をひそめた。後年（五十六歳）、このころを回想して曹操はこう述べている。

済南国の執政官になったとき、わたしはまず官界を粛正し、暴力や汚職の常習犯を切りすて、公平に人事をすすめた。だが、それがかえって中央の宦官や外戚らの反感を買ってしまった。わたしは家族がとばっちりをうけるのが心配になった。病気を口実に官を辞し、故郷に帰った。
こうしてわたしは官を退《しりぞ》き、田舎にこもった。しかし歳はまだ若い。同期の孝廉のなかには五十になるものもあったが、それでも老人とみなされてなかった。自分がこれから引退生活をつづけて、天下の濁流勢力が一掃されるのを待つとして、かりに二十年たったとしても五十一ではないか。わたしは譙から五十里のところに書斎をつくり、夏と秋は読書、冬と春は狩猟という生活をおくることにした。
わたしは、川底までもぐって泥の中に沈みこみ、すっかり自分の姿をかくして世間との接触を絶とうとしたのである。だが、実際は、そういうわけにいかなかった。（「自らの本志を明らかにする令」）

ところで、後漢末朝廷を震撼《しんかん》させた黄巾賊の鎮圧にあたっては、曹操はじめ後年の魏・蜀・呉三国の覇者に成長してゆく役者たちが登場し、各地で頭角をあらわしてくる。すなわち曹操が済南国の執政官を辞したころ、涿《たく》郡涿県（河北省）でチャンスを待ちかまえていた劉備《りゅうび》は中山《ちゅうざん》（涿県の南）の大商人張世平《ちょうせいへい》・蘇双《そそう》らに見こまれて多大の資金提供をうけ、仲間をかり集めて義兵をあげた。そのとき劉備の護衛官になったのが関羽《かんう》と張飛《ちょうひ》である。反乱軍との交戦で負傷した劉備は死んだまねをして窮地を脱出、のち軍功によって中山郡安喜《あんき》県の尉《い》（武官）に任命された。

呉郡出身の孫堅《そんけん》は当時、下邳《かひ》（江蘇省）の丞《じょう》（県令補佐役）だったが、朝廷討伐軍の将軍朱儁《しゅしゅん》の推薦によって佐軍司馬《さぐんしば》にとりたてられた。孫堅は同郷の若者や周辺からつのった兵士千人をひきつれて馳せ参じ、向かうところ敵なしという奮戦ぶりをしめした。春秋時代の兵法家孫子《そんし》の後代だともいわれるこの孫堅が、のちの呉王孫《そん》権《けん》の父である。

さて、郷里にひきこもって充電し、世間の動きをじっくり見極めようとした曹操だったが、一年後、朝廷から西北辺境の反乱軍討伐を命ぜられ、またもや宮仕えを余儀なくされる。父曹嵩が太尉《たいい》の位にのぼり、曹操と卞《べん》夫人とのあいだに長男丕《ひ》が生まれた。中平五年（一八八年）、冀州の刺史《しし》王芬《おうふん》や南陽の許攸《きょゆう》らが、病に伏していた霊帝を廃して皇族の合肥《がっぴ》侯を擁立しようと画策、曹操にもひそかにクーデターへの参画が打診された。曹操の王芬への返書が残っている。

なにが望ましくないかといって、天下に皇帝の廃立ほどの不祥事はあるまい。もっとも、昔からその例がないことはない。たとえば伊尹《いいん》（殷《いん》の名相）、霍光《かくこう》（前漢、宣帝を擁立）の例がある。伊尹のばあいは忠誠心をいだき、しかも宰相として官僚を掌握していたから事がうまく運んだ。

また霍光は皇帝の後見役として国政をまかされ、外戚としての地位も利用できた。宮廷内では皇太后の権力を、宮廷外では諸大臣の賛成を得、そのうえ皇帝は帝位についたばかりで、事はすべて霍光の手のうちで

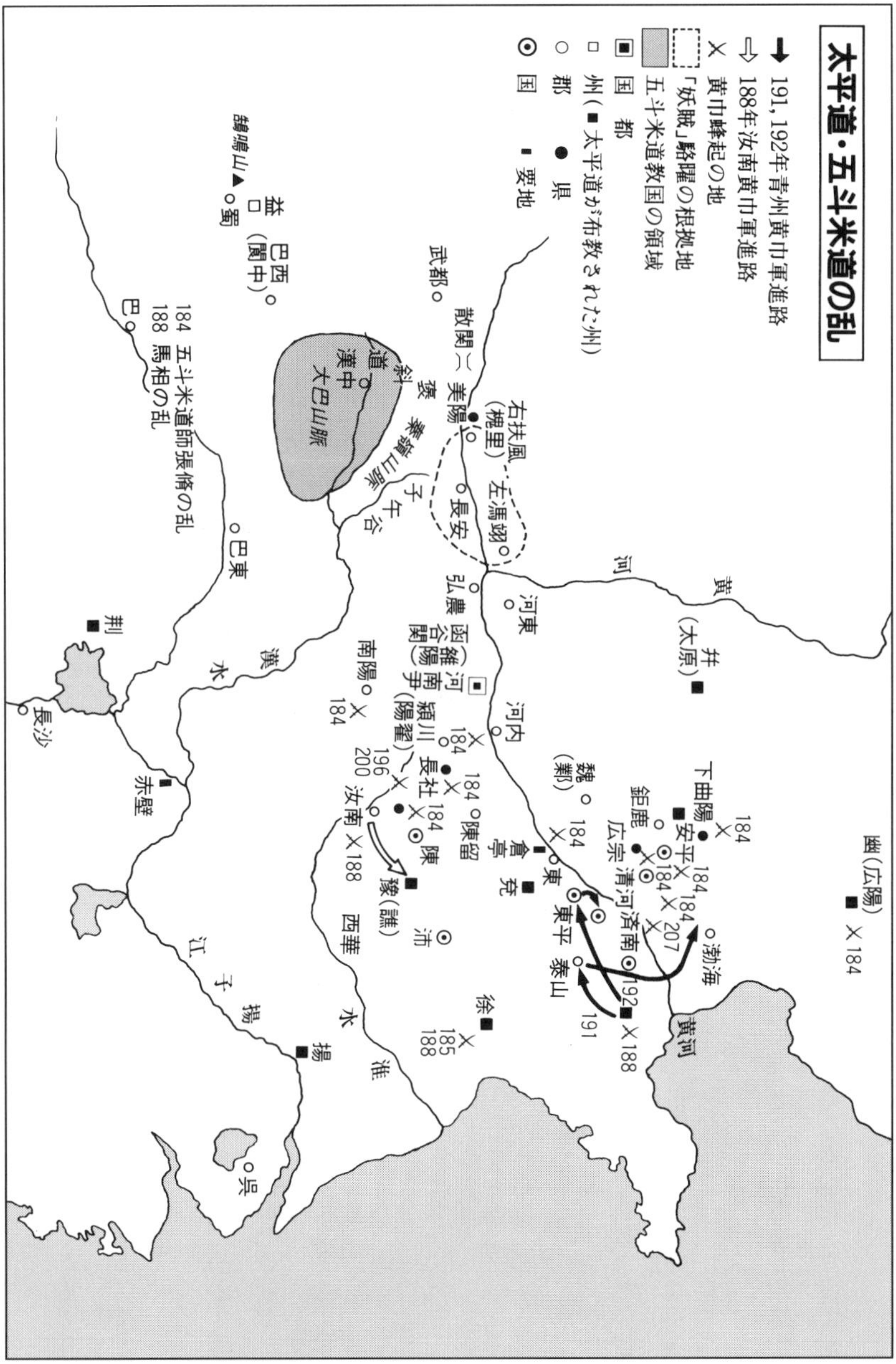
太平道・五斗米道の乱
191,192年青州黄巾軍進路
188年汝南黄巾軍進路
黄巾蜂起の地
「妖賊」駱曜の根拠地
五斗米道教国の領域
国　都
州（■太平道が布教された州）
郡　●　県
国　▪　要地
幽（広陽）
184
渤海
黄河
下曲陽
安平
鉅鹿
広宗
清河
済南
207
192
191
188
東平
泰山
魏（鄴）
東
倉亭
兗
陳留
陳
長社
潁川（陽翟）
汝南
196
200
豫（譙）
沛
徐
185
188
西華
淮
水
并（太原）
河内
河東
河南尹（雒陽）
函谷関
弘農
南陽
黄
河
左馮翊
長安
右扶風（槐里）
美陽
散関
褒
斜道
漢中
大巴山脈
秦嶺山脈
子午谷
武都
西
巴（閬中）
益
口
蜀
鶴鳴山
巴
184　五斗米道師張脩の乱
188　馬相の乱
巴東
荊
漢
水
長沙
赤壁
江
子
揚
揚
呉

進められた。だから容易に皇帝の交替劇がおこなわれたのだ。

諸君はいま、容易だった先例のみに目をうばわれて現実の困難さを見抜いていない。ひとつよく考えてみられるがよい。諸君の動員力、団結力はどれほどあるのか。合肥侯の毛並み、人望はどの程度なのか。安易にことを起こして成功を求めるなど、危険このうえあるまい。

このとき三十四歳だが、すでに政治家曹操をうかがわせる周到な配慮が文面から感じられる。皇室につかず離れずの距離をたもちつつ、後宮や朝廷内の権力闘争をうかがってきた曹操には、一地方の行政長官がたくらんだ廃帝クーデターなど、無謀そのものにうつったに違いない。王芬の計画は、本人の自殺という結末であえなく潰《つい》えさった。

3　董卓、参上！

まるで時代劇のような見出しになったが、西方の野生児董卓《とうたく》という男の出現は、こういう言い方がぴったりくる。参上したとたんに漢王朝に一撃を見舞ったあげく、たちまちにして殺害されるという一幕劇ではあった。しかし彼こそは、後漢末英雄時代の幕を切って落とした人物なのである。序曲ともいえる、宦官みな殺しの段から見てゆこう。

黄巾賊の主力部隊はつぶされてゆき、首領張角も戦死して反乱は一時的な終息をみた。ところが派生した黒山《こくざん》や白波《はくは》と呼ばれる匪賊が太行《たいこう》山脈の周辺をあらしまわるなど、漢王朝がうけた衝撃は小さくなかった。なによりも朝廷の権威が失墜して、地方の大官たちのなかには漢王室を見限るものもではじめた。

宮中では余命いくばくもない霊帝の権力にとりすがる宦官たちと、外戚で大将軍の何進《かしん》を中心とする一派が、何太后（何進の妹）をなかにして熾烈な闘争をくりひろげる。何進は兵乱から洛陽城を守るという名目で、あらたに西園《せいえん》（上林《じょうりん》苑《えん》のこと）に八つの校尉（近衛兵の指揮官）をおき、いわゆる西園八校尉部隊を編成した。総指揮の上軍校尉には宦官の蹇碩《けんせき》が就任し、中軍校尉には袁紹《えんしょう》、そして典軍《てんぐん》校尉には曹操がえらばれた。このときの曹操の心中はどのようなものだったのか。

騎兵隊司令から典軍校尉に昇進した。これを機に、わたしの考えは変わった。漢王朝のために賊を討ち、功を立てようと決意したのだ。侯に封ぜられて征西将軍となり、死してのちは、「漢の元《もと》征西将軍曹侯の墓」と墓碑にきざまれたい――これが、そのときの志《こころざし》だった。（「自らの本志を明らかにする令」）

同じ八校尉の一人に抜擢された袁紹は、曹操にとってはいわば先輩格の、少年時代以来の友達といってよかったが、ここにきてお互いライバル視するにいたったと考えていいだろう。当時の羽振りは袁一族のほうがよかったと思われる。しかし漢王朝における家格や伝統からいえば、曹一族のほうがはるかにうえであった（第一章および第四章参照）。

翌中平六年（一八九年）春、霊帝が崩御すると、たちまち血みどろの激闘が表面化する。袁紹は何進に、このチャンスをのがさず後宮で権力をむさぼりつづけてきた宦官をみな殺しすべきだと進言していた。ところが何太后が同意しない。そこで何進は地方軍閥の軍隊を洛陽に召集して、何太后に圧力をかけようとした。そのなかの最大軍閥が、隴西《ろうせい》（甘粛省《かんしゅくしょう》）出身の董卓軍だったのである。

袁紹や何進らの宦官誅滅のうわさを耳にした曹操は、どう思ったか。王沈《おうちん》の『魏書』には、こう記されている。

曹操は、鼻先で笑って言った。「宦官は昔からあるものではないか。君主がかれらに権限を与えすぎたから、今日の腐敗をまねいたのだ。誅罰を加えるというのなら、元凶だけ殺せばよい。それには一人の獄吏で十分だ。なんで大さわぎして、地方の将軍まで呼びよせることがあろう。そのうえ、みな殺しにしようなどとは、事が露見するに決まっている。失敗が目に見えるようだ。

このことばを、祖父が宦官だった曹操の、宦官への親近感から出たものと考えるなら、曹操をおおきく誤解することになるだろう。遠く曹参いらい、代々の曹家に根づいてきた「是々非々」の思想が、ここには如実にあらわれているのだ。

案の定、密謀は宦官らの知るところとなり、董卓の入京まえに何進は宦官らの手にかかって殺された。だが、さすがに袁紹はそのチャンスをのがさない。弟の虎賁中郎将《こほんちゅうろうしょう》袁術《じゅつ》の部隊とともに、混乱の極にたっした宮中をかけずりまわって宦官をみな殺しにした。死者は二〇〇〇人にものぼったという。

そのころ、軍勢をひきつれた董卓が洛陽郊外に到着、逃走中の少《しょう》帝をむかえて城内に入った。かくして〝漁《ぎょ》夫《ふ》の利〟を得た董卓に首都の軍事権がいっきょに集中した。董卓は司空の座につくと、少帝を廃して弟の陳留王を即位させた。これが献帝である。おのれの地位と権力をかためる一方、董卓は宦官によって逼塞《ひっそく》させられていた官僚たちをつぎつぎに復権させて官界の要職につけた。そのうちの一人に、曹操の学問の師といってもよい蔡《さい》邕《よう》がいる。呉に逃亡していたのを董卓が脅すようにして呼びもどし、三日間のうちに属官から尚書にまで出世させた。董卓がいかなる人間であれ、皇帝を擁している以上、漢王室に仕える蔡邕としてはやむを得なかったのに違いない。

すべての権力を手中にした〝山犬《やまいぬ》〟(あだ名)董卓と、その配下の無法軍団は、まさにやりたい放題だった。自身を人臣の最高位にのぼらせて、「どうだ、わしの人相は天子にふさわしくないか」というかと思えば、貴族や皇族の墓をあばいて珍貴な副葬品を奪いとり、その兵士らは洛陽のまちにくり出しては〝捜索《がさいれ》〟と称して、つぎつぎに屋敷におしいり、女を犯し、金めの物を奪った。

董卓も、それなりに人材登用の重要性を知っていた。袁紹、曹操に、董卓のほうから新政権に協力してくれるよう打診した。しかし、むろん袁紹も曹操も、董卓の要請に応じるはずはない。董卓が少帝を廃して陳留王をたてたいと相談をもちかけたとき、袁紹は表むき賛成のふうをしてその場をにごし、冀州に身をさけた。当時、太《たい》傅《ふ》（皇帝の補佐）をしていた叔父の袁隗《かい》に危難がおよぶおそれがあったからである。曹操もまた董卓の驍《ぎょう》騎《き》校尉への就任要請を無視し、変名をつかって洛陽をぬけだし、間道づたいに故郷の譙をめざした。

4　反董卓連合軍の結成

董卓の専横はとどまるところを知らない。各地の豪雄らは次つぎと反董卓の義兵をおこし、後漢末憂《う》き世の風景は急転回の様相をみせはじめる。世は乱世に入ったのである。まず曹操の挙兵にふれておこう。

故郷にもどった曹操をまちかまえていたのは、いうまでもなく曹家と夏侯家の一族私兵からなる譙軍団である。曹参《そうさん》・夏侯嬰《かこうえい》いらいの、漢王朝創業に挺身した家臣としての誇りと王家守護の荒《すさ》ぶる血が、四〇〇年のときをへていまふたたび燃えあがろうとしていた。従弟の夏侯惇《とん》が裨《ひ》将（部隊長）として譙軍団を指揮する。夏侯淵《えん》（惇の族弟）、曹仁（従弟）、曹洪《こう》（従弟）らも私兵をひきつれて馳せ参じた。挙兵以後、かれらはいずれも曹操の手足となって激戦をたたかいぬいてゆく強兵《つわもの》ばかりである。

中平六年（一八九年）の冬十二月、曹操は譙軍団をひきいて陳留《ちんりゅう》郡の己吾《きご》にいたり、そこで反董卓の義兵をおこした。歳《よわい》三十五のときである。己吾は譙の西北約五〇～六〇キロ、洛陽まで直線距離にしてほぼ二五〇キロのところに位置している。陳留の孝廉《こうれん》だった衛茲《えいじ》は、全家財をなげうって曹操を援助した。旗揚げの軍勢は五〇〇〇人。宋代に編《あ》まれた『太平御覧』という本には、つぎのような話がのっている。

曹操は襄邑《じょうゆう》（己吾の近く）にいたると、兵を起こさんとして、刀鍛冶といっしょに軍刀を打ちはじめた。たまたま北海郡の孫賓碩《そんぴんせき》なるものが訪ねてきて、曹操を見て言った。

「大きな野望をいだく者が、刀鍛冶と刀など打っていていいのか？」

曹操は答えた。

「刀も打てずして、天下は取れまい。こんなのは、あたりまえのことではないか」

曹操の挙兵に呼応して兵をあげた者に、済北国《せいほくこく》（山東の済南付近）の相《しょう》、鮑信《ほうしん》がいる。大将軍何進によって騎都尉にとりたてられ、兵をつのって洛陽に向かう途中、何進が殺された。董卓の野心を見ぬいていた鮑信は袁紹に董卓襲撃をすすめたが、袁紹は恐れて動かない。鮑信はそこで軍をひきあげ、郷里で歩兵二〇〇〇〇、騎兵七〇〇、輜重《しちょう》五〇〇〇台あまりを集めて、時にそなえていたのである。

当時、もっとも勢力があったのは袁紹軍で、おおかたの豪雄たちは袁紹になびいていた。だが、鮑信はちがった。

「たぐいまれな智略をもち、英雄をまとめて乱を収め、もとの漢王朝の姿にもどされるのは貴君だ。それに値《あたい》する人物でなければ、いかに強力な軍隊をもっていても必ず滅びる。貴君は、天がくだした人物であろう」

かつて鮑信は曹操にこう語り、自分から交友をもとめた。彼は弟の鮑韜《ほうとう》とともに、曹操軍に加担したのである。

さて、曹操、鮑信以外の、反董卓を旗印に兵をおこした各地の豪雄をあげてみると、次のようになる。

冀《き》州牧《ぼく》の韓馥《かんぷく》
予《よ》州刺史《しし》の孔伷《こうちゅう》
兗《えん》州太守の劉岱《りゅうたい》
河内《かだい》太守の王匡《おうきょう》
勃海《ぼっかい》太守の袁紹《えんしょう》
南陽に拠《よ》った後将軍の袁術《じゅつ》（袁紹の弟）
陳留太守の張邈《ちょうばく》
東郡太守の橋瑁《きょうぼう》
山陽太守の袁遺《えんい》（袁紹の従兄）

いずれも兵力は数万、反董卓軍は連合して、盟主に袁紹を推《お》した。曹操は奮武《ふんぶ》将軍、鮑信は行破虜《こうはりょ》将軍、鮑韜は裨《ひ》将軍（副将）として参加した。このとき曹操は、自軍の兵数を制限している。後年の回想に、こうある。

　董卓の暴挙に対抗して、わたしは義兵を起こした。そのころ、挙兵する者はみな、兵士の数が多いほどよいと考えていたが、わたしはできるだけ数を減らした。なぜかと言えば、数が多ければ兵士らの意気があがり、むやみに強敵とぶつかりたくなる。それは破滅への第一歩だ。　（「自らの本志を明らかにする令」）

『孫子』の兵法を読みこんだ者の、実戦における戦術といってよいだろう。

董卓は連合軍の挙兵を知ると恐怖におそわれ、急遽、献帝をひきつれて都を西の長安《ちょうあん》にうつした。袁紹一族の大傅《たいふ》袁隗《えんかい》らを処刑し、洛陽の宮殿に火をはなち、陵墓を手あたりしだいにあばいて宝物を略奪、大混乱のすえ長安に着くと、董卓は〝尚父《しょうほ》〟と号して天子と同様の車を乗りまわし、身内の者を主要ポストに配置した。しかし、悪業は長くはつづかない。初平三年（一九二年）春、董卓は司徒王允《おういん》と手を組んだ部下の呂布《りょふ》によって刺し殺される。董卓の三族（父母・妻子・兄弟姉妹）はみな殺しにされ、迎合していた者はすべて獄にくだされて処刑された。董卓に信頼され、父子の契りを結んでいた呂布だが、董卓殺害の功によって奮武《ふんぶ》将軍に任命され、温侯の爵位にのぼった。

ちなみに、董卓失脚にからんで処刑された者のなかに蔡邕《さいよう》がいた。この曹操に強い影響をあたえた後漢の大学者の生涯は、すでにのべたように波瀾にみちたものだった。董卓にその才能を評価されて厚遇をうけ、長安にうつったときは左中郎将となり、朝廷の宣布事頃はすべて蔡邕が草稿をつくらされたという。入獄を知った多くの名士たちが蔡邕を弁護したが、王允の指示によってついに処刑されたのである。このとき蔡邕の娘蔡文姫《さいぶんき》は、董卓の乱をさけて父の田舎の陳留にとどまっていたが、ほどなく後漢末の混乱に乗じて侵入してきた匈奴《きょうど》に連れさられ、父よりもさらに数奇な運命をたどることになる。

第四章　天子擁立への道　献帝と曹操の出会い

董卓《とうたく》を刺し殺した呂布《りょふ》は、一時、袁紹《えんしょう》のもとに身をよせる。
一方、名参謀荀彧《じゅんいく》を得た曹操は献帝を擁して許《きょ》に遷都する。

1　豪雄たちの思惑

ああ、漢朝の二十二世（霊帝）、
信任した大臣（何進《かしん》）の質悪く、
知恵なき猿が冠《かんむり》をかぶり、
無謀な企てをなす（宦官みな殺し計画）。
動揺、逡巡するうちに、
君主（少帝）は宦官らに連れさられ、
ついには白き虹、日を貫《つらぬ》き（董卓の、
少帝すなわち弘農《こうのう》王殺害）、

己れ（何進）もまた刃に打ち倒る。
賊臣（董卓）は国権を盗み、
主（少帝）を殺して都を灰にし、
漢朝の偉業はくつがえされて、
祖先の宗廟は焼きはらわれた。
天子（献帝）は居るところなく、
西（長安）に遷《うつ》され、
民衆は泣き叫びつつ都をあとにする。
廃墟となりし洛陽よ！
微子《びし》＊の悲哀、わが胸に迫る！

＊殷《いん》の紂《ちゅう》王の兄。『尚書大伝』によれば、殷が周の武王に滅ぼされてのち、一諸侯となった微子が、朝見に向かうおり殷の廃墟にたたずんで、悲痛のあまり「麦秀《ばくしゅう》の歌」をつくった。

体験しつつあった歴史を悲憤とともにうたった、曹操の「薤露《かいろ》」という楽府《がふ》である。「薤露」は楽府の曲調名で、送葬の挽歌をいう。古人は薤《にら》の葉先に消えゆく露を、短い人生のはかなさにたとえた。

洛陽を焼きはらい、長安に向かおうとする董卓軍。このとき連合軍の袁紹は河内《かだい》に駐屯し、張邈《ちょうばく》、劉岱《りゅうたい》、袁《えん》遺《い》らは酸棗《さんそう》、袁術は南陽、孔伷《こうちゅう》は潁川《えいせん》、韓馥《かんぷく》は鄴《ぎょう》に駐屯していた。だが、一人として、あえて先頭をきって強力な董卓軍に当たろうとする者はいなかった。曹操は兵をひきつれ成皋《せいこう》を占拠しようと進軍した。滎陽《けいよう》の虎牢関《ころうかん》近く、汴水《べんすい》で董卓の一軍と遭遇、交戦のすえ味方に多くの死傷者をだして負けいくさとなり、曹操も流れ矢に当

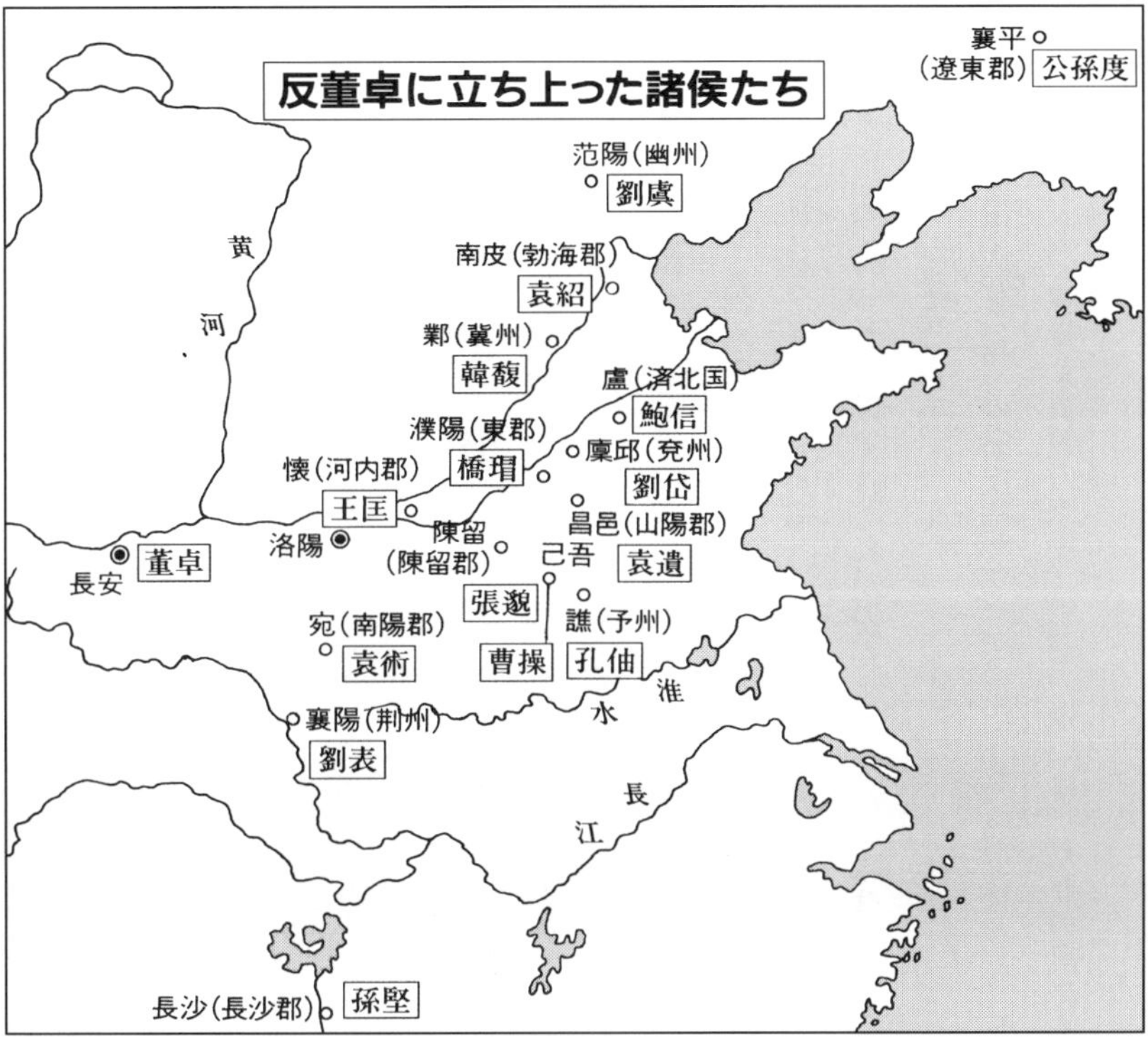
反董卓に立ち上った諸侯たち
襄平
(遼東郡)
公孫度
范陽(幽州)
劉虞
南皮(勃海郡)
袁紹
鄴(冀州)
韓馥
盧(済北国)
鮑信
濮陽(東郡)
橋瑁
廩丘(兗州)
劉岱
懐(河内郡)
王匡
陳留
(陳留郡)
昌邑(山陽郡)
袁遺
己吾
張邈
洛陽
董卓
長安
宛(南陽郡)
袁術
譙(予州)
曹操
孔伷
淮
水
襄陽(荊州)
劉表
長
江
黄
河
長沙(長沙郡)
孫堅

たって傷をおった。

夜陰にまぎれて酸棗の連合軍駐屯地に逃げかえってみると、諸軍の兵士十余万は毎日、酒盛りして会議をひらいてばかりいた。曹操は各部将の責任を追及し、あらたな戦略を提示する。しかし、その案を採用する者はいない。実は、反董卓の狼煙《のろし》をあげたかに見えた各地の豪雄らの思惑は、「薤露」にうたわれた曹操の悲哀と遠くへだたっていた。彼らの心中には、漢王室の復興ではなく、機あらばおのれが天下をとろうという野心がうずまき、疑心暗鬼のうちに互いに牽制しあっていたのである。それをみずから曹操に暴露したのは、ほかならぬ年来の友、袁紹であった。

初平二年（一九一年）の春、袁紹は董卓の擁する献帝に対抗して、冀《き》州の韓馥とはかって後漢の始祖光武《こうぶ》帝の子の子孫だった劉虞《りゅうぐ》（幽州の牧《ぼく》）を皇帝にたてようとしたのである。

そして、その企てに曹操も一枚かむよう誘いの手紙をだした。曹操はつぎのような返事をかえした。

董卓の悪業は天下周知のこと。われわれが義勇軍を起こしたとき、諸侯が遠近をとわず、打てば響くように呼応してくれたのは、その行動が正義にもとづいていたからだ。いま、幼少で力ない天子は姦臣《かんしん》の意のままではあるが、昌邑王《しょうゆうおう》*のときのように、亡国のきざしがあるわけではない。なのに、安易に皇帝を代えたりすれば、いったい天下はだれが安んずるのか。諸君は北（劉虞のいる幽州）を向くがよい。わたしは西（献帝のいる長安）を向く。
＊前漢武帝の孫。享楽淫乱がひどかったため、即位後一カ月もたたずに帝位を廃された。
ここにおいて、曹操と袁紹の立場、思想の違いは、だれの目にも明瞭になった。曹操の挙兵に呼応した鮑信《ほうしん》が、進言する。

「英雄たちが忠節を尽くさんと奮いたち、天下の人びとが相《あい》呼応しているのは起兵が正義だからです。袁紹は盟主の権力を利用して利益を一人占めし、動乱をおこそうとしています。それは、もう一人の董卓が存在することにほかなりません。しかしながら、残念にも、われわれには今、袁紹を制御できるだけの力がありません。とりあえず黄河の南をおさえておき、彼らに変事が生じるのを待つのがよいでしょう」

曹操がうなずいたのは、いうまでもあるまい。袁紹らがすすめる新皇帝の位を劉虞はあくまで引きうけず、ことは失敗した。袁紹は韓馥を脅迫して冀州を奪いとった。

いったい袁紹とは、どのような人物だったのだろうか。陳寿は『魏書』「袁紹伝」を、こう書きだしている。

袁紹は字《あざな》を本初《ほんしょ》といい、汝南《じょなん》郡汝陽県のひとである。高祖（祖父の祖父）の袁安《あん》は漢朝の司徒で、いご四代つづいて三公（司空、司徒、太尉）の位につき、そのため天下の人びとに少なからぬ影響力をもっていた。袁紹は堂々として威厳のある風貌をしており、身分が低い者にも下手《したで》にでて接したため、彼に身をよせる士人が多かった。曹操は若いとき、袁紹と交友があった。

第一章、第二章で、わたしたちは曹操のルーツを詳しくみてきたが、次節で袁紹一族の系図をたどっておきたい。それは、遠からず曹操と袁紹が官渡において雌雄を決するさいのバック・ボーンを知るうえで、少なからぬ意味をもつことになるだろう。

2　袁一族にもいた大物宦官

袁紹の祖先の袁一族についての記述は、『史記』にも『漢書』にもない。『三国志』は前節で引用した部分と、裴松之《はいしょうし》注で触れているが、もっとも詳しいのは『後漢書』「袁安《えんあん》伝」である。すなわち系図（65頁）にも示したように、史書にでてくる袁一族のもっとも過去の人物は、前漢の最後から二番目の平帝《へい》（在位一〜五年）のとき太子の舎人《けらい》となり、後漢光武帝の建武初め（二五年）に成武（地名）の令（長）となった袁良《りょう》である。彼は『易《えき》』（うらない、またはそれを説いた『易経』のこと）にくわしかった。

しかし袁家の始祖ともいうべきは、袁良の孫の袁安である。幼いころから祖父の学問を学び、威厳のある風格は近在の人びとの尊敬をあつめた。孝廉にあげられ明帝《めい》（在位五七〜七五年）のとき朝廷に重んじられて太僕《たいぼく》（九卿《きゅうけい》の一つで天子の車馬をつかさどる）までのぼり、章帝《しょう》（在位七五〜八八年）の終りころには司空、司徒を歴任した。和帝《わ》が即位（八八年）し、母の竇《とう》太后とその兄竇憲《とうけん》が政権を牛耳《ぎゅうじ》るようになると、袁安は歯に衣《きぬ》きせず外戚《がいせき》の横暴を批判しつづけた。その衷心からでた行動は皇帝から大臣にいたるまでの厚い信頼を得、袁安が病没（九二年）したとき、朝廷は深い悲しみにつつまれたという。

袁安の孫の袁彭《ほう》は広漢《こうかん》太守、南陽太守をへて順帝（在位一二五〜一四四年）のはじめに光禄勲《こうろくくん》（近衛大臣、皇帝の身辺警固）となった。曹操の祖父で宦官の曹騰《そうとう》が順帝の御学友であり、その即位とともに出世を重ねて中常侍にのぼったのは第一章でみたとおりである。すなわち袁彭も曹騰も、どちらも順帝の身辺にいたことを考えれば、二人は面識があったと思うのが自然だろう。いわば曹家と袁家の、最初の出合いである。袁彭も清潔な人柄だったようである。

袁彭の弟、袁湯《とう》は、儒学者肌のけじめをきっちりさせる人物だった。桓帝《かん》（在位一四六〜一六七年）のはじめに司空となり、安国亭侯に封じられた。のち司徒、太尉にも就くが、天災地変の責任をとって罷免されている。袁湯もまた曹騰と非常に近い位置にいた。桓帝を帝位につけたのは外戚梁冀《りょうき》と、その影で動いた曹騰だったか

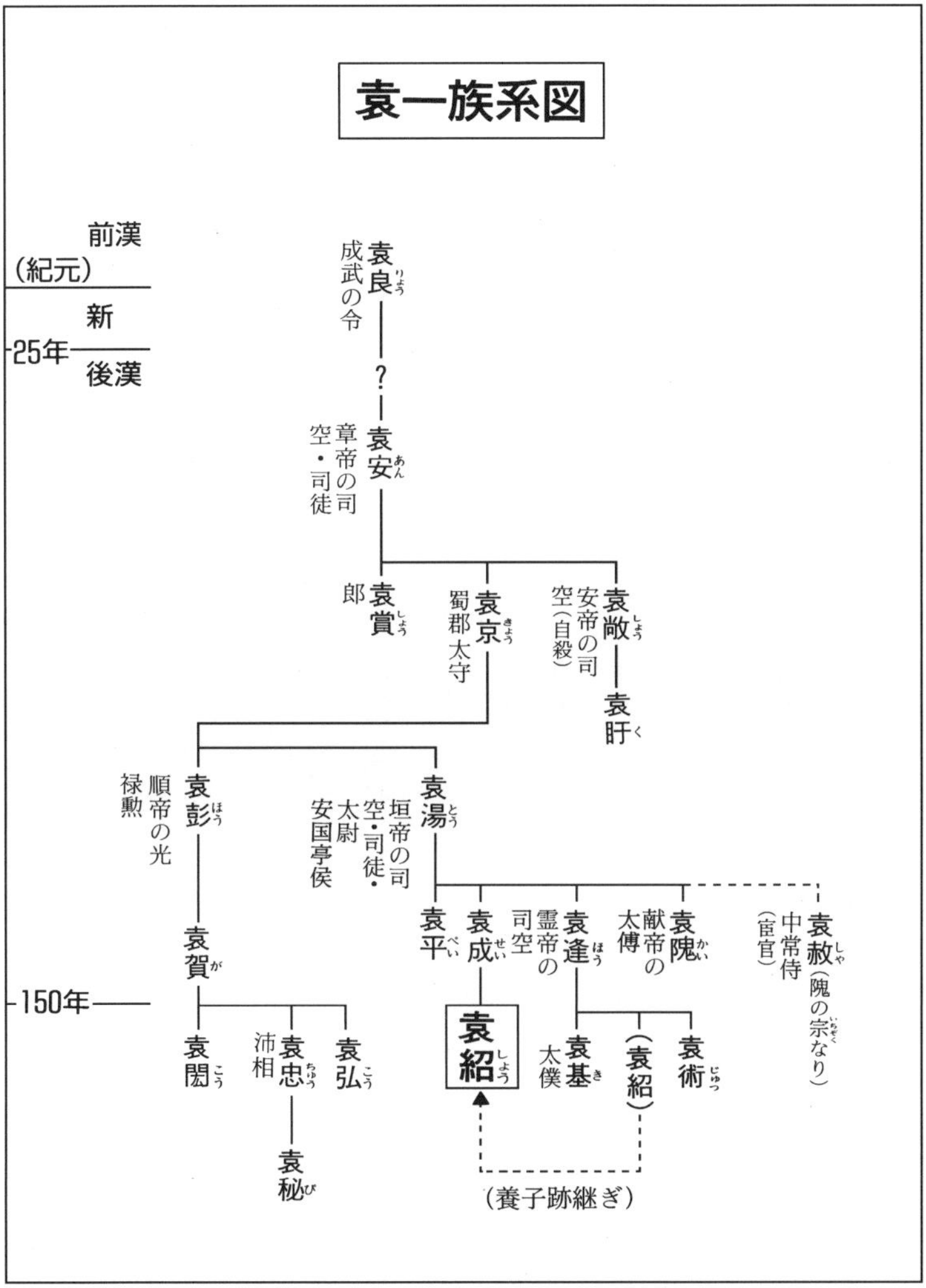
袁一族系図
前漢
（紀元）
新
25年
後漢
150年
袁良《りょう》
成武の令
？
袁安《あん》
章帝の司空・司徒
袁賞《しょう》
郎
袁京《きょう》
蜀郡太守
袁敞《しょう》
安帝の司空（自殺）
袁盱《く》
袁彭《ほう》
順帝の光禄勲
袁湯《とう》
桓帝の司空・司徒・太尉
安国亭侯
袁賀《が》
袁閎《こう》
袁忠《ちゅう》
沛相
袁弘《こう》
袁秘《ぴ》
袁平《べい》
袁成《せい》
袁紹《しょう》
袁逢《ほう》
霊帝の司空
袁基《き》
太僕
（袁紹）
袁術《じゅつ》
袁隗《かい》
献帝の太傅
袁赦《しゃ》（隗の宗《いちぞく》なり）
中常侍
（宦官）
（養子跡継ぎ）

らである。むろん儒者の袁湯は宦官の曹騰を軽蔑し、唾棄《だき》したかもしれない。が、また、そうとばかりも言えない事実があるのである。

その事実は、後漢は宦官によって滅んだと言い、その孫曹操の伝を『後漢書』から排除までした（劉備、孫権も載せていないが）范曄《はんよう》が、袁湯の四男袁隗《えんかい》（袁紹らの挙兵をうらんだ董卓に殺された）について記述したところに出てくる。范曄は、こう書いている。

時の中常侍袁赦《えんしゃ》は、隗の宗《そう》なり。

時とは「霊帝の時」であり、中常侍は「宦官」をさしている。宗は「同族」「親族」ととるのが普通だろう。つまり范曄は「霊帝時代の中常侍（宦官）袁赦は、袁隗の一族である」と記している。袁一族のなかにも大物宦官がいたのである。おそらく袁彭・袁湯の代の思惑によって袁赦は去勢され、曹騰と同じように後宮に送りこまれたのであろう。

この事実の発見は、実はそれほど小さなことではない。これまでの三国志物における袁紹と曹操の人間的交流、あるいは対立的構図は、まったくの〝紋切型理解〟としか言いようのないもので、前漢につづく後漢に生きる彼らの血や、言葉や、沈黙の意味を、ほとんど考慮することもなしに、定型訳とされるものの孫引きをつみ重ね、そこに筆者の卓見を陳列することの繰りかえしだった。

第一章で述べたように、後漢時代の皇帝と宦官の孤独な相互依存関係や宦官の権力掌握の過程を思ってみれば、袁一族に宦官がいてもなんら怪しむべきことではない。曹騰と袁彭・袁湯の時代に、両家が縁戚関係をむすばなかったのが不思議なほどだ（曹操の時代には、政略によるものではあるが、曹家と袁家には親類関係がある）。

両家には、それぞれ宦官がいた。それを百も承知の袁紹と曹操の、交友であり、同盟であり、批判であり、離反であり、対立であり、戦闘である、ということを知る必要があるだろう。袁紹は四代にわたって三公をだした名家の御曹子で、曹操はそれにくらべると卑しい宦官の家の出だった、というような〝紋切型理解〟ほど、歴史をゆがめ、袁紹や曹操の〝思い〟から遠ざかるものはないのではなかろうか。

ここまで見てくれれば、曹一族と袁一族の系図をながめるだけで、どちらが伝統の風格をそなえた名門であるかはおのずから明白であろう。また目先の利益や思惑だけで動く輩《やから》はいざしらず、漢王朝の行《ゆ》く末を案じる豪雄や士人らの心をとらえていたのが袁紹なのか、曹操なのか、これも鮑信の例に見たとおりである。ここで、そのような例を、もう一つあげておこう。

袁紹の弟の袁術は、のちに仲たがいしてお互いに戦火をまじえることになるが、袁術が昔なじみの陳珪《ちんけい》（太尉陳球《ちんきゅう》の弟の子）に、その子を人質にとって自分に協力するよう迫ったことがあった。そのときの陳珪の返事である。

秦《しん》の末期、政府が暴虐をほしいままにして天下をしいたげ、民衆に害毒をながしたがゆえに、たえきれずして秦は土崩瓦壊《どほうがかい》したのだ。今日、世は衰えたりとはいえ、まだまだ秦が滅んだときほどひどくはない。曹（操）将軍が時代の要請にこたえて神のごとき武力を示され、凶悪な者共をたいらげて漢朝を復興し、平和な世の中をつくられようとしているのは事実にてらして信じることができる。

本来なら足下《そっか》も一致協力して漢王室をおたすけすべきなのに、謀叛をたくらみ、その身を禍《わざわ》いにさらすとは、なんとも痛ましい限りだ。……足下につき従うことなど、死んでもありえぬことだ。

ちなみに、袁紹は幽州を支配していた公孫瓚《こうそんさん》と関係が悪かった。公孫瓚が上奏した「袁紹、十の罪状」のなかに、袁紹が一族に連絡もせずに反董卓軍を結成したため、叔父の袁隗や兄の袁基《き》とその母子が殺された（第三の罪）ことや、袁紹の母親は婢《はしため》で、彼が袁家の後継者となるのは袁氏一族の名誉を傷つけること（第九の罪）、などをあげていることも、思い合わせておいていいだろう。

『後漢書』「袁安伝」をじっくり読めば、袁一族には興味をそそられる人物が少なくない。袁安の息子で安帝時代に司空までなって自殺した袁敞《しょう》、袁彭の孫で栄華をきわめた袁家を痛烈に批判して深林に身をかくし、黄巾の乱にさいしては賊徒から多くの民衆を救った袁閎《こう》、その弟で、ついに民間にうずもれきった袁弘《こう》、あるいは献帝の太傅《たいふ》にまでなった袁隗《かい》、そして、ただ一度だけ名前の出てくる宦官袁赦《しゃ》――しかし、いまはかれらにふれている余裕はない。問題は、袁紹陣営そのもののなかから、曹操のもとに、身を投じてくる部将たちが出現しつつあったことである。

3　青州兵の吸収

荀彧《じゅんいく》は潁川《えいせん》郡潁陰《えいいん》の出身である。南陽の名士何顒《かぎょう》は、年少の荀彧をひと目見て「王佐《おうさ》（王を補佐し盛りたてる）の才あり」と評した。孝廉に推挙され、一時は宮仕えもしたが、ほどなく官職をすてて故郷にひっこんだ。董卓の乱がおこると、村人に「潁川の一帯は戦場のちまたと化すので、他の土地に移ったほうがいい」と言いのこし、荀彧の一家は冀州《き》に難をさけた。

そのころ冀州を支配していた袁紹は、荀彧とその兄弟を好遇した。しかし荀彧は、袁紹という男が結局は大事業をなしとげる人物ではないと見抜いた。荀彧二十九歳。彼は、苦敗をなめ、敗走しつつも董卓軍にむかって果敢に戦闘をいどみつづけていた曹操のもとに向かう。曹操は奮武将軍として東郡を治めていた。『魏書』「荀彧

伝」には、

　初平二年（一九一年）、彧《いく》、紹《しょう》を去りて太祖《たいそ》（曹操）に従う。

とあるだけだが、荀彧は、漢王室にたいする曹操の誠心を信じて、その懐《ふところ》にみずから飛びこんでいったのである。「荀彧伝」は、こうつづけている。

　太祖、大いに悦《よろこ》びて曰《いわ》く、「われの子房《しぼう》なり」。もって司馬《しば》（軍事参謀）となす。

「子房」は漢の高祖劉邦を補佐した軍師、張良《ちょうりょう》の字《あざな》である。ときに曹操は三十七歳であった。これ以後、あらゆる局面において荀彧は曹操とともに苦しみ、曹操に助言をあたえ、死ぬまで彼は曹操のもとを離れない。曹操の覇業《はぎょう》を荀彧がいかに補佐したか、まもなく、いくつもの実例を目のあたりにすることになろう。

　初平三年（一九二年）夏四月、長安の司徒王允《おういん》は呂布とはかって董卓を殺した。このことによって、反董卓連合軍はもろくもくずれさり、それまで隠されていた群雄たちの目論見が一挙に表面化して、お互いが反目し矛《ほこ》を交じえあう。朝廷の混乱につけ入ろうと狙っていたのは、各地の豪雄たちばかりではない。一度は平定されたはずの黄巾《こうきん》賊や黒山《こくざん》賊が、またぞろ大軍をくんで州郡の城市を襲いはじめたのである。

　曹操は敗走し、危機におちいるたびに自軍を再編成し、譙軍団を核に精鋭部隊をたくわえていった。黒山賊の主領于毒《うどく》の本拠地を攻撃し、南匈奴《きょうど》の於夫羅《おふら》を内黄《ないこう》（河南省）で大破した。青州の黄巾賊一〇〇万が兗《えん》州を襲撃して長官の劉岱《りゅうたい》を殺害したとき、参謀の陳宮《ちんきゅう》が曹操に進言した。

「今こそチャンスですぞ。朝廷から指令のこぬうちに兗州に乗りこみ、そこを地盤に天下を狙うのです。これこそ覇王の業と申せましょう」

　曹操の起兵に呼応した済北の執政官鮑信も同意見である。兗州の長官に迎えられた曹操は、さっそく青州黄巾賊に対して反撃にでる。みずから甲冑に身をかため、陣中を見回っては賞罰を明らかにして士気をふるいたたせる一方、奇襲攻撃をしかけた。青州済南国の地は、かつて青年執政官だった曹操が着任して汚職官吏を追放し、淫祀邪教の社《やしろ》を破壊した土地である。昼夜を分かたぬ激戦のすえ、曹操軍はついに済北に黄巾軍を追いつめ降伏させた。黄巾軍兵士三十数万、その他の男女あわせて七十数万人が曹操の傘下に入った。そのなかから精兵をよりすぐって〝青州兵〟と名づけ、曹操軍団の強力な一翼とした。

青州の黄巾を破って手にいれたこの大量の兵士と農民は、曹操の実力を飛躍的に増大させることになる。彼らは譙軍団とともに曹操の軍事的基盤をささえただけでなく、ほどなく実践される〝屯田《とんでん》政策〟（日頃は農作に従事し、ことあれば兵士として出征する）の強大な推進力となり、兵士と食糧の供給源が確保されたのである。

ときに、曹操のブレーンの一人に陳留郡出身の毛玠《もうかい》という者がいた。兗州長官の地位についたとき巡察官として招いた男だったが、彼が曹操にこう進言した。

「今や、天下の秩序は崩壊し、天子も各地を転々とされ、民衆は生業をうしない、飢饉に見舞われて流民と化しております。お上《かみ》には一年を食いつなぐ貯えもなく、民心も不安定とあっては、長くもちこたえるのは困難です。いっぽう袁紹や劉表《りゅうひょう》は、多数の配下を擁するとはいえ将来の展望に欠け、基礎固めの努力もしておりません。そもそも戦争は道義のある側が勝利をおさめるもの、現状を守りぬくには豊かな財力が必要です。この機に、天子を奉じて離反した臣下をふたたび糾合し、さらに農耕をさかんにして軍糧を蓄えるべきです。そうすれば、天下制覇も難事ではありますまい」

曹操は、じっと耳をかたむけて聞いていた。三年後に、この毛玠の進言は実現することになる。

ここで孫堅、劉備、呂布の動きを頭にいれておこう。反董卓の義勇軍が各地で旗あげしたころ、孫堅もまた南の長沙《ちょうさ》で兵をあげた。北上して南陽につくころは数万の軍勢にふくれあがり、さらに魯陽まで進軍して袁術と会見した。袁術は上奏して孫堅に破虜《はりょ》将軍と予州刺史《よしゅうしし》を兼任させ、董卓の大軍にあたらせた。

初平三年（一九二年）、袁術の命令で孫堅は軍を荊州にすすめ劉表を攻撃した。迎撃軍を打ち破り襄陽《じょうよう》を包囲したものの、孫堅は敵兵の放った矢にたおれる。孫堅には孫策《さく》、孫権《けん》ら四人の息子があった。孫堅が戦死したあと、孫策は長江をわたって江都《こうと》（今日の江蘇省鎮江市）に居を移すが、翌年、父のあとをついで袁術のもとに身をよせた。

黄巾賊鎮圧の義兵をあげた劉備と、董卓殺害後の呂布のその後はどうなったか。もともと公孫瓚《こうそんさん》と親しかった劉備は、公孫瓚と袁紹の闘争にまきこまれ、しばしば袁紹攻撃にしたがった。ほどなく徐州の牧《ぼく》（長官）陶謙《とうけん》のもとに身をよせ、予州刺史となって小沛《しょうはい》に駐屯した。陶謙が病没すると、推されて徐州の牧となる。

他方、父子の契りをむすんでいた董卓を刺し殺した呂布は、たのみの袁術にその変節ぶりを嫌われ、仕方なく北方の袁紹に身をゆだねる。しかし、その袁紹にもうとまれて殺されそうになり、河内《かだい》の張楊《ちょうよう》をたよっていく途中、東平郡の張邈《ちょうばく》と意気投合する。張邈は袁紹、曹操とは年来の親しい間柄で、曹操が反董卓の兵をおこしたときはともに義勇軍を組織したのだった。呂布と張邈の接近は、袁紹には不愉快である。張邈の内心に、疑心暗鬼が生じた。曹操は、袁紹のために俺を攻撃するのではないか……。

4　張邈の裏切り

第二章で引用した曹操の楽府《がふ》「善哉行《ぜんさいこう》」の一節を思いだしていただきたい。

どん底のわが脳裡に、
消えては浮かぶ父の姿。
一郡の太守になりたいという、
ちっぽけな望みすら、
いつかなえられることか――。
貧窮と困難にあまんじつつも、
いやせぬ傷心は涙の雨となる。
哭《な》き叫び、悲嘆すれば、
活路が見出せるとでも言うのか⁉
天よ、
父が死んだ琅邪《ろうや》の山を打ち崩せ！

……

董卓の乱の難をさけて琅邪国に移り住んでいた父が、興平元年（一九四年）の春、曹操に敗れた陶謙配下の手にかかって殺された。その前年に徐州の闕宣《けっせん》という男が天子を僭称《せんしょう》したとき、陶謙はそれに与《くみ》して兗州の諸城を攻撃してきたが曹操の討伐軍に大敗し、その時の遺恨を晴らされたのである。

夏、曹操は兗州の本拠地鄄城《けんじょう》の留守を信頼する部下の荀彧と程昱《ていいく》の二人にゆだねると、陶謙を徹底的に攻めおとすべく、五つの城を攻略して東海郡までいたった。さらにとって返して次つぎと陶謙軍をうち破ったが、しかし陶謙本人を殺すことができない。『魏書』「武帝紀」には「（曹操軍が）過ぐるところ残戮《ざんりく》（虐殺）するところ多し」と記している。後世、罪のない一般民衆を大虐殺した曹操の一面としてとりあげられる部分である。

陶謙を追って徐州を転戦していた曹操のもとに、鄄城の留守を守っていた荀彧から速馬《はやうま》がとどいた。盟友だった張邈《ちょうばく》が、曹操腹心の一人陳宮《ちんきゅう》と謀り、袁紹に見限られた呂布と結託して兗州を乗っ取ろうとしている、というのである。容易ならぬ事態に、曹操は急ぎ徐州から兵をかえした。前節の最後でふれた張邈の疑心暗鬼が、ついに裏切りに転じたのである。

「俺がもどってこないようなことがあったら、張邈をたよるがよい」

家族に、そう言い残して戦地におもむいたほどの曹操の信頼を張邈が裏切るには、かつて曹操に兗州支配を説いた陳宮の言葉たくみなさそいがあった。

「剣を手にかけ、あたりを見渡すだけで英雄の風格をお持ちのあなたが、いまもって独立されていないとは、残念このうえないことです。いま、曹操は東征していて兗州はからっぽです。それにあなたの友人の呂布殿は、向かうところ敵なしの名だたる壮士。かれを迎えいれて共に兗州を支配し、天下の形勢を見つつ時のいたるのを待つ。これこそ、乱世を乗りきる良策と存じますが……」

張邈らが呂布をむかえいれると、兗州の各郡県もこれに呼応した。しかし、荀彧らの守る鄄城と范《はん》、東阿《とうあ》の三県だけは独立を確保した。呂布は鄄城を攻略するが、落とせない。軍を東郡の濮陽《ぼくよう》に駐屯させた。

急遽、鄄城に帰還した曹操は、時をうつさず濮陽の呂布に攻撃をしかけた。土地の豪族田《でん》氏の手引きで濮陽城内に侵入した曹操軍は、東門に火をはなって引き返す意思のないことを示した。しかし、結果は手ひどい敗北に終わった。呂布軍の出撃に青州兵が総くずれとなり、曹操自身、落馬して左の手のひらに火傷を負いながら、燃えあがる東門をつきぬけて脱出したのだった。

曹操軍と呂布軍は百余日におよぶ攻防戦をつづけたが、このとき、大旱魃とイナゴの大群に作物がやられ、空前の飢饉に襲われた農民たちが互いに食いあうという惨状を呈した。戦さどころではない。呂布軍は東の山陽に陣を移し、曹操は鄄城に軍を引きあげた。

翌興平二年（一九五年）の春から夏にかけて、曹操は呂布にあらたな攻勢をかける。戦闘は一進一退、あるとき一万の呂布軍が突如、鄄城を包囲した。麦の刈入れに兵士の大部分を動員していた曹操軍は、城壁に婦女子を緊急配置して守備兵に見せかけ、残存兵力一〇〇〇人をすべて戦闘にあてるという思いきった戦法にでた。どうにか難関を切りぬけた曹操側は、奇襲して呂布軍を逆襲、敗退した呂布は張邈、陳宮らとともに徐州の牧、劉備をたよって逃走した。かくして兗州は曹操の手にもどり、軍を東にすすめて予州の陳《ちん》をも支配するようになった。十月、長安の献帝はようやく、曹操を正式に兗州牧に任命した。

そして十二月、董卓なきあとの長安では諸将の内部抗争が激化し、献帝は旧都洛陽への脱出をくわだてたが追ってがかかり、やむなく黄河をわたって河東郡の安邑《あんゆう》（山西省夏県）に避難した。三年前、はじめて兗州に乗りこんだとき、腹心の毛玠《もうかい》が言ったことを、曹操は忘れていなかった。

――このときこそ、天子を奉戴して離反した臣下を糾合し、農耕に力をいれ、軍資をたくわえ……。

いま、献帝を奉戴しようとする強力な武将はいない。しかも、帝は洛陽に帰ってこようとされているではないか。

「このさい、天子をお迎えしようと思うが……」

武将のなかには難色をしめす者もあったが、荀彧と程昱《ていいく》の強い支持をえて、曹操は従弟の曹洪《そうこう》に兵をあたえ安邑にむかわせた。ところが近衛将軍の董承《とうしょう》が、袁術の部将萇奴《ちょうど》の一隊とともに、要塞にこもって曹洪の進路を妨害したため、ついに安邑にいたることができなかった。時は、建安元年（一九六年）にはいっていた。
二月、曹操は汝南《じょなん》、潁川の両郡に勢力をはっていた黄巾賊、数万をうち破った。献帝はその功績にたいして曹操を建徳将軍に任命、さらに六月には鎮東将軍に昇格させ、費《ひ》亭侯に封じた。かつて、父の曹嵩がうけていた爵位である。献帝側からの、曹操への積極的な接近はあきらかだった。献帝は十五歳になっていた。曹操は「襲封にたいする上書」「費亭侯に列せられての上書」「費亭侯を謝する表」などを献帝にさし出している。

　再思三考してみますに、わたくしの祖先が皇帝に微功あったとは申せ、爵位に恥じぬ働きがありましたかどうか。ましてや、わたくし三代目にまで侯位をいただけますとは——連合軍の一人として董卓討伐に微力をつくしましたが、それもこれもわが先祖の御霊《みたま》の加護、皇上の偉大な聖徳のたまものであります。わたくしごとき愚鈍固陋《ぐどんころう》の者の、よくなし得るところではありません。　（「費亭侯に列せられての上書」）

秋七月、献帝はようやく洛陽にたどり着いた。曹操は、いよいよ献帝をむかえる腹をかため、荀彧らの意見にもじゅうぶん耳をかたむけた。かくして、曹操はみずから洛陽に乗りこみ、献帝を擁して都を守護した。献帝は最高司令官の印として節《はた》と鉞《まさかり》を曹操にさずけ、宰相を兼務させた。破壊しつくされた洛陽を見て、建議官の董昭らは、潁川の許《きょ》に遷都するよう曹操にすすめた。九月、天子は許にうつった。

第五章　避けられぬ対決　官渡の戦い

宿命のライバル袁紹と曹操。献帝を擁してのち、曹操は屯田によって飢えと経済を解決しつつ、官渡《かんと》の決戦に備える。

1　許都に献帝をむかえて

打ちつづく戦乱、休みなく襲ってくる大旱魃《かんばつ》――中国民衆の生活は徹底的に破壊され、飢餓は極限情況にたっしつつあった。『魏書』「閻温《えんおん》伝」の注には、『魏略』「勇俠伝」からつぎのような記述を引いている。

鮑出《ほうしゅつ》は京北《けいほく》（長安付近）新豊《しんぽう》県の人である。若くして俠客《きょうかく》となった。興平《こうへい》年間（一九四～五年）、三輔《さんぽ》（長安地域）は戦乱のちまたと化した。老母と兄弟五人はそこで暮らしていたが、飢えに苦しんだため、母を家に残し、兄弟そろって蓬《よもぎ》の実をとりに出かけた。数升の実を手にすると、初《しょ》、雅《が》の二人の兄と弟の成《せい》が、母に食べさせるためにさきに持ちかえり、自分と末弟はさらに蓬の実をとりつづけた。初らが家にたどり着いてみると、人食いの賊徒数十人が母を襲い、その手のひらに縄をとおして引き連れていこうとしていた。兄弟たちは恐怖におそわれ、追いかけるどころではない。ほどなく鮑出らが帰ってきた。母の災難を知ると、ただちに賊のあとを追おうとする。

「やつらは大勢だ。どうしようか」

兄弟たちが口ぐちに言う。鮑出は、

「母上が、手のひらを貫《つらぬ》かれて引ったてられ、賊どもに煮て食われようとしているんだ！　俺たちが生きのびて何になる！」

と、どなりつけるや、腕をまくり、すそをからげつつ、ただひとり飛びだし、数里走ってようやく賊の集団に追いついた……。

ときに建安元年（一九六年）、曹操は四十二歳になっていた。献帝を奉じて許が都となり、河南一帯を支配下におさめた。朝廷は、ようやく祖廟の祭りや宮中の行事を復活し、関中（長安の周辺一帯）の諸将が次つぎとなびいてきた。これといった権威をもたなかった曹操が、荀彧《じゅんいく》らの進言を生かして機をのがさずに天子を迎えたことで、一挙に離反した臣下らを糾合するシンボルを手にしたのである。このころの自分の心境を、さきに引用した「善哉行《ぜんさいこう》」の続きの部分で、曹操はこう表現している。

国に忠誠を尽くそうと努《はげ》んだが、
思うようにはかどらなかった。

そのとき、
天子が洛陽に帰還されるという。

われらはこの上ない慶《よろこ》びに満たされた。

慶びはしたものの、

世間から嘆きの声が消えたわけではない。

この忠信の気持ちを、

すぐにお伝えすることもかなわず（董承らの曹洪阻止）、

天子を奉じて政令を布《し》き、

万民を教化することがいかに困難か、

いったい誰が知ろう――

いつ、わが理想はかなうのか？

内心の鬱屈に息も絶えようとする。

いかなる人間になろうとして、

日々、自分は生きているのか？

雨には止む時がある。

だが、わが憂いの尽きる時はない。

献帝は矢つぎ早に曹操の位階をあげてゆき、十一月には司空に任じて車騎将軍《しゃきしょうぐん》を兼任させた。だが、そのような外見の栄達にくらべて、この詩に見られるように、曹操の心中は苦悩の色が濃かった。シンボルは奉戴できた。しかし漢王朝が直面している現実の困難が、それで何ひとつ解決されたわけではないのである。同じころ、曹操は「蒿里《こうり》」の歌をつくっている。「薤露《かいろ》」とならんで「後漢の実録」「詩史」と評されている詩である。蒿里は泰《たい》山（山東省）の南にある地名で楽府の曲調名。死後、人の霊魂は蒿里にかえるという迷信があった。

関東各州の、

正義に燃える豪雄らは、
董卓一味を討つべく挙兵した。
初め、袁紹を盟主におしたてて、
漢王朝の再興を誓いあったが、
いざ軍勢がととのってみれば、
どの軍も自分から出陣しようとはしない。
たちまち表面化する私欲私利、
ほどなく互いに戦火を交えた。
淮南《わいなん》で従弟《いとこ》（袁術）が皇帝を称すれば、
北方では従兄《いとこ》（袁紹）が勝手に玉璽《ぎょくじ》を彫る。
……
戦《いく》さは鎧甲《よろいかぶと》に蝨《しらみ》がわくほどうち続き、
死んだ兵士の数知れず、
白骨は田野にさらされて、
どこまで行けども、
鶏の鳴き声すら聞こえてこない。
生き残った民衆はわずか百人に一人、
ああ、思い起こしただけでも、
わが腸《はらわた》は絶ち切れんとする……

「閻温伝」の注と、この詩を重ねあわせてみたとき、人は後漢末英雄争覇の時代の真の姿を目《ま》のあたりにすることになろう。曹操には焦眉の急の困難が三つあった。一つは、中国全土を襲っている飢餓を克服して、民衆も国家もまず生きのびること。二つは、その核となる政治的・知的集団を確立するため、才能ある種々の人物を抜擢すること。そして三つめは、隙を突いて覇者をねらう軍事的敵対者をつぶしてゆくこと、である。

それだけではない。自分なりの政治的理想をもとめて、この動乱の時流に消されまいと懸命にたたかってきた。いま、献帝を迎え、位《くらい》こそ三公にはなったが、独りおのれを省《かえり》みるとき、俺はいったい何に生きようとしているのか、この人生とは何なのか、強い空虚感に襲われる。曹操はまた、政治と文学の岐路に立っていた、といっていいのかもしれない。

2　まず飢えを解決せよ

袁紹にも、荀彧のような有能な部下がいなかったわけではない。献帝が洛陽にいたるまえ、参謀沮授《そじゅ》は袁紹に、この機をのがさず鄴《ぎょう》都（河北）に天子の御車《みくるま》をお迎えすべきだと進言した。しかし、袁紹はうなずかなかった。ところが曹操が献帝を擁すると、たちまちのうちに関中の豪雄らは帰服した。してやられた、という思いであろう。袁紹は曹操に、天子を鄄城《けんじょう》に移して、そこを都にするよう要求する。鄄城は、袁紹支配下の冀《き》州にもっとも近い県城である。青州・冀州・幽《ゆう》州・并《へい》州を擁する、おのれの勢力をたのんだ思いあがりもあったに違いない。はい、わかりました、というほどお人好しの曹操では、むろんない。きっぱりと、袁紹の要求を断わった。そしてこのときから、曹操とその知嚢《ちのう》集団にとっては、袁紹との避けられぬ決戦の火ぶたは切って落とされた、と考えて間違いはあるまい。孫子はいう。「兵とは国の大事なり、死生《しせい》の地、存亡の道、察せざるべからざるなり」。すなわち、戦さをおこすということは民衆の死活問題であり、国の存亡のわかれ道であるゆえに、よくよく熟慮せねばならぬ。

また孫子はいう。「勝《しょう》を知るに五《ご》あり。戦うべきと戦うべからざるとを知る者は勝つ。衆寡《しゅうか》の用を識《し》る者は勝つ。上下の欲を同じくする者は勝つ。虞《ぐ》をもって不虞を待つ者は勝つ。将の能《のう》にして君の御《ぎょ》せざる者は勝つ。……故に曰《い》わく、彼を知りて己《おの》れを知れば、百戦して殆《あや》うからず」と。虞をもって……とは、よく準備を整えて油断しているものに当たれば勝つ、という意味である。

曹操とその知嚢集団は、まず「耕植《こうしょく》を修めて、軍資を蓄《たくわ》う」（毛玠《かい》）ことから着手する。すなわち屯田制《とんでんせい》の実施である。眼前の〝飢え〟を解決しない限り、なにごとも進まない。各地で蜂起した諸軍は年間の食糧計画さえなく、不足してくれば略奪し、余れば捨てた。そのあげく軍は崩壊して兵は流民となり、敵と戦わずして自滅する軍は数知れなかった。河北に拠《よ》る袁紹軍は桑の実を食べて命をつなぎ、江南を根拠地とする袁術の軍は蒲《がま》とはまぐりをあさって補給した、と記録にある。

許都《きょと》の周辺で屯田を実施するにあたり、曹操は「屯田施行令」を発布し、棗祗《そうし》、韓浩《かんこう》らの建議を採用した。

　国家安定のかぎは、兵力の強盛と食糧の充足にある。秦の統治者は農業の発展を急務として天下を統一し、漢の武帝は屯田の事業によって西域を平定した。いずれも前王朝の良策である。

屯田とは、もともと辺境の守りをかためる兵士らが、駐屯地の荒地を開墾して軍隊の食糧を確保したのにはじまる。曹操は屯田を民屯《みんとん》と軍屯《ぐんとん》にわけた。献帝が遷都した年（一九六年）、許都周辺の難民をつのって開拓事業をおこし、百万石の収穫をあげたが、これが民屯である。以後、各州郡に農務官をおき、各地に穀物をたくわえた。

いっぽう長期駐留の出先にいる兵士らは、いくさのない平時は耕作に精をだした。これが軍屯である。どこを征討するにも食糧輸送の手間がはぶけ、群賊の併呑・滅亡が容易になった。これらの大規模な屯田に、四年前（一九二年）、曹操にくだった約一〇〇万の青州黄巾軍の農民や牛や農具が、おおいに役立った。

飢えを癒し、経済的、軍事的、政治的土台をきずいていった屯田事業にもっとも貢献があったのは、挙兵いらいの曹操軍団のひとり、棗祗だった。もと陳留の太守だったが、袁紹のさそいを蹴って曹操についた。屯田都尉《とい》となった棗祗は、農業生産方式や収税方法、軍糧問題などに次つぎと新しい方策を打ちだしてゆくが、五年後の建安六年（二〇一年）におしくも病没する。曹操の落胆はひと通りではなかったようで、棗祗の貢献をたたえた長文の令を残している。

曹操の周到な屯田政策によって、中原《ちゅうげん》（洛陽を中心とする黄河中流域の一帯）のいたるところの荒地がたがやされ、屯田農民や兵がおかれ、生産が増大しつつあった。このことにより農民は勝手に土地から離れることができなくなり、一種の農奴として自由をなくしはしたが、また同時に、農民や兵士たちが〝人が人を食い〟〝裸で歩き、草を食《は》む〟自由からも逃れつつあったのである。

さて曹操が、遠からずやってくるに違いない袁紹との決戦にそなえて手をうちはじめたとき、他人を裏切ることでは互いにひけをとらない呂布と劉備はどう動いていたか。興平二年（一九五年）、曹操軍に敗れた呂布、張邈、陳宮らは徐州の劉備をたよって逃げた。しかし翌年六月、劉備が袁術攻撃に出陣している留守をねらって、呂布は下邳《かひ》（江蘇省）を襲撃して徐州の牧を称した。和睦《わぼく》やせめぎあいを何度かくりかえしたあげく、劉備は敗走して許都の曹操のもとに身をよせる。参謀の程昱《ていいく》が進言した。

「わたくしの観《み》るところ、劉備は俠気《おとこぎ》があって、しかも人心掌握にたくみです。いつまでも人の下にいるような人物ではありません。早いうちに始末されるがよいと存じますが……」

曹操は、こう答えた。

「いまは、一人でも多くの人物を迎えいれるときだ。劉備一人を殺して、天下の人物たちの信用をなくしてはかえってまずい」

建安二年（一九七年）正月、曹操は南陽の宛《えん》において、かつて董卓の配下だった張繡《ちょうしゅう》と戦った。しかし負けいくさとなり、愛馬絶影《ぜつえい》（影もとどめない、の意味）は流れ矢に当たって傷をうけ、曹操自身も右臂《ひじ》に矢をうけた。このとき、長男（早世した劉夫人との子）の曹昂《そうこう》を戦死させている。

翌建安三年（一九八年）の冬十月、曹操軍は、それまでいく度となく攻防をくり返してきた呂布軍を、ついに下邳城に追いつめることに成功した。徹底的守勢にまわった呂布軍にたいし、曹操側は近くを流れる沂水《きすい》と泗水《しすい》の水を引いて、水攻めにした。約三カ月、呂布はついに城門を開いて降伏、陳宮とともに処刑された。劉備は翌年、献帝側近の董承と曹操暗殺をはかるが、実行せぬうちに袁術攻略の命をうけて出陣。しかし結局、曹操を裏切って袁紹と連合することになる。

3　火花をちらす、スパイ戦

後漢末最初の覇者を決定する大戦、曹操にとっては袁紹と雌雄を決定する伸《の》るか反《そ》るかの背水の陣、いわゆる官渡《かんと》の戦《たたか》いのときは、日に日にせまりつつあった。まず主な軍閥（豪雄）の勢力関係を見ておこう。

すでに幽《ゆう》州の公孫瓚《こうそんさん》を撃破して黄河北方の四州（冀《き》、幽、并《へい》、青《せい》）を支配下におさめた袁紹は、いよいよ曹操攻略の腹をかためた。兵士数十万といわれ、勢力は最大である。いっぽう曹操は、呂布を殺したあとは司隷校尉《しれいこうい》部（洛陽、長安を含む地域）、予《よ》州、兗《えん》州、徐《じょ》州のほかに荊《けい》州北部と青州の一部を支配下においた。袁紹につぐ勢力である。ほかに遼東に居をかまえる公孫康《こうそんこう》、関中の馬騰《ばとう》・韓遂《かんすい》および張魯《ちょうろ》の二軍閥、南陽の張繡《ちょうしゅう》、淮《わい》南の袁術、の北方五軍閥があり、南方には益《えき》州を有する劉璋《りゅうしょう》、荊《けい》州を領有する劉表《りゅうひょう》、江東《こうとう》を配下においた孫策《そんさく》がいた。このうち公孫康、張魯、劉璋、孫策は遠隔地にいるので、いまのところ曹操の戦略地図に入れなくていいだろう。馬騰・韓遂と劉表は傍観（劉表は袁紹と手を結んではいたが）し、張繡は連年におよぶ曹操との戦いで戦力をそがれ、袁術はほどなく病死してしまう。

このような情勢下で、袁紹は大軍勢をひきいて黄河をわたり、南下して許都を襲い、曹操をたたきつぶして献帝を擁することで（袁紹が陳琳に書かせた「曹操討伐の檄」による）豪雄のイニシアチブを確立しようとする。もうすこし具体的に、袁紹側と曹操側の力量を比較してみよう。『後漢書』「郡国志」などから推定すると、袁紹が領有する青、冀、幽、并四州の総戸数は約二〇〇万、人口は八五〇万前後である。曹操支配下の司、予、兗、徐四州の総戸数は三四〇万、人口は一八〇〇万にのぼる。数字だけでは曹操側の人口が二倍以上になる。

だが、これまで何度かふれてきたように、黄河中流域の南は後漢末乱世の主戦場であり、とぎれることのない自然災害も加わって土地も人も荒廃の極みにあった。「数百里中、烟火《えんか》（炊事の煙）なし」（『魏書』「孫堅伝」注）、というありさまで、袁紹支配地区の半減にたいして、曹操支配地区の人口は約六分の一の三〇〇万強とみてよかった。袁紹側とほぼ同じである。とはいえ、袁紹のよる河北は沃地のうえに戦乱に荒らされておらず、地形的にも高地から低地をのぞみ、北方少数民族との関係もよく、後顧の憂いはなかった。それにくらべ、曹操の

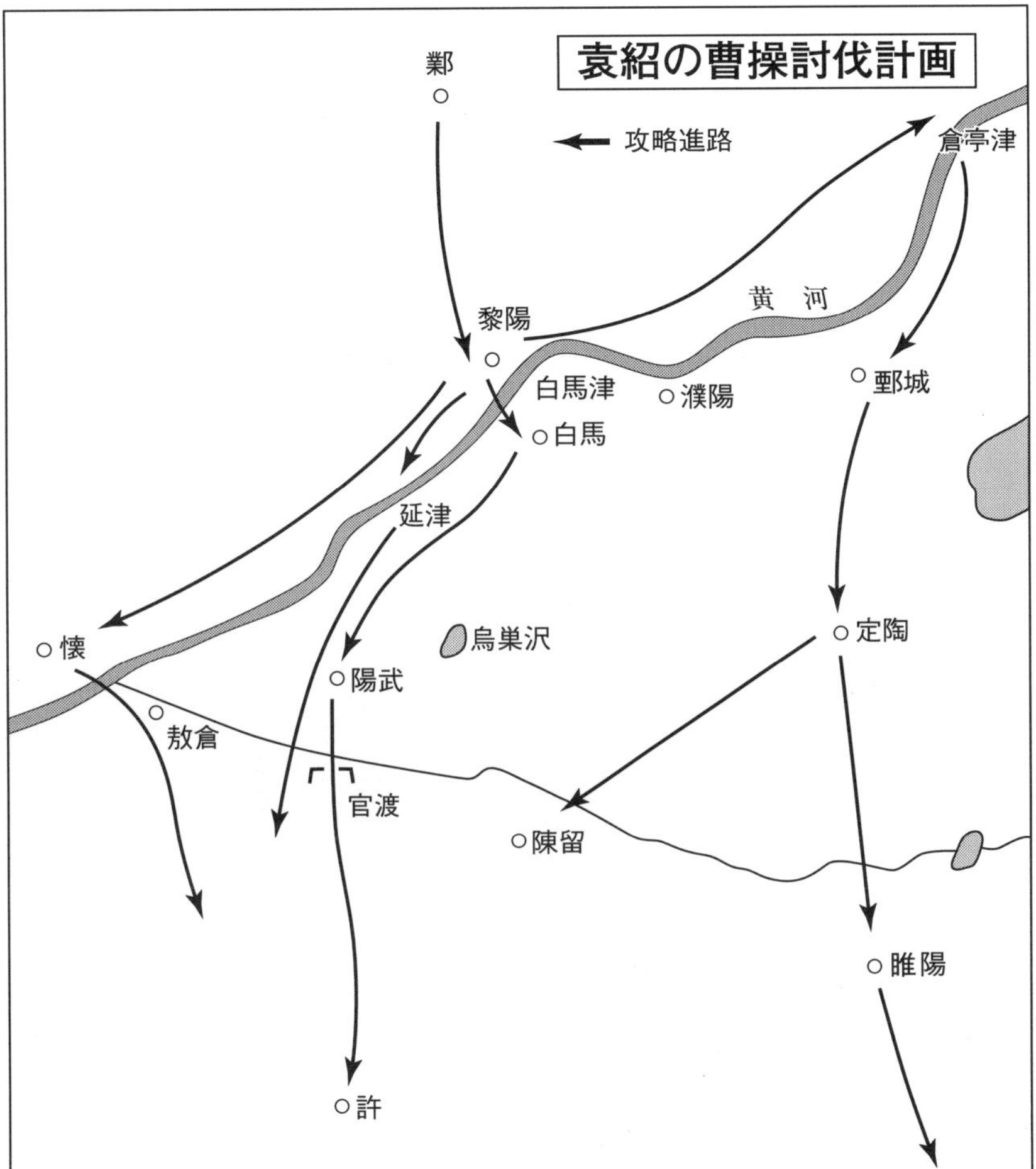
袁紹の曹操討伐計画
攻略進路
鄴
黎陽
倉亭津
黄　河
白馬津
濮陽
鄄城
白馬
延津
懐
烏巣沢
定陶
陽武
敖倉
官渡
陳留
睢陽
許
譙

よる河南、中原《ちゅうげん》の地は四方にさえぎるもののない大平原といっていい。しかも周囲を、覇権をねらう軍閥たちに囲まれていた。総合的に判断すれば物量や兵量、地理的条件などで袁紹軍がかなり上回っていたのである。

しかしながら「戦争は政治の続き」である。曹操は当時の軍閥地図上の政略においては、袁紹を少なからずリードしていた。漢の献帝をとりこんで赤心《せきしん》を明らかにしたことで、多くの豪雄らの支持を得た。早急に曹操に攻撃をしかけようとする袁紹にたいしては、当の袁紹軍参謀のなかにすら強い批判の声があった。袁紹を諫《いさ》めたのは策略家の沮授《そじゅ》である。

「混乱を救って暴虐をこらしめるのを義兵《ぎへい》と言い、人の数をたのみ武力にたよるのを驕兵《きょうへい》（おごりたかぶった軍）と呼びます。義兵に敵なく、驕者はさきに滅ぶ……。曹氏が天子をおむかえして許都に安んじたてまつっている今、軍をおこして南進するのは、道義において間違っております。かつ朝廷で政略が勝《まさ》っているときは、軍の強弱に左右されません。曹氏の法令はすでにゆきわたり、士卒は精鋭で訓練おこたりなく、坐して破れた公孫《こうそん》瓚《さん》とはわけがちがいます。いま絶対安全な方法をすてて、名分なき兵をおこされようとする……公（袁紹）のために危惧いたします」

沮授をそしる者があり、また今や、袁紹は曹操攻撃以外に聞く耳をもたなかった。ついに建安四年（一九九年）夏、袁紹は重臣の反対をおしきって曹操討伐の檄を飛ばし、南征を決定した。一年二カ月にわたる両雄対決の幕はあがった。『魏書』「袁紹伝」には、こう記されている。

衆《しゅう》（兵士）の数、十万、審配《しんぱい》・逢紀《ほうき》をもって軍事を統《す》べ、田豊《でんぽう》・荀諶《じゅんしん》・許攸《きょゆう》を謀主（参謀）となし、顔《がん》良《りょう》・文醜《ぶんしゅう》を将率《しょうそつ》となし、精卒十万、騎万匹を簡《えら》びて、許を攻めんとす。

袁紹軍が攻めてくる、の情報に曹操麾下《きか》の部将たちは動揺した。しかし、曹操は落ちついている。

「わたしは若いころから、袁紹の人となりをよく知っている。考えることは大きいが智力がともなわず、いかめしげに見えても胆力は小さく、猜疑心が強くて心服する部下は少ない。しかも、兵は多いばかりで統制がとれておらず、部将はいばりちらして勝手に命令している。いかに広い土地、豊かな糧食があっても、これではわれわれにさし出しているようなものではないか」

しかもすでに、対袁紹戦にそなえた戦略の実践に着手していた。総合的力量に劣る曹操側の戦略は、基本的に相手の出方を待つ姿勢だが、その年の二月、曹操軍は曹仁《そうじん》・史渙《しかん》の部隊を河内《かだい》に派遣して、いち早く射犬《しゃけん》の地を占領していた。袁紹と手を結ぼうとしていた軍閥張楊《ちょうよう》の内部に密偵をはなち、将帥らを分裂させて張楊を殺し、その機に乗じて黄河の北への前戦基地を確保したのである。また袁・曹対決の行方を見まもり、どちらに加担するか決めかねていた豪雄たちへの硬軟両様の激烈な外交戦も展開していた。

六月、曹操は劉備を淮南の袁術征討にさしむける。北と南の袁兄弟の結合をはばむためである。だが袁術の病死によって劉備は曹操を裏切り、あらたな敵となった。八月には琅邪《ろうや》の相（知事）、臧覇《ぞうは》に精兵をあたえて青州に潜入させ、東方の袁紹勢力を牽制した。同時に黄河両岸の要地に防備工事を開始する。黎陽《れいよう》にはみずから出向き、河南の重要な渡河口延津《えんしん》には将軍于禁《うきん》を、延津東北部の白馬《はくば》には東郡太守劉延を駐屯させた。

九月、曹操は許都にもどり荀彧《じゅんいく》、荀攸《じゅんゆう》、程昱《ていいく》、郭嘉《かくか》や譙《しょう》軍団以来の曹洪《そうこう》、夏侯惇《かこうとん》、夏侯淵《えん》ら知嚢集団と鳩首して戦略をねった。こうして曹操は主力を官渡《かんと》（河南中牟《ちゅうぼう》県）におき、そこに堅固な防塁を構築する。官渡は許昌の東北約一〇〇キロ、袁紹が南下してきた場合、軍略上必争の地である。むろん曹操側のこのような動きを、袁紹はただ傍観していたわけではない。反曹操の世論をあおり、一人でも多くの豪雄、軍閥を味方につけようと工作した。曹操と勝敗を分けあっていた荆州の軍閥、張繡《ちょうしゅう》もその一人である。張繡の参謀賈詡《かく》にも口ぞえを頼む。だが、それが裏目に出た。賈詡は張繡に、曹操側につくよう説得し、彼らは手勢《てぜい》をひきつれて曹操の配下にはいったのである。

「袁紹は強く、曹操は弱い。そのうえわしは曹操とは仇敵のあいだ柄《がら》だ。かれにつくのは、うまくないぞ」

いぶかる張繡に、賈詡はこう言った。

「いや、それこそ曹公に従う理由です。第一に、かれは天子を奉じて天下に号令しています。第二に、強盛をほこっている袁紹は、こちらがわずかの手勢で従ったのでは大事にしないに違いありません。兵力が劣っている曹公のほうに馳せ参ずれば、歓迎されないわけはないでしょう。第三に、曹公には覇王の志と徳があります。過去の私怨（張繡との戦闘で、曹操は長男の曹昂《こう》と従弟の曹安民《そうあんみん》を殺された）など放棄して、徳を天下に示そうとするでしょう。心配は無用です」

こうして、曹操軍団の陣容はより強固なものになっていった。

4　白馬で曹操に恩を返した関羽

年あらたまった建安五年（二〇〇年）の正月そうそう、献帝に命じられたとされる曹操暗殺計画が発覚し、董《とう》承《しょう》以下の関係者が処刑された。計画に劉備が一枚かんでいたことを知った曹操は、みずから劉備征討軍をおこそうとする。

「袁紹がいまにも攻めてこようという、このときに……」

諸将の多くは、口をそろえて反対した。

「いや、劉備のほうが人望にあつい。たたくなら今だ。あとで後悔することになる。袁紹は情勢判断があまい。隙をついてくることはあるまい」

曹操軍は東征して沛を攻撃し、劉備は袁紹陣営に逃げこみ、下邳《かひ》を守備していた関羽《かんう》が捕えられた。こうして曹操は官渡にとってかえしたが、予想どおり、その間に袁紹軍が攻めこんでくることはなかった。曹操陣営は、北をのぞく三方からの攻撃の心配はなくなったのである。

さて二月に入ると、いよいよ袁紹を総大将とする十余万の大軍は、本拠の鄴《ぎょう》をあとに進軍を開始し、南下して黄河北岸にいたった。曹操側は局地戦において先制攻撃をかけるいっぽう、官渡に布陣して迎撃の態勢にはいる。許都の留守は謀将荀彧がとりしきった。

建安五年の二月から十月までの九カ月間にわたる官渡の戦いは、大きく三段階にわけられる。曹操陣営が徐々に退却しながら袁紹軍を消耗させ、決戦にそなえて敵の勢いをそぎつつ味方の士気を高揚させていく時期（二月～六月）。官渡での激突、曹操陣営の危機（七月～九月）。曹操軍の奇計による烏巣《うそう》焼打ちと袁紹軍の敗退（十月）の三つである。

二月、袁紹は黎陽《れいよう》に軍を進めると、渡河して白馬を襲撃するよう顔良《がんりょう》に命じた。後方援助に劉備の一隊がついた。四月に入ると曹操軍は白馬の守りを解いて延津に進軍、黄河をわたり袁紹軍の後方を衝《つ》くかに見せかけて敵の大軍を分散させ、軽装機動部隊を白馬に急行させて顔良を葬ろう、というのである。荀攸《じゅんゆう》のこの作戦は、みごとに成功した。曹操軍が黄河をわたったとの報《しら》せに、はたして袁紹は兵を二手にわけて、主力部隊を西に向けてきた。曹操は急遽、関羽と張遼を先鋒に、昼夜兼行で白馬に向かった。あと十数里というところで顔良軍が気づき、あわてて迎えうつ。

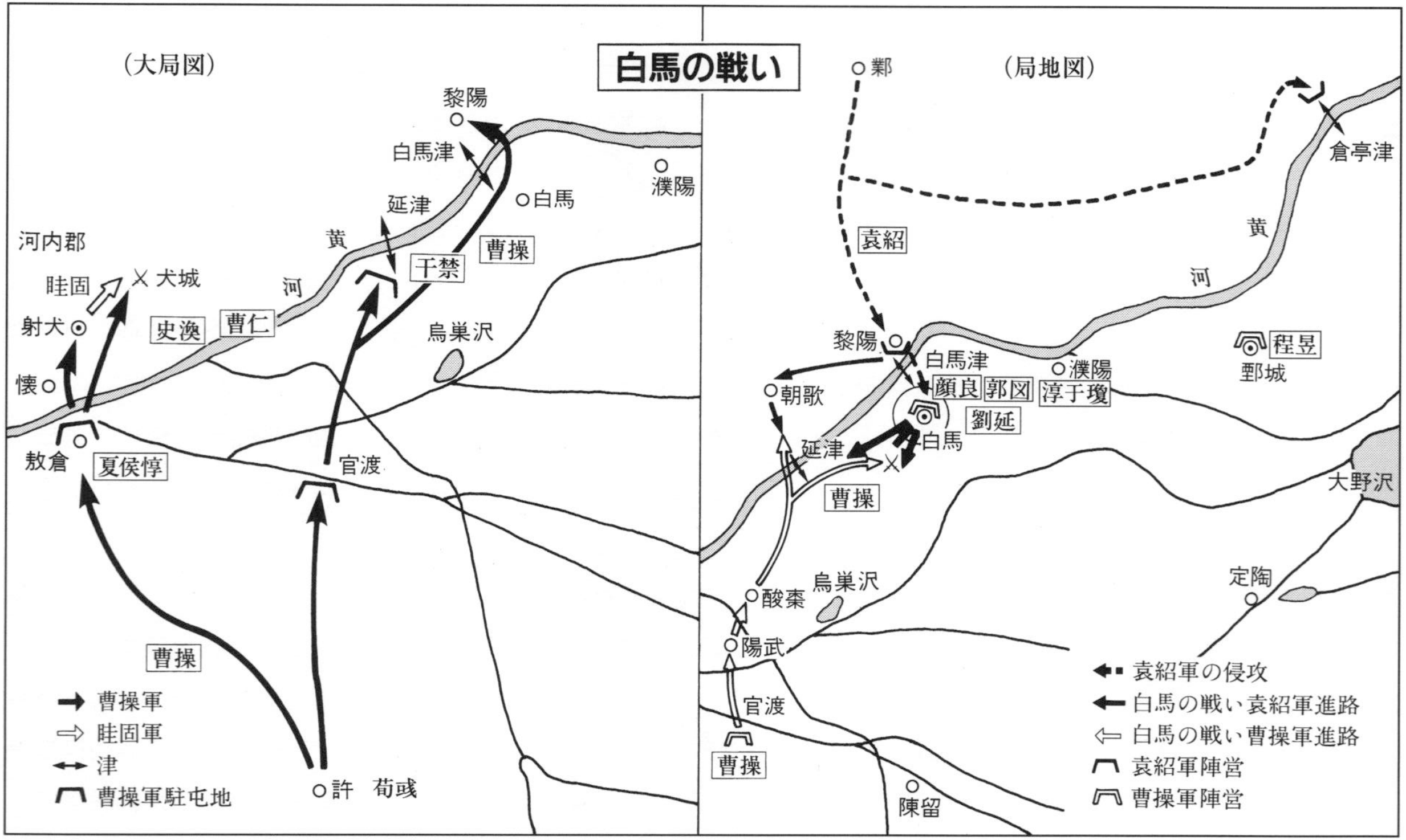

白馬の戦い
(大局図)
河内郡
眭固
犬城
射犬
懐
敖倉
夏侯惇
史渙
曹仁
黄
河
黎陽
白馬津
延津
白馬
濮陽
干禁
曹操
烏巣沢
官渡
曹操
許
荀彧
曹操軍
眭固軍
津
曹操軍駐屯地
(局地図)
鄴
倉亭津
袁紹
黄
河
黎陽
白馬津
濮陽
程昱
鄄城
朝歌
顔良
郭図
淳于瓊
劉延
延津
白馬
曹操
大野沢
烏巣沢
酸棗
定陶
陽武
官渡
曹操
陳留
袁紹軍の侵攻
白馬の戦い袁紹軍進路
白馬の戦い曹操軍進路
袁紹軍陣営
曹操軍陣営

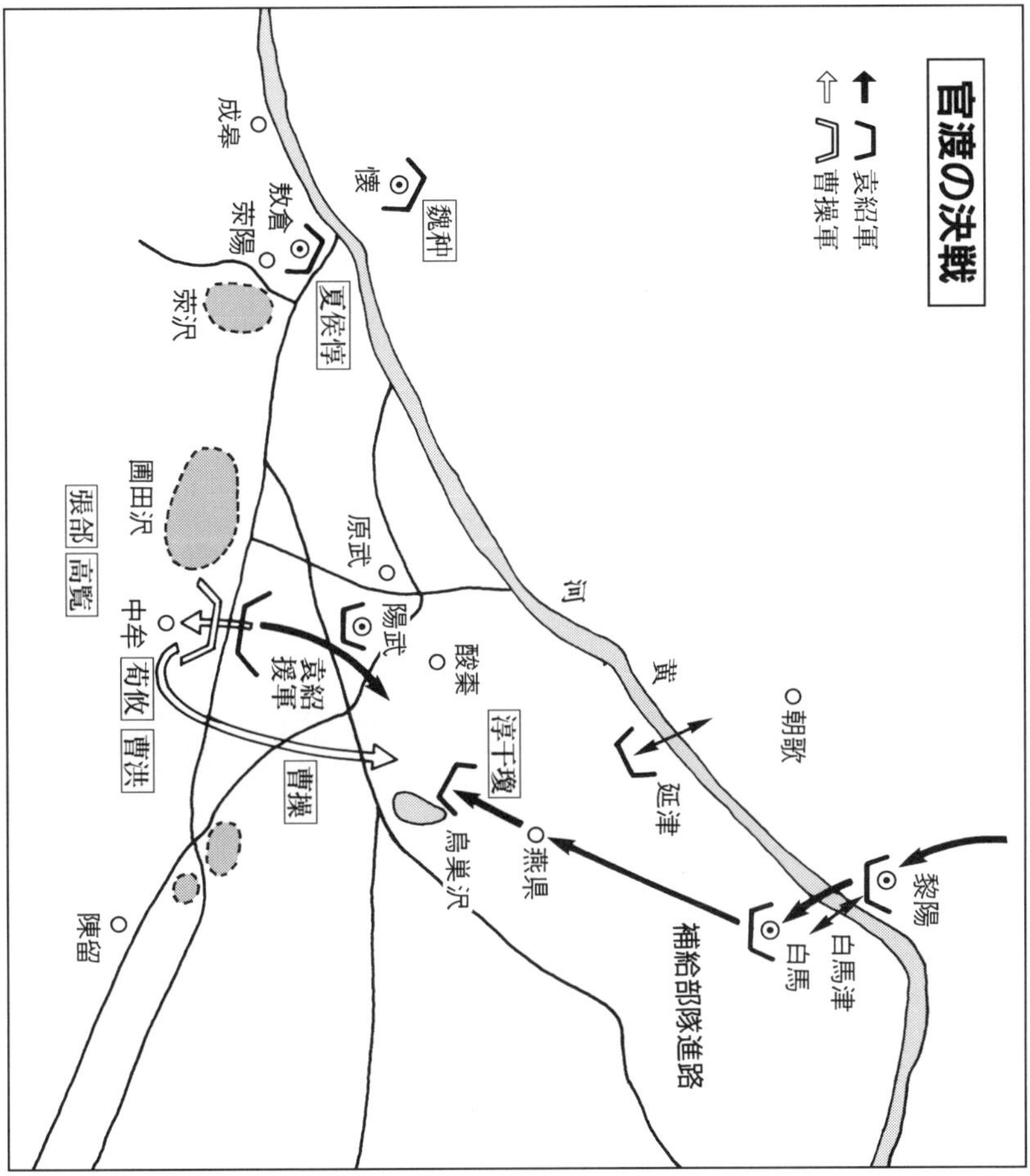
官渡の決戦
袁紹軍
曹操軍
成皋
懐
魏种
敖倉
滎陽
滎沢
夏侯惇
圃田沢
張郃
高覧
原武
陽武
中牟
荀攸
曹洪
袁紹援軍
酸棗
黄
河
朝歌
淳于瓊
曹操
延津
烏巣沢
燕県
黎陽
白馬津
白馬
補給部隊進路
陳留

このときの、関羽の戦いぶりはすばらしかった。遠くに顔良の居所をつきとめると、馬にムチくれてまっしぐらに突き進み、万余の兵士らの見まもるなかで、あっという間に刺し殺し、首級をあげて引きかえしてきた。袁紹の部将らは、ただ呆然と見すごすばかりだった。たちまち白馬の包囲は解かれ、戦いは曹操側の勝利に帰した。曹操は城内の民衆を避難させてから、黄河にそって西にとってかえした。

白馬の戦いにおいて関羽が奮闘したのには、理由《わけ》があった。もともと劉備の部将だった関羽は、徐州の下邳《かひ》において降伏したのだったが、曹操は関羽の人柄にほれこんだ。しかし、関羽には、いつまでも曹操の配下でいる気はないらしい。関羽の親友だった張遼に打診させてみると、曹操のために手柄をたてたのち、劉備のもとに去っていくという。

こうして、白馬における関羽の活躍があったのである。関羽が顔良の首級をあげたとき、曹操は時がきたのを察した。かれは関羽を特別に手あつく賞し、そのはなむけとした。関羽は贈られた品々のすべてを封印し、それに離別の手紙をそえると、袁紹の陣地にいる劉備のもとに馬を飛ばした。事情を知らぬ曹操の部下が、追いかけようとする。

「追うな！　あれもまた主人《あるじ》につくす姿だ」

曹操は、そういって見送ったという。

白馬で顔良が殺されると、袁紹は予定の官渡攻略を変更して、曹操軍を求めて延津の南に進軍した。兵士の数においては優位にある袁紹側は、徐々に曹操軍を追いあげる。曹操は小高い丘のふもとに陣をしくと、丘のうえに見張りをのぼらせて偵察させた。

「騎兵が五、六〇〇騎やってきます！」

息せききって、報告がくる。ほどなくして、また、

「騎兵がさらに増えています。歩兵は数えきれないほどです！」

「わかった、もう報告はいい！」

こう言うと、曹操は自軍の騎兵の鞍をはずさせ、馬を解き放させた。白馬で奪った輜重品が、街道にほうり出される。部将たちは不安になった。――敵の騎兵はあまりに多い。白馬にひき返して守りをかためたほうがいいのではないか……このとき、荀攸が大声をはりあげた。

「何をおじけづく！　こうして敵をおびきよせるのだ！　退《しりぞ》くなどもってのほかだ！」

袁紹の騎将文醜《ぶんしゅう》と劉備が五、六〇〇〇の騎兵をひきいて近づいてきた。――そろそろ、馬に乗らねば……部将らがあせってきた。

「まだ早い！」

曹操が制する。しばらくの時がたった。敵の騎兵は増えるいっぽうである。と、敵兵のなかに、路上に投げだされた輜重品《しちょうひん》にむらがるものが出はじめた。

「ゆけ！」

曹操の号令に、兵士らはいっせいに馬に飛びついた。わずか六〇〇騎に満たない。決死の覚悟で、猛然と突撃する曹操軍。袁紹側はみるみる蹴ちらされて、敵将の文醜は血祭りにあげられた。顔良も文醜も袁紹旗下の名将である。それがわずか二度の戦闘で打ち倒されてしまい、袁紹軍は恐慌をきたした。曹操は官渡に帰還し、袁紹は軍を転じて陽武に陣をしいた。

5 死地からの脱出

八月にはいると、袁紹は官渡にせまって決戦をいどんできた。沮授《そじゅ》が、

「敵軍は兵糧が不足しています。持久戦にもちこみ、敵を消耗させるべきです」と進言したのを聞きいれず、官渡の砂丘にそって東西十数里にわたり、兵を展開したのである。曹操もまた屯営を分けてこれに対したが、戦闘のたびに不利に追いこまれていった。そのころ袁紹側では、参謀の許攸《きょゆう》がこう進言していた。

「もう、敵軍と交戦する必要はありません。至急、諸軍を分散させて敵兵をくぎづけにしておき、他方で許都を急襲して天子をこちらに迎えいれれば、勝敗はたちどころに決します」

しかし、またも袁紹はしたがわない。

「とにかく、操のやつを囲んでぶっつぶすのが先決だ!」

「そうですか、ではもう何も言いますまい」

許攸は、怒りをこめた口調でこう言った。曹操側は劣勢に立たされていた。陣営にひきこもって抵抗をつづける曹操の陣地に、袁紹軍は櫓《やぐら》や土の山をつくって、その上から矢を射こんだ。これには曹操軍も身動きがとれず、楯のかげにかくれた兵士らは恐怖にさらされた。このとき、曹操は『春秋左氏伝《さしでん》』の故事にならって急遽〝発石《はっせき》車《しゃ》〟をつくらせ、敵の櫓をかたっぱしに撃破した。袁紹軍は「霹靂車《へきれきしゃ》」と呼んでおそれた。発石車とは、大木を用いて石を飛ばす武器である。

袁紹軍も懸命である。櫓がやられると、今度は地下道を掘りすすめて、一挙に敵の本営を襲う作戦にでた。曹

操はただちに陣中にえんえんとつづく堀をつくって、それに対抗した。両軍の激戦は、すでに半年をすぎていた。戦闘が長びくにつれ、曹操軍の兵糧はみるみる欠乏していく。曹操は、いったん兵を許に引きあげたい、と荀《じゅん》彧《いく》に手紙を書きおくった。ただちに、荀彧から返書がとどいた。

　わが兵糧が乏しいとは申せ、まだ楚《そ》（項羽《こうう》）と漢《かん》（劉邦）が滎陽《けいよう》と成皐《せいこう》でにらみあっていたときほどではありません。あのとき両者とも先に引こうとしなかったのは、先に退いたほうが屈服を余儀なくされるからです。殿は敵の十分の一の兵力で相手の喉もとをしめつけていながら、前進もならず半年もたえておられます。いまわが軍の内情があらわになり、勢い尽きはてれば、必ず変革が生じましょう。いまこそ、奇策を用いるチャンスであります。

荀彧の励ましは曹操に力をあたえ、曹操は撤退を思いとどまった。荀彧は、曹操という人間を深く理解していた。曹操が精神的、肉体的に大きな弱みをみせたとき、荀彧はいつも漢の高祖（劉邦）の話をもちだした。

献帝奉戴にしりごみしたとき——

　高祖は東方（項羽）征討のさい、項羽に殺された義《ぎ》帝のために喪服を身につけられました。かくして天下の人びとは心服したのです。……

強大な兵力をもつ袁紹に、いかに対抗すべきか悩んでいたとき——

　過去の勝敗をみますなら、真に才能ある人物であれば弱を強となし、器《うつわ》に値しない人物ならば、いかに強くともたちまち弱くなっています。劉邦と項羽の存亡の例をご覧になれば、十分でありましょう。……

曹家の祖曹参《そうさん》は、その劉邦の盟友として項羽と戦いぬき、ついには漢王朝創業の功臣となったのである。漢の伝統に生き、いまその復興に命をなげうっているとき、劉邦の名を聞いた曹操の血がさわがぬはずがない。荀彧は、そのことを知っていたのである。

曹操軍は各個戦では善戦したが、数カ月にわたる休みない戦闘に兵糧は底をつき、さすがの兵士らも疲労の色が濃くなった。曹操は、輸送隊の兵士らを叱咤激励する。

「あと半月、がんばってくれ。袁紹を打ち破って、必ず諸君の苦労に酬《むく》いよう」

しかし、劣勢な兵力、糧秣《りょうまつ》の不足、将兵の疲労――戦局は、あきらかに不利であった。持ちこたえられるぎりぎりのところまできていた。だが、まさにそのとき、天佑《てんゆう》とでも言うべきだろうか、思いがけぬことが起こった。いくら献策しても無視されてきた袁紹軍の参謀許攸が、ついに袁紹を見かぎって曹操陣営に投降してきた。

許攸が極秘情報を暴露する。

「いま、一〇〇〇〇台以上の袁紹軍の輜重《しちょう》が、後方の故市《こし》と烏巣《うそう》に結集しております。幸いなことに、厳重な警戒をおこたっている。軽装の機動部隊で急襲し、兵糧の山を焼きはらえば、三日をおかず袁紹軍は自壊しましょう」

曹操は、大きくうなずいた。うかつに信じてはいけませんぞ――側近が心配するなか、荀攸《じゅんゆう》と賈詡《かく》の勧めにしたがって、曹操はみずから精鋭をひきいて出撃する決意をかためた。何らかの打開策をとらないかぎり、自滅するのは目に見えていた。すでに十月、その夜、曹操の一隊は袁紹軍の旗をかかげ、兵士は枚《ばい》（声を出さないよう口に銜《ふく》む木）をくわえ、馬の口をしばって間道を走った。兵士らは手に手に薪《まき》の束をかかえている。途中で袁紹側の見張りに誰何《すいか》されると、

「曹操軍が、わが軍の後方に迫ろうとしている。袁将軍のご命令で救援に向かうところだ」

と答える。疑うものは誰もいない。夜が明けるころ、烏巣に到着した。袁軍の部将淳《じゅん》于《う》瓊《けい》が、曹操の一隊の

攻略に気づき、城外に布陣して迎え討とうとした。だが、歯がたたない。急ぎ城内にこもって応戦する。曹操は一気に落とそうと攻めまくった。急報をうけた袁紹は、ただちに騎兵部隊を救援にさしむける。

「騎兵がうしろから迫ってきます！　兵を二手にわけて防がないと！」

誰かが叫ぶと、曹操がどなりつけた。

「ほっておけ！　真後ろに近づいたら知らせろ！」

曹操軍は死にものぐるいで敵陣に突入し、兵糧の山に火をはなって焼きはらい、淳于瓊らを徹底的に撃破した。

烏巣襲撃さる、の報をうけたとき、袁紹は長男の袁譚《たん》にこういった。

「馬鹿なやつだ。烏巣を攻めおとしたところで、本営を衝かれたら、操はどこに帰るというのだ」

袁紹は張郃《ちょうこう》、高覧《こうらん》の二部将に、留守本営をまもる曹洪攻撃を命じた。ところが、烏巣陥落《かんらく》が伝わるや、張郃らは武器を焼きすてて、あっさり曹操側に投降してしまった。袁紹軍はたちまち恐慌におちいり、あっという間に総崩れとなった。袁紹親子は、軍をうちすてて黄河の対岸に落ちのびた。弱小の曹操軍は、全軍一丸《いちがん》となって強大な袁紹軍に勝利したのである。袁紹軍のすべての輜重、地図、文書、珍宝などを没収、多くの兵士を捕虜にし、いつわりの投降者は穴埋めにした。その数は八〇〇〇〇人にのぼったという。

第六章　赤壁の戦いの真実　魯粛と諸葛亮の謀略

官渡《かんと》の戦いののち内政の充実に努めた曹操。赤壁《せきへき》の戦いの裏に天下統一の野望は本当にあったのか。その真実を解き明かす。

1　功無き臣は官位につけず

四十六歳の曹操《そうそう》は、最強のライバルだった袁紹を官渡でうち破り、中国北部を支配する最強者となった。いずれ蜀の地を奪って根拠地とするにいたる劉備《りゅうび》は荊州の劉表《りゅうひょう》のもとに逃げ、南の江東に地盤をきずきつつあった孫権《そんけん》は、曹操をおびやかす存在ではなかった。官渡の決戦後、曹操は一方で袁紹の残党や異民族の反乱を逐一《ちくいち》つぶしていきながら、献帝擁立体制を確固たるものにうちたててゆく。

かりにいま、それを外政と内政というふうに大まかにわけて、建安六年（二〇一年）から同十三年にいたる八年間の動きを見てみれば、およそ次のようになるだろう。まず外政においては、建安六年四月、黄河ほとりの倉《そう》亭《てい》に駐屯していた袁紹軍を攻撃。九月、南征して劉備をうち、劉備は劉表のもとに敗走した。建安七年五月、袁紹病死。九月、黎陽に拠る袁紹の子、袁譚《えんたん》、袁尚《えんしょう》らを攻め、連戦連勝して彼らを本拠地の鄴《ぎょう》に追いつめる。こ

後漢江東図
黄
河
鄴
曹操
琅邪
洛陽
官渡
彭城
下邳
許
献帝
塩瀆
水
淮
広陵
南陽
寿春
居巣
歴陽
曲阿
樊城
襄陽
江夏
合肥
丹陽(建業)
漢
水
盧江
(舒)
濡須口
牛楮
孫権
呉
太湖
夏口
烏程
当陽
江陵
皖口
長
江
銭唐
劉備
赤壁
尋陽
富春
会稽
公安
陸口
柴桑
新都
東陽
鄱陽
臨海
洞庭湖
予章
鄱陽湖
長沙
巴丘
盧陵

の年、曹操は呉の孫権に子供を人質として許にとどめるよう要求して拒否される。

建安八年（二〇三年）春、袁譚らを追撃して鄴《ぎょう》に進軍。八月、劉表を攻めて西平《せいへい》に駐留する。建安九年二月、鄴を包囲して袁尚軍を攻撃、五月、鄴城の周囲に濠を掘り、漳水《しょうすい》を決潰させて水攻めにした。城中の半数以上が餓死。八月、鄴城陥落。曹操は袁紹の墓に参り、哭《こく》して涙を流し（追悼の礼）、その妻をいたわった。建安十年（二〇五年）正月、袁譚を殺して冀州を平定、四月、黒山賊十余万が降伏、八月、異民族の烏桓《うかん》を長城外に追撃した。

建安十一年（二〇六年）正月、北方の壺関《こかん》城に拠って反乱した高幹《こうかん》を攻撃、三月、壺関城を落とす。烏桓はしばしば北方に進入、反撃する。建安十二年二月、烏桓征討に出発、八月ついに打ち破る。この年、劉備は諸葛《しょかつ》亮《りょう》と出会う。翌十三年、曹操五十四歳、鄴に広大な玄武池《げんぶち》を作って水軍を訓練。七月、長男曹丕《そうひ》をともなって劉表征討に出発。八月、劉表が病死し、その子劉琮《そう》は降伏した。劉備は夏口《かこう》に逃走、孫権が劉備に味方して合肥《がっぴ》を攻撃、曹操は劉備を討つべく赤壁《せきへき》に到った。

以上が、年表ふうに書き出した八年間の外政のおもな事項である。袁一族の追討と北方異民族の打破という軍事行動はつづくものの、いまや磐石《ばんじゃく》の後漢王朝をきずこうとする曹操にとっては戦闘は外堀を埋めてゆく作業であり、彼の主眼は内政の充実にあった。曹操は三本の柱をたてた。民政の安定、軍規の確立、家臣団の充実、である。

まず「譙《しょう》に進駐して令す」「修学令」「兼併を抑《おさ》える令」などを発布して民衆生活の安定をはかる一方、個人的な復讐やぜいたくな葬儀を禁止し、「風俗を整える令」や「罰を明らかにする令」などによって、その取り締りを強化した。

私は義兵をおこして天下のために暴乱を取り除いたが、故郷（譙）の人びとは死にたえ、終日歩きまわっても知った人に出会わない。悽愴とした現実にわが胸は痛む。義挙以来、わが将兵で後継ぎのない者は、親戚から後継ぎを捜して田地を授け、官より耕牛を支給し、学師を置いて教育をほどこそう。後継ぎある者には廟をたててやり、その死者を祭らせよう。もし人に霊魂があるなら、私は死後においても思い残すことはあるまい。

（「譙に進駐して令す」）

曹操は戦いのあとには必ず将卒の軍功をはっきりさせたが、官渡の決戦のあとも、折をみては功績の大きかった臣下を賞している。とくに荀彧《じゅんいく》については建安八年に万歳亭侯《ばんざいていこう》に推薦し、十二年にはさらに増封するよう上書している。ほかに荀攸《じゅんゆう》を陵樹亭侯《りょうじゅていこう》に封ずるよう推薦した表《ひょう》（朝廷にさし出す文）、高幹討伐に功あった楽進《がくしん》、于禁《うきん》、張遼《ちょうりょう》らを讃えた表、烏桓討伐行の途中で病没した郭嘉《かくか》の追贈表などがあり、軍規を確立するための布令も少なくない。

「軍吏としての功績や能力があっても、徳行の劣る者が郡国の首長に選ばれるのはよくない」と言う者がいる。「与《とも》に道に適《ゆ》くべきも、いまだ与《とも》に推《はか》るべからず」（『論語』）というわけだ。……かつて無能の人、不闘の士がともに俸禄・恩賞をうけて、国を興《おこ》したという話を聞かない。明君は、だから、功無き臣は官位につけず、戦わぬ戦士に恩賞は与えない。国家太平のときは徳行を崇《とうと》び、動乱の時代に功労あり才能ある者を賞するのは当たりまえである。さきの論者は、管《くだ》の中から虎を見ているようなもの（一部だけとらえた狭い識見）だ。

（「吏士の行能を論ずる令」）

内政の三本柱のうち、家臣団の充実は曹操がつね日頃から神経を使っていたことである。建安十一年には「求言《きゅうげん》令《れい》」を発布して、有用な建策を求めた。

世を治め、民を統率し、輔佐を設けるとき、もっとも警戒すべきは面従ということである。……私は国家の重責をになう身で、つねづね偏《かたよ》った考えに陥ることを恐れているが、数年来、これといった有用な建策もない。……今後……毎月、必ず一度は問題ある点を進言するように。私は、それに目を通そう。

2　魯粛と諸葛亮が仕組んだ赤壁の戦い

さて、世に、曹操の天下統一の野望をくじき、魏・呉・蜀三国鼎立の土台をきずいたといわれる赤壁《せきへき》の戦《たたか》いについてふれねばならないが、いささかためらいの気持がある。本書では官渡の戦いを述べた部分にくらべて、赤壁の戦いに割《さ》いた頁数は少ない。あの有名な赤壁の戦いについて、なぜ詳しくふれないのか？　その理由は、実は裴松之《はいしょうし》が注をつけた陳寿『三国志』（『魏書』『蜀書』『呉書』）そのもののなかにある。史実をたんねんに追ってゆけば、いわゆる〝赤壁の戦い〟そのものは、いわば呉の壮年策士魯粛《ろしゅく》と、当時はいまだ流浪の身の劉備に請われて謀将となった諸葛亮《しょかつりょう》が仕組んだ、一局地戦といっていいような戦闘だったのであり、それが曹操の天下統一の野望を打ちくだいたのでも、三国鼎立の直接のきっかけになったのでもないことがわかる。

そもそも、ときの丞相《じょうしょう》（朝政を総覧する最高の官職）だった曹操に、復興しつつある漢王朝をよりいっそう安定させたいという気持はあっても、天下を〝統一〟するというような意識はなかったはずである。孫権は曹操の上表によって討虜《とうりょ》将軍に任命された呉侯だったし、蜀の地（益州《えき》）を統治していた劉璋《りゅうしょう》は漢の官吏だった。機を見て侵入しようとする北方の異民族や漢中に半独立王国をきずいていた張魯《ちょうろ》（彼は朝廷から漢寧《かんねい》太守の官位をうけていた）のような存在はあったとはいえ、いずれも〝統一〟すべき対象とはいいがたいのである。

建安十三年（二〇八年）秋七月、曹操は約三〇万の大軍をひきいて荊州の劉表を征討すべく南下した。理由は二つある。ひとつは曹操と袁紹の決戦において、劉表は攻撃してはこなかったものの袁紹と手を組んだこと。あとひとつは、袁紹軍に加担し、官渡の戦いで敗走した劉備を、劉表がかくまっていたからである。八月、劉表が急に病死する。九月、曹操軍が新野《しんや》にいたると、劉表のあとをついだ劉琮《そう》は全面降伏し、劉備は夏口《かこう》に逃走した。荊州の軍一〇万が加わり、曹操軍は四〇万を数えた。この段階で、劉備の首をとること以外には、曹操の荊州遠征の目的は基本的に達成されていたのである。

　このたび、勅命を奉じて罪を打つべく南征してきたところ、劉琮は両手をついて降伏した。わが水軍は八〇万、これから将軍とともに呉の地で狩りを楽しみたいと思うが――。

十月に出された孫権宛のこの曹操書簡を、孫権が群臣に示すと、みな顔色をかえて震えあがった、と『呉書』注の『江表伝』には記している。この書簡断片が、曹操が呉を征討しようとした証拠とされ、日本の訳書のなかには「いっしょに狩猟をするというのは、戦って雌雄を決するという裏の意味」と訳注を付したものまであるが、はたしてそうだろうか。曹操は司空のころ（一九七～八年）、江東に勢力をはる孫策《そんさく》と手を組むべく、自分の弟のむすめを孫策の末の弟孫匡《そんきょう》に縁づけ、また自分の息子の曹章に孫賁《ほん》（孫策らの伯父）のむすめをもらっている。孫権《けん》と孫翊《よく》（策の次弟と三弟）を自分の手もとに招いて官職につけ、面倒をみたのも、そのころのことである。「呉の地で狩りを楽しみたい」という文言《ぶんげん》は、曹操の素直な気持の表われとして読みとることはできないだろうか。そのほうが理にかなっていると思われる。その理由を述べるまえに、劉表病没後の、孫権および劉備周辺の動きを見ておこう。

　当時、孫権は二十六歳、曹操の息子の年齢である。建安五年（二〇〇年）、曹操が袁紹と官渡で死闘をくりひろげている最中、そのすきに許都襲撃をたくらんだ兄孫策が暗殺されていらい、呉の若き指導者として人望をあつめつつあった。実力がついてゆくにしたがって、気負《きお》いもでてくる。身内のつながりがあるとはいえ、北方で献帝を擁して強力な政権をきずいてゆく曹操への反発も小さくなかった。その孫権の気持をたくみにおのれの計略に引きこんだのが、十歳年長の横江《おうこう》将軍魯粛だった。

魯粛の主張は、漢王室の再興は不可能であり、かつ曹操を簡単に除くことはできないので、江東を足場に蜀併《へい》呑《どん》をねらいながら天下に破綻《はたん》が生じるのを待つ、というものだった。そんな魯粛にとって、曹操の荊州攻略は年来の自分の計略を実践する絶好のチャンスである。劉表病死の報をうけるや、ただちに孫権に劉琮らへの弔問を申し出、昼夜兼行で荊州に向かう。すでに劉琮が曹操に投降したことを知ると、劉備のあとを追って孫権と力を合わせるよう説得した。大いに喜こんだ劉備は、こんどは諸葛亮を使者として孫権のもとに派遣する。すべて魯粛の思惑によるのである。『呉書』「魯粛伝」の注で、裴松之《はいしょうし》はいみじくも書いている。

劉備と孫権が組んで、中原から進出してくる曹操をくいとめる、というのが魯粛のもともとの計画だった。……諸葛亮は、以前から魯粛の意見を聞き知っていたのである。

九月に劉琮が降《くだ》ってきてのち、曹操軍は荊州の官民への布告や新しい太守の任命などに追われていた。十二月、曹操は、孫権が劉備への側面援助として合肥《がっぴ》（揚州九江郡）を攻撃した、という報告をうける。ただちに江陵から劉備征討に出撃するいっぽう、合肥に救援をさしむけた。劉備を追撃して、曹操軍は赤壁にいたった。ここで劉備救援にかけつけた孫権軍と対峙《たいじ》することになる。だが、そのとき、曹操陣営には猛烈な疫病が蔓延しつつあり、兵士の大半がおかされていた。一度の交戦で敗れ、曹操の陣営は江北まで退いた。つづく赤壁での交戦でも、内通をよそおった敵将黄蓋《こうがい》の策略にはまって火攻めにあい、敗退する。これらの戦闘において、劉備や諸葛亮らは鄂《がく》県樊口《はんこう》の後方に布陣して、戦況を見守るだけだった。『魏書』「武帝紀」は、こう記している。

公（曹操）、赤壁に至り、備《び》と戦い、利あらず。ここにおいて大疫《たいえき》あり、吏士《りし》、死する者多く、すなわち軍を引きて還《かえ》る。備ついに荊州の江南諸郡を有《たも》つ。

曹操は自軍内にひろがってゆく疫病に大きな打撃をうけ、劉備（と、それを助けた孫権）の軍との闘いをあきらめ、許都への帰還を決める。江陵に曹仁《そうじん》、襄陽《じょうよう》に楽進《がくしん》を駐留させて劉備らに備えさせた。むろん劉備・孫権側からみれば、あきらかに曹操側の敗退であり、『蜀書』『呉書』の記述も、そのニュアンスで書かれている。しかし子細に読んでみると、いずれも赤壁の戦いが大戦《たいせん》であり、曹操軍が大敗《たいはい》を喫したとは、どこにも述べられていないのである。そのおもな記述をあげておこう。

▼曹公と赤壁に戦い、大いにこれを破り、その舟船《しゅうせん》を焚《や》く。先主《せんしゅ》（劉備）、呉軍と水陸を并進《へいしん》し、追って南郡に到る。時にまた疾病《しっぺい》あり、北軍（曹操軍）多く死に、曹公、引きて帰《かえ》る。（『蜀書』「先主伝」）

▼曹公軍、赤壁に利あらず、かねて、もって疫死す。（同「劉璋伝」）

▼曹公、赤壁に敗れ、軍を引きて鄴《ぎょう》に帰る。（同「諸葛亮伝」）

▼瑜《ゆ》（周瑜《しゅうゆ》）、普《ふ》（程普《ていふ》）、左右の督となり、おのおの万人を領し、備とともに進み、赤壁に遇《あ》いて大いに曹公軍を破る。公（曹操）、その余船を焼きて引き退き、士卒、飢疫《きえき》（飢えと疫病）して死する者、大半なり。（『呉書』「呉主(孫権)伝」）

▼周瑜、程普らと曹公を赤壁に拒《こば》む。（同「周泰伝」）

「大いに……破る」とは戦勝側記録の慣用句であり、ここでは事実のうえで多大な戦果をあげた、という意味ではない。かくして、荊州は孫権と劉備（南部の公安《こうあん》）が分割して支配することになる。

3　劉備の煽動から目覚めよ

ところで、話をさきの「呉の地で狩りを楽しみたい」という曹操の書簡にもどせば、のちにこの書簡に関連すると思われる手紙を、曹操は孫権に出しているのである。原文は『文選《もんぜん》』（梁《りょう》代に編集された過去の文章を集めた書）に収録されており「阮瑀《げんう》〈曹公のために孫権に与うる書を作る〉」となっている。司空軍謀祭酒《しくうぐんぼうさいしゅ》の官位にあった阮瑀は、いわば曹操の右筆《ゆうひつ》のようなもので、多くの檄文を起草している。この「孫権に与うる書」を、曹操本人の意志として取りあつかっていいことは、言うまでもない。

　連絡が途絶えていらい、三年がすぎた。一日とて、かつての親密なときを忘れたことはない。両家の婚儀による恩情の深さにくらべ、乖離《かいり》による溝《みぞ》はまだ浅い。この気持ちは、そなたとて同じだと思う。古今をとわず、人の気持ちの変化は侵害や侮辱、過失や疑念が生まれたときにおこる。忿《いか》りと不安が昂《こう》じたとき、大きな危機がおとずれる。……

この長文の書簡の全篇にながれているのは、父親が息子をさとすような配慮と、情理をつくした心情の吐露である。人はこれをも、赤壁の敗北を糊塗《こと》しようとする曹操の自己弁護の記録というだろうか。そうだとすれば、それは古代人の言文にこめた思いに縁なき者の言である。以下に、赤壁の戦いにふれた個所をかかげておこう。

　そなたはいま血気盛んな年齢だが、すでに寵臣の話(1)を信じて災難の到来をおそれ、また憤怒をいだいて、もはや遠くにあるわたしの心を推《お》し測《はか》ることができず、眼前の事態の進展に心うばわれて、わたしと疏遠になろうと決めた。われらの親しい間柄を変えてまで、劉備の煽動(2)による軍事摩擦と捏造《ねつぞう》された離間策にのせ

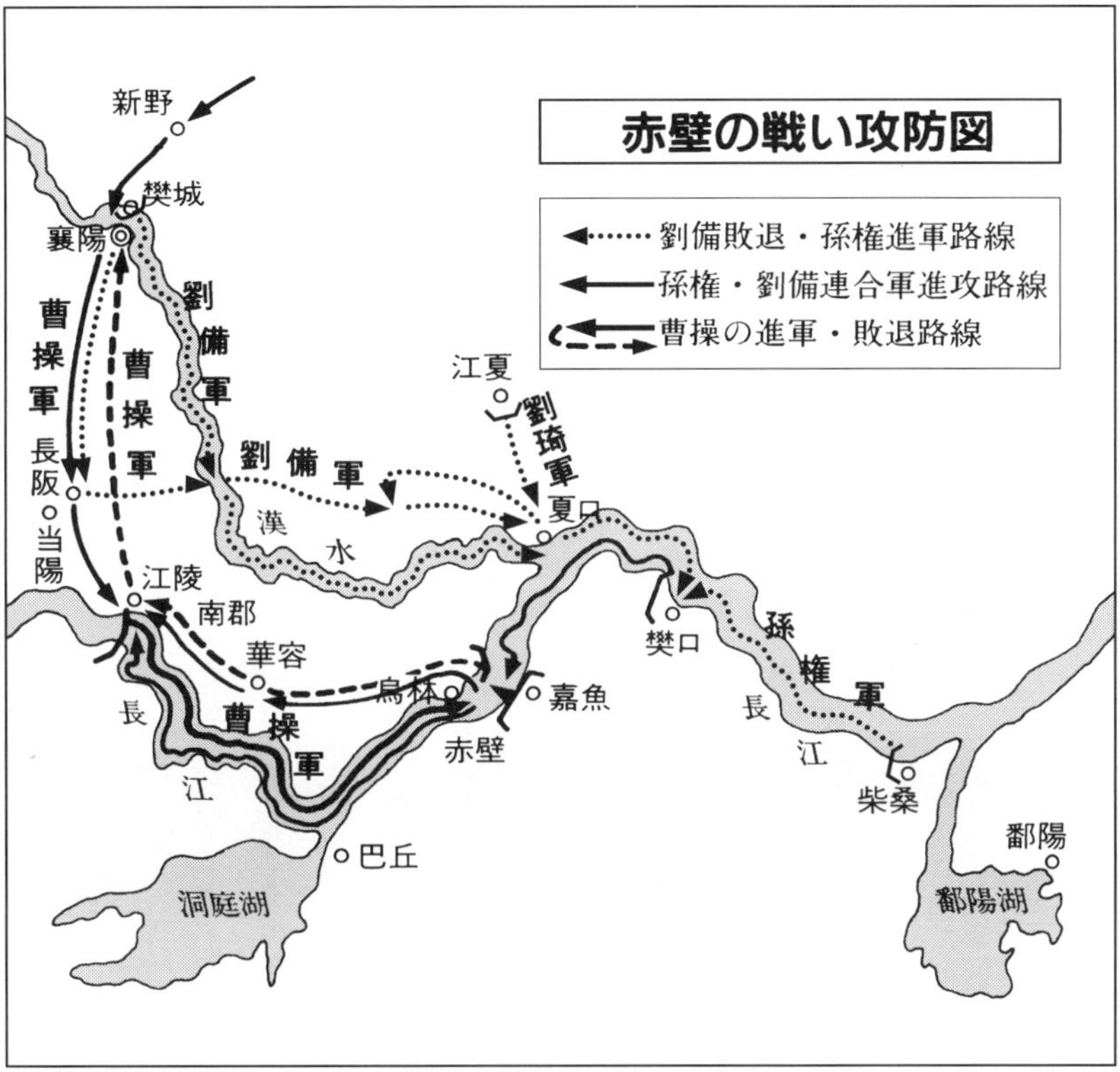
赤壁の戦い攻防図
劉備敗退・孫権進軍路線
孫権・劉備連合軍進攻路線
曹操の進軍・敗退路線
新野
樊城
襄陽
曹操軍
曹操軍
劉備軍
劉備軍
長阪
当陽
漢水
江夏
劉琦軍
夏口
江陵
南郡
華容
烏林
曹操軍
嘉魚
赤壁
長江
巴丘
洞庭湖
樊口
孫権軍
長江
柴桑
鄱陽
鄱陽湖

られ、このような事態をまねいた。そなたの本来の心を取りもどしてほしいと願うのみだ。
徳のうすいわたしだが、官位高く、重責をになっている。さいわいにも国家安定の機運にめぐまれた。天下を平定させ、異民族も帰順し、なにごとも順調で、ひさしく幸福を享受している。でありながら、親戚のわれわれ両家が他人の挑発によって溝を生じ、厚くしたしい関係に亀裂が走っている。世間は、その責《せき》をわたしに帰するだろう。もともと、あいつは人を害する心を隠しもっており、ひそかに鄭《てい》の武《ぶ》公が胡《こ》国をうばったような陰謀(3)をたくらみ、もって、そなたに、わたしを絶交せしめたのだ、と。それを思うと、心が昂《たかぶ》り、慙愧《ざんき》にたえず、夜も眠れない。この数年、小さなこだわりを捨てて以前のように親しくなり、両家がともに栄えて幸福を後代につたえることで、わたしの誠意をそなたにわかってもらいたいと思いつづけてきた。だが、その機会がなかった。

かつて赤壁の役では、ひどい疫病に襲われ、船を焼きはらって自ら帰還し、悪条件をのがれた。周瑜《しゅうゆ》の水軍に制せられたのではない。江陵《こうりょう》駐留軍(4)の物資・糧食はことごとく尽きはて、やむなく民衆を移動させて軍を撤退させた。これまた、周瑜に敗れたわけではない。荊州はもともとわが領分ではなく、すべてをそなたに譲り、そのほかの地を得たいと思った。なんら、そなたを傷つけ、損失を与えるものではなかったのだ。この事変を、よくよく考えてみれば、わたしに失うものは何もない。なんの必要あって荊州を占領し、そなたから取りあげるというのか？

高帝（劉邦）は官位をもって田横《でんおう》(5)を招来しようとし、光武帝（劉秀）は河を指《さ》して朱鮪《しゅゆう》(6)に誓ったが、そなたに彼らほどの罪でもあるというのか？　わたしの情意をつたえ、そなたのよい返事をまっている。

注（1）魯粛の曹操南進論。
（2）諸葛亮派遣と対曹操共同戦線の説得。
（3）春秋時代、鄭の武公は胡国をのっとるつもりで胡の君主に娘をとつがせた。『韓非子《かんぴし》』所載の故事。
（4）曹仁が江陵に駐留した。
（5）劉邦に敗れた斉の田横は海中の島に逃げ、劉邦に官位をもって迎えられたが、それを潔《いさぎよ》しとせず自殺した。
（6）朱鮪を包囲した劉秀は、投降させるために、旧怨を忘れて官爵を与える、と河の流れを指さして（大自然を証人として約束を守る、という意志表示）誓った。

全文は本書「付録」（二一一頁）に収めたのでご覧いただきたい。これまでの三国志研究に、この曹操の孫権宛書簡がまったくと言っていいほど取りあげられていないのは不思議なことである。あるいはそれは赤壁の戦いそのものが、『三国志演義』や、その見方、考え方にとらわれつづけてきた〝三国志物〟のなかで、誇大に表現され、過大に評価されてきたことの、ひとつの表われなのかもしれない。

第七章　銅雀台《どうじゃくだい》上の文学談義　後漢の詩人たち

当代の賓客を招き、膝下の知識人や幕僚を集め、酒宴をはった銅雀台は、ときに参謀本部ともなる文学サロンであった。

1　才能だけが任用の基準

赤壁の戦いから二年後、建安十五年（二一〇年）の冬、冀《き》州魏《ぎ》郡の鄴城《ぎょうじょう》（河北省の南端）内に銅雀台《どうじゃくだい》が完成した。鄴は春秋時代、斉《せい》の桓《かん》公が開いた地である。漢代に魏郡の役所がおかれ、その後、冀州の牧《ぼく》として袁紹が拠《よ》っていたが、建安九年（二〇四年）に曹操が攻め落とした。それ以後、曹操は鄴が気にいったらしく、許都の拡充と併行しながら、魏公、魏王となってゆくにつれて鄴城は改造、整備されてゆき、鄴都あるいは魏都と呼ばれるようになった。

天険の山、豊かな水、広大な平野を背景とした鄴は、古代中国の政治・経済の中心都市である洛陽、許、長安などを擁する中原《ちゅうげん》への〝綰轂《わんこく》（すべ括《くく》る）の口〟だった。曹操の時代の鄴城は東西七里、南北五里にわたり、外城には七つの、内城には四つの城門があった。街は大きく南北二区に分かれ、北区に宮殿や役所が置かれていた。北区の西部にはひろびろとした西苑（銅雀園）があり、その苑の西北隅に銅雀台が築かれ、つづいて金鳳《きんぽう》台、氷井《ひょうせい》台が造られた。一般民衆は南区に居住し、商業や手工業なども盛んだった。鄴城郊外には漳《しょう》河、洹《かん》河などを利用した灌漑用水路が縦横にはしり、田畑はいつも青々としていた。晋《しん》が魏・蜀・呉三国を統一したころ（二八一年）、左思《さし》は曹操の鄴城建設の模様を「魏都賦《ぎとふ》」のなかで次のように記述している。賦は「うたわずして誦《しょう》する」（『漢書』「芸文志」）詩の一種である。左思は「蜀都賦」「呉都賦」も詠《よ》んだ詩人である。

（武帝＝曹操が）はじめてこの地（鄴）に至って、その吉凶を占ってみると、亀甲《きっこう》でも卜筮《ぼくぜい》でも吉《きち》とでました。そこで城郭《じょうかく》や外堀《そとぼり》を修理し、都の建設を決められた。造るにあたっては古代の王たちの制度を参照し、洛陽、長安はじめ八方の都邑を合わせ考え、質朴な堯《ぎょう》（伝説上の聖王）の宮殿、軒の低い禹《う》（夏《か》の始祖といわれる聖王）の建て方に範をとられた。……

聖哲の残した規範にのっとり、華麗さと質素さを兼ねあわせ、豪奢と節倹をほどよく折衷《せっちゅう》し、時世にあうよう規模をさだめ、また易《えき》の教えに違《たが》わぬよう、荀子《じゅんし》や蕭何《しょうか》の例＊も考慮された。林木《りんぼく》の管理者に大木を供給させ、すべての図面を大工に示すと、遠近をとわず民衆たちが喜びいさんでやってきて、子が親を手伝うように工事をたすけました。大工たちは議論をかさね、技巧をこらし、いにしえの名工の手法をまなび、春分・秋分に正しい方角をさだめ、日の出・日の入り、北極星の位置を正確にはかり、土地と五穀の神の廟《びょう》、そして先祖のみたまやを建てられた。（『文選《もんぜん》』「賦篇」）

＊『荀子』に「宮室は道徳を養い、尊卑を区別するために作る」とあり、『漢書』には、蕭何が未央宮《みおうきゅう》を作ったところ、劉邦に、なぜこんな立派なものを建てたかと問われ、四海を家とする天子は壮麗な建築物でないと威厳がない、と答えたとある。

この鄴城の西苑に曹操は銅雀台《どうじゃくだい》を築いたが、そもそも銅雀台とは何なのか。土台の高さ二〇メートル、そのうえに百数十間《けん》におよぶ大きな建物がたっていたという。そこで曹操とその家臣団たちは、昼は作戦会議をひらき、夜は詩賦《しふ》・文学について論じあったのである。銅雀台につづいて金鳳台《きんぽうだい》（二一三年）、氷井台《ひょうせいだい》（二一四年）を造築する。金鳳台は銅雀台の南に位置し、土台の高さは十六メートル、建物は百三十間あった（今日残っている金鳳台地は高さ五メートル、長さ六〇メートル、幅二〇メートルばかり）。氷井台もほぼ同じで、銅雀台の北側にあった。三つの氷室《ひむろ》があり、それぞれ深さ三〇メートルほどの井戸がいくつも掘られ、大量の氷塊や石炭、糧食、食塩などが戦時に備えて貯蔵された。曹操はこの三台のほかに、講武城を築いた。兵法を講義した場所で、三台の東南にある玄武池で水軍の訓練を行なったことはすでにふれた。

さて、曹操は青年時代から、文と武の両立を求めてきた。文学と政治の両立、といってもいい。つねに古人の智恵を尊び、儒学から老荘思想、兵法にいたるまでの古典に学ぶ努力をつむいっぽう、現実に行動することによって生じる変化のなかで、自己を確認し鍛えていった。

いま赤壁の戦いで兵を北へ引きあげてのち、少なくとも曹操個人にあっては、中国の戦火は鎮静にむかい、後漢末の動乱期はすぎゆきつつあった。あとは、いかに現実の政治体制を維持し、強化し、自分の理想に近づけていくか、である。彼はすでに、政治的には保守の立場にあった。武の政治体制が一応の確立と安定をみつつあったとき、曹操は必然的に文、すなわち文学（詩）に直面する。それは、つねに現実政治を突き抜けた、人間の真理をつきつける。

現実の曹操の幕下には荀彧《じゅんいく》、荀攸《じゅんゆう》、賈詡《かく》、崔琰《さいえん》、毛玠《もうかい》、程昱《ていいく》、張遼《ちょうりょう》、楽進《がくしん》、曹洪《そうこう》、鍾繇《しょうよう》、夏侯惇《かこうとん》、陳琳《ちんりん》、阮瑀《げんう》など政治家、軍人から詩人まで、そうそうたる人物が蝟集《いしゅう》していた。また長男の曹丕《そうひ》、三男の曹植《そうしょく》らも武

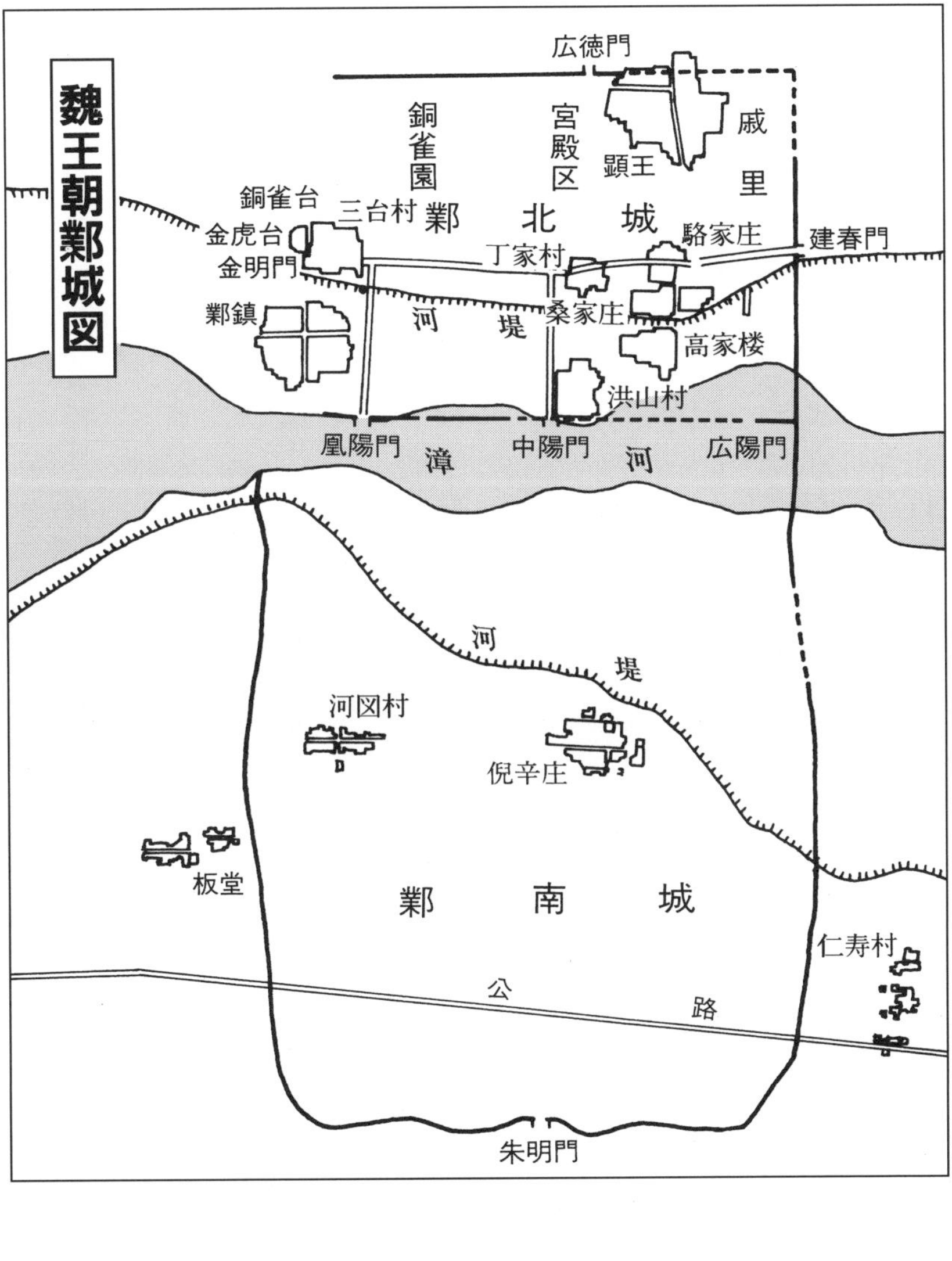
魏王朝鄴城図
広徳門
銅雀園
宮殿区
戚里
顕王
銅雀台
三台村
鄴
北
城
金虎台
駱家庄
建春門
丁家村
金明門
鄴鎮
河
堤
桑家庄
高家楼
洪山村
凰陽門
漳
中陽門
河
広陽門
河
堤
河図村
倪辛庄
板堂
鄴
南
城
仁寿村
公
路
朱明門

と文を愛するたくましい青年に育っていた。だが次代から先の行く末を考えるとき、さらに幾人もの才人が必要だった。銅雀台を築いた年、曹操は「求賢令《きゅうけんれい》」を布告している。そこには、旧来の官吏選抜法とはまったく異なった基準が示されていた。

天下はまだ安定しておらず、今日ほど、賢者を求めるに切なる時はない。……もし、清廉潔白な人物を起用せねばならぬというのなら、反対派の管仲《かんちゅう》を起用した斉《せい》の桓《かん》公が覇者になれたのはなぜか。今このとき、身はボロにつつみ、胸には素晴らしい才能を秘め、川辺に釣糸をたれている人物*がいないとも限るまい。また、たとえ嫂《あによめ》と密通し、賄賂をとったとしても、才能あるゆえに起用された漢の陳平《ちんぺい》のような男が、まだ見出されずに居るかもしれぬ。諸君、どうか底辺に埋没している人材を発掘してほしい。ただ才能の有無だけが、推挙の基準である。私は、才能があれば任用する。

*周の文王に見出された太公望呂尚《たいこうぼうりょしょう》。

2　はかない人生の途上で

銅雀台上に立つ曹操の胸中をめぐるものは、なにか――兵を率い、先祖が創業した漢の再興をねがって中原《ちゅうげん》をかけめぐっているうちに、いつしか人生の大半は過ぎてしまった。身は丞相にあるものの、いまだこれというほどの人物にも会っていない。どんな才能の持ち主がやってきても、受けいれるだけの度量はあるつもりだ。有才の客がくると食事中でもただちに立って出迎えた周の政治家周公《しゅうこう》のように、人物を幕下にあつめて、理想の政治を行ないたい。もう、時間は残りすくない――曹操五十六歳、彼はすでに人生の黄昏《たそがれ》を感じつつあった。

「求賢令」発布のころにつくった「短歌行《たんかこう》」という、宴会の席上でうたわれる楽府《がふ》がある。曹操の代表作のひとつで「古直《こちょく》にして、はなはだ悲愁《ひしゅう》の句あり」（南朝梁の鍾嶸《しょうこう》）、「自然にして沈雄《ちんゆう》」（明の周履靖《しゅうりせい》）と評される詩である。

酒宴の席だ、短歌行でも歌おうか。
ああ、人生などというものは、
朝露《あさつゆ》のようにはかなく消えてゆき、
残された日々は、すでにわずか。
何かしれず憤り、声高らかに歌っても、
心中の憂い、晴れはせぬ。
無理にも憂いを忘れるには、
酒のむほかに何があろう――

若々しく生きた才能！
それだけを私は待ち焦《こ》がれる。
来るであろう出合いのために、
口に祈りつつ、今にいたった。
鹿たちが鳴きかわし、呼びかわし、
共につどって草を食《は》むように、

もしも、待ち望む賢者が来てくれるなら、
瑟《こと》をつまびき、笙《しょう》を吹いて、もてなそう。

明るい月のように図抜《ずぬ》けた才能は、
月光と同じく手に入れがたい。
それは、どうにもならぬものなのか、
湧きくる憂いを絶ち切れぬ。
田野《でんや》の小径《こみち》をいとわずに、
はるばる尋ねきてくれるなら、
心をこめて酒席をもうけ、
旧知のごとく情誼《じょうぎ》を交わそう。

明るい月光に星影もまばら、
南に飛びゆく烏鵲《かささぎ》は、
大樹のまわりを飛びまわったあげく、いずれの枝に宿るのか。
山が土をうけいれて、どこまでも高くなり、
海が水を拒《こば》まずに、どこまでも深くなるように、
周公《しゅうこう》は才人をうけいれて人心を得た。

それは私の理想である。

だが、この詩の内容には、すでに宋代から批判もあった。それは最後の四行にかかわるもので、たとえば、

（曹操は、周公のようにいかなる人物でもうけいれる、とうたってはいるが）孔融《こうゆう》、楊脩《ようしゅう》はその手に斃《たお》れた（次章参照）。操のふかい懐ろなどどこにあるのか？　身は漢の相ではあったが、当時の人は漢の賊と見なしていた。周公を自分になぞらえるなど、もってのほかである。（宋、劉克荘）

あるいは、

曹操には漢を奪おうとする野心があった。口で周公のことを言っても、本心は王莽*と同じである。（清、王堯衢）

*前漢末期、幼帝嬰《えい》を擁立したが、のち自ら帝位を得、国号を新《しん》と改めた。

などだが、これらの批判が蜀漢の劉備を漢王朝の正統の後継者とする〝漢王朝正統論議〟から出ているのは言うまでもない。

これまでに何度かその一部を引用したが、曹操の「自らの本志を明らかにする令」は「短歌行」をつくった翌建安十五年（二一〇年）に布告されたものである。この文章は、曹操という人物の人生観、文学観を知るには一級の資料であり、いわばこの令をいかに解釈するかによって曹操評価がわかれるほどのものである。少し長くなるが、ここでその主要部分を訳出しておきたい。全文は本書「付録」（二一六頁）に収録した。

（袁紹や劉表らを打ち破り）かくして天下を平定した。身は宰相となり、人臣として最高の位に昇った。これほどになろうとは、思いがけぬことだった。

さて、以下に述べることは、あるいは自慢話ととられるかもしれぬ。しかしあえて遠慮なしに言うのは、

人にも思うままを口にしてもらいたいためである。

もし漢に、私という人間がいなかったら、一体どうなっていただろうか。〝帝〟を称し〝王〟を称する者がいく人でていたことか。勢力が強大になったうえ、私が天命というものを信じないため、「あいつは不遜な考えを抱いている」と言う者もいようが、まあ勝手にさわぐがいい。

斉の桓公《かんこう》、晋《しん》の文公が、今日にいたるまで賞讃されているのはなぜか？　絶対的な軍事力をもっていながら、なお周王室によく仕えたからである。またその周が、『論語』に「天下の三分の二を領しながら殷に仕えた周の徳は、至徳である」と評されたのも、大をもってよく小に仕えたからである。……

祖父からこの身にいたるまで、私の一族が重用されてきたのは、信頼されたゆえであろう。息子らの代になれば三代を超えることになる。この私の感謝の気持は、こうして諸君らに伝えるだけではない。私はつねづね妻妾たちに向かって「私が死ねば再婚し、嫁いだ先の者に私の胸中をよく伝えてくれ」といってある。

私は率直に、胸中にあることを語っているのだ。なぜ、これほどくりかえし、正直に本心を打ちあけるかといえば、ただ信じて欲しいからである。金の箱の中にあった文書によって、はじめて周公の真意が伝えられたように、人に信じてもらうのはむつかしいものなのだ。

人に信じてもらうことが困難だからといって、今すぐ私の軍勢を漢室に返還し、封国に帰任することを望まれても、実際上は不可能だ。軍を手離しでもすれば、たちまち蜂の巣をつついたような攻撃をうけるだろう。子孫のことも考えるが、もし私が敗れれば、漢室は累卵《るいらん》の危機に瀕《ひん》する。空虚な聖人君子の名声にあこがれて現実の災禍をまねくなど、私にはとうていできぬ。

先に三人の息子を侯にとりたてていただいたが、固辞してお受けしなかった。それをいま、改めてお受けしようというのは、さらなる栄誉を求めたいがためではない。しっかりした土台を築いて、漢室をお護りする万全の計としたいためである。……

国家の威光と祖霊を奉じて討征し、弱きをもって強きにうち勝ち、小ながら大をとりこにし、信念を行動で裏切らず、思ったことは実行して成功に導く――かくして天下は定まり、天子の命を辱かしめることはなかった。だがそれは、天が漢王室を助けられたのであって、人間の力によるものとは言えない。

いま四県三万戸を食《は》む身になったものの、私にはそれに見合うだけの徳がない。南方の長江流域がいまだ鎮定できていない以上、官位を返上するわけにはいかぬが、領土は辞退できる。私は武平一万戸を残して、残り三県二万戸をお返しし、胸中の誠意を示したい。

これまでの曹操の、漢復興にかけた信念と実践を見てきたとき、ひとはこの彼の文章をいかに読むだろうか。一八〇〇年ほど昔に書かれたものとはいえ、ひとたび書かれた文言《ぶんげん》を筆者の胸中にまで踏みこんで虚心に読みとることがいかに難しいかは、今日にいたるまでの数多《あまた》の知識人の、民衆の、三国志理解に如実にあらわれているとおりである。

3　死はかならず、やってくる

銅雀台をつくって以後、曹操はしばしば当代の賓客を招き、また膝下の知識人や幕僚を集めて酒宴をはった。そこは時に、当面する戦争の作戦を練る参謀本部にもなったが、多くは賓客らと歓をつくし、知識人たちと文学論をたたかわせ、詩を作りあうサロンであった。

曹操は建安十六年（二一一年）、献帝に上奏して長男の曹丕《そうひ》を五官中郎将に抜擢し、副丞相に任じ、三男の曹《そう》植《しょく》を平原《へいげん》侯にとりたててもらっている。さきの「自らの本志を明らかにする令」にふれているとおりである。同時に曹操は〝五官将文学《ごかんしょうぶんがく》〟という官職を新設した。すなわち曹丕、曹植のまわりに有意の青年たちを集め、文学論を闘わせよう、という趣旨である。王粲《おうさん》、徐幹《じょかん》、陳琳《ちんりん》、阮瑀《げんう》、応瑒《おうよう》、応璩《おうきょ》、劉楨《りゅうてい》、邯鄲淳《かんたんじゅん》、路粋《ろすい》、丁儀《ていぎ》、丁廙《ていい》、楊脩《ようしゅう》、荀緯《じゅんい》、繁欽《ばんきん》、呉質《ごしつ》——彼らは曹操、曹丕、曹植のいわゆる〝三曹《さんそう》〟を中心にした〝建安文学〟を花ひらかせる。宋の文学者劉勰《りゅうきょう》は『文心雕龍《ぶんしんちょうりゅう》』のなかで次のように整理している。

> 建安の初め、五言詩《ごごんし》が盛んになった。魏の文帝《ぶん》曹丕とその弟の曹植は、思いのままにその才能を花咲かせ、王粲、徐幹、応瑒、劉楨らも才を競った。彼らはいずれも風月を愛《め》で、池苑に遊び、恩寵《おんちょう》と栄華をたたえ、酒宴を叙述し、慷慨《こうがい》の気にまかせて、奔放にその才筆をふるった。心中の述懐や事物の描写など、技巧にはしらず明晰な形容を重んじたのが、彼らの特徴である。

劉勰は右にあげた特徴を〝建安の風骨《ふうこつ》〟と呼んだ。〝風骨〟は普通には〝風格〟にちかいものと理解されている。

さて、銅雀台上でうたわれた詩人たちの作品にふれるまえに、サロンにおける曹操の様子を見ておこう。中傷ともとれるような曹操の逸話と伝説にみちた『曹瞞伝《そうまんでん》』（裴松之《はいしょうし》が『三国志』の注に引いている佚書《いっしょ》）に載っている話である。

曹操の人柄は軽薄で、威厳というものがなかった。音楽がなにより好きで、いつも歌い手をかたわらにはべらせ、昼日中《ひるひなか》から夜になるまで楽しむことが多かった。薄い絹の衣服をまとい、腰には小さな皮の袋をぶら下げて、なかにはハンカチや小物を入れていた。時には、簡素なふだん用の冠のままで客に会うこともあった。人と談論するときは諧謔を好み、尽きぬ話には裏表がなかった。ある宴席のとき、上機嫌で大笑いしたはずみにテーブルの上の食器に頭を突っこみ、頭巾《ずきん》が食べ物まみれになったことがある。その軽佻浮薄さは、以上のようだった。

軽薄で威厳がなかった、とはとうてい思えないが、そのほかの部分はうなずかせる。むしろ、わけへだてのない快闊《かいかつ》さにほっとするくらいである。いかに乱世だったとはいえ、曹操が四六時中、国家の大計や戦略ばかりを考えつづけていたわけではあるまい。酒も飲む。飲めば羽目をはずすこともあっただろう。友も求める。会えば本心を打ちあけるときもあっただろう。文学論にふける、女も抱く、料理もつくる、碁も打つ、書もかく、剣も振る――そんな曹操だからこそ、あるとき、ふと、心中におさえることのできない葛藤が頭をもたげてくる。政治の、現実と理想との懸隔《けんかく》、周公になりきろうとするおのれの心中を理解してもらえぬ苦脳、漠然とした死への不安……。いまや敵は、劉備でも孫権でもない。憂いをとくべく、曹操は酒に向かう。酒盛りをはじめ、陽気に議論し、詩をうたう。軽佻浮薄な曹操のうしろ姿に、韜晦《とうかい》した権力者の幇間的《ほうかんてき》孤独の影が見えかくれする。曹操は、ひたすら自己と闘いつづける。

すでに建安十二年の夏、北方の烏桓《うかん》族討征を終えたあと、曹操は「洛陽の夏門《かもん》を出《い》でて」という四節からなる楽府をつくり、その最後でこううたっていた。

いかに長寿の亀でさえ、
ある日かならず死が訪れ、
龍が雲霧《うんむ》に乗じて天翔《あまか》けようと、
ついには一塊《いっかい》の土灰《つち》と化す。

だが、飼馬桶《かいばおけ》に伏す老いた駿馬《しゅんめ》は、
いまなお千里の山野を馳《は》す気概あり。
烈士は、たとえ老い先短くとも、
己れの壮志を捨てはせぬ。
人の寿命の長短は、
ただに天の自由ではない。
意をつくして心身を保てば、
長く生きるのも夢ではないのだ。
　　ああ、何と仕合わせ、
　思いのたけを歌にせん！

「ああ、何と仕合わせ……」は、音楽を伴奏する必要から付された句で、本詩との意味的なつながりはない。

「老いた駿馬」は、曹操自身であろう。三十六歳で挙兵し、四十七歳で官渡に袁紹を打ち破って中原から華北一帯を支配下におさめ、いま北辺の異民族も平定した。ようやく、真に理想的な政治を行なうときがやってきた。それが、曹操の〝壮志〟である。彼は気を奮いたたせ、みずからを鼓舞する。前途は、まだまだ楽観できぬ。しかし朝露の消えゆくときは、もう、ほど遠くはあるまい。それは絶対にやってくる。

4　建安文学の華《はな》

英明な父上の遊楽に随い、
銅雀台《どうじゃくだい》に登って心ゆくまで眺めわたせば、
ひろびろと開かれた鄴《ぎょう》の都、
これが、わが父上の営まれるところ。
高殿は堂々とそびえ建ち、
物見櫓《やぐら》は対《つい》になって天空に浮かぶ。
中天《なかぞら》に風をむかえる楼は華やぎ、
空を飛ぶ閣《かけはし》は西の城に連なる。
はるかに見下《おろ》す漳水《しょうすい》*の流れ、
銅雀園の木々は生き生きと萌え盛る……

＊漳河から引いた水は鄴城の西から入り、銅雀台の下を伏流して東に流れ出ていた。

建安十七年（二一二年）の春、曹操は息子たちをともなって銅雀台にのぼった。そのとき、二十一歳の曹植《そうしょく》が詠《よ》んだ「銅雀台に登りし詩《うた》」の前半部分である。曹植は十二、三歳のとき、すでに『詩経《しきょう》』や『論語《ろんご》』などを暗誦し、兄の曹丕《そうひ》より詩や文に長じていた。性格は気さくで堅苦しいことを嫌い、曹操が難しい質問をしても即座にこたえるので、一時は太子（後継ぎ）に立てようかと迷ったほどだった。曹植は詩文を愛し、酒も気のゆくまで楽しみ、しかも政権にも執心していた。しかし結局、曹操は曹丕を太子にたてたため、後年、政治的には不遇な時を送ることになる。

兄の曹丕が、しかし詩文において弟の曹植に、それほど劣っていたというわけではない。後世、弟の詩の評価が高いのには、政治的に志をとげられなかった曹植への同情が反映しているように思われる。曹丕は、曹操三十三歳のときの子供である。董卓の乱のときは五歳になっていた。

当時、わたしは五歳だった。父上は動乱の世ゆえに六歳で弓術を覚えさせ、八歳で騎馬して弓が引けるようになった。父上が遠征されるたびに、わたしはお供として連れてゆかれた。多難な時代だった。張繡《ちょうしょう》の乱のとき、兄の曹昂と従兄の曹安民が殺された。私は十歳だったが、馬に乗って脱出した。……

父上の薫陶をうけて、私は少年のころから『詩経』『論語』を口ずさみ、大きくなってからは五経（易・書・詩・礼・春秋）や四部（経学・諸子・史学・詩文集）をはじめ、『史記』『漢書』、諸子百家の書など、読まないものはなかった。

曹丕が太子のころに書いた『典論《てんろん》』「自叙」からの引用だが、かつて「仕合わせの少なかったわが過去よ」とうたった曹操の、長男にほどこした教育がうかがわれて興味ぶかい。

「文人は互いに軽視しあう（文人、あい軽《かろ》んず）」ではじまる『典論』の「文学を論ず」の部分は、昔から有名である。そこには曹丕のみごとな文学論が展開されており、また建安文学の貴重な記録ともなっている。

当代の文人に七人あり。孔融《こうゆう》、陳琳《ちんりん》、王粲《おうさん》、徐幹《じょかん》、阮瑀《げんう》、応瑒《おうよう》、劉楨《りゅうてい》。この七人はいずれも学問において欠けるところがなく、独自の文体をもっており、すぐれた才能のうえに日々の努力を怠らぬ。……思うに、君子といわれるほどの人は、謙虚に自分を反省したうえで他人《ひと》を批評するから、互いに軽視しあうという欠点からまぬがれることができ、公正な文学批評が可能なのである。

彼ら、当時の若き文学者たちが、いかなる思いをこめて詩文に心血をそそいだか——たぶん、『典論』のなかのつぎの言葉に、それは尽くされているだろう。本書の「序」でも引いた個所である。

思うに、文章をつくるということは、国を治めるにも等しい大事業であり、永遠に朽ちることのない営みである。人の寿命には終わりがあり、名誉も楽しみも、その肉体とともに消え去る。寿命と栄楽の消滅は避けられぬ運命であり、文章のもつ無限の生命には及ぶべくもない。それゆえに、その昔から個性に生きる人びとは、文章におのれの全存在をかけて自己を表現してきた。彼らは一流の史家の評価にたよらず、時流の勢いに乗ることもしなかった。名声は、おのずと後の世に伝えられたのである。

建安の詩人たちのなかに陳琳《ちんりん》がいた。彼ははじめ袁紹のためにはげしい曹操弾劾の檄を書いたが、官渡の決戦のあと曹操のもとにやってきて、その才をみとめられた男である。無節操だという批判は当時からあった。しかし彼はいわばプロの文章家ともいうべきで、与えられた目的にそってみごとな文章表現をすることに徹した。そんな陳琳の、対話形式の詩をかかげておこう。自身、死線をさまよう戦場をくぐりぬけてきた詩人たちは、彼らの心優しき〝風骨〟を、てらいなく言葉にたくしたのだ。

長城のふもとで湧き水を馬に飲ませた。

水は、馬の骨も氷らせるほど冷たかった。

ふと見れば、役人に訴えている者がいる。

「どうか、太原《たいげん》から来ている兵士を帰して下さい」

「お上《かみ》には、お上の日程がある。気をいれて築城に励むのだ」

「わたしらも男、戦《いくさ》で死ぬのが望みです。長城を築いて朽ちはてるなど――」

山間に消えては現われる長城は、うねうねと果てしなく三千里もつづく。

多くの青年が遠い辺地に駆り出され、内地では、夫の帰りを待つ、その妻たち。

夫が手紙で妻にいう。
「すぐにも、わが家を去って他に嫁《とつ》ぎ、
新しい舅姑《ちちはは》に仕えなさい。
時々、思いだしてくれれば、それでよい——」
辺地に届いた返書には、
「なんとつれない、あなたのお言葉……」
「この身が災難に遭《あ》っているのに、
他家の娘を留《とど》めておくことができようか。
いつの日か、男が生まれたら間引くがよい。
女なら大切に育てなさい。
知っているか？
この長城のふもとは、
重なりあった男の骸骨でいっぱいだ！」
「お嫁にきてからの契《ちぎ》りも浅く、
わたしは、もっともっとあなたを知りたい。
辺境で苦しいお仕事をなさっている、あなた。
どうして、わたしひとり、
勝手なことができましょう！」

第八章　つくられた「逆臣論」

曹操像をゆがめた者

処刑された孔融《こうゆう》との確執を脚色された曹操は、本当に漢皇帝位の簒奪者だったのか。史書の詳細な分析から、その謎を解く。

1　曹操に殺された者たち

ここで、曹操晩年の十年間を年譜風に見ておきたい。自分の死後を視野に入れ、内政・外政において曹操がどのような手を打っていったかが、如実にわかるはずである。

建安十三年（二〇八年）六月、丞相《じょうしょう》となる。七月、荊州の劉表征討に軍を発す。八月、風俗壊乱の罪で孔融を殺す。十二月、赤壁の戦いに利あらず、軍を引きあげる。

建安十四年夏、淮南《わいなん》に屯田を開く。

建安十五年冬、鄴に銅雀台《どうじゃくだい》を築く。献帝より四県三万戸を賜《たまわ》るが、三県二万戸を返上する。

建安十六年、この年、三曹（操、丕、植）を中心とする建安の青年詩人たちは、しばしば銅雀台に集まって文学を論じ、詩賦をつくる。曹操、曹植の才を愛す。阮瑀に「孫権に与うる書」を書かせる。

建安十七年正月、献帝は「拝謁のさい名を呼びつけにされない、朝廷内で臣下の歩き方（小走り）をしなくてよい、帯剣したまま履《くつ》をぬがずに昇殿してよい」という特権を、曹操にあたえた。十月、孫権討伐に南征。荀彧《じゅんいく》、病死。

建安十八年正月、濡須口《じゅしゅこう》に到り呉軍を破る。五月、献帝は冀《き》州の河東、魏、中山など十郡を与えて曹操を魏公にとりたてた。魏郡だけを受ける。七月、魏の社稷《しゃしょく》（土地神、五穀神を祭る）と宗廟（祖先を祭る）をたてた。献帝、曹操の娘三人を皇后につぐ貴人として後宮に入れた。

建安十九年三月、献帝は魏公の位を諸侯王よりも上位においた。七月、孫権を攻める。十一月、献帝の伏《ふく》皇后を曹操謀殺未遂で逮捕、獄死させる。十二月、献帝は曹操に旄頭《ぼうとう》（天子の旗につける牛の尾）を用いさせ、魏の宮殿に鐘とその台座を作らせた。

建安二十年正月、献帝は曹操の二女を皇后とした。三月、漢中の張魯《ちょうろ》討伐の軍を発す。十一月、張魯、降る。

建安二十一年五月、献帝は曹操を魏王に昇進させた。六月、失言のあった崔琰《さいえん》に死を命ず。この年、息子の曹彰《しょう》、曹袞《こん》、曹彪《ひょう》を、それぞれ侯に封じた。

建安二十二年三月、孫権、降伏を申し出、曹操、修好を許す。四月、献帝は曹操に、天子の旗を用い、朝廷への出入りも天子同様に先ばらいを行なわせるように命じた。十月、献帝は曹操に、皇帝と同様の冠をかむり、六頭立て馬車の使用を許した。曹丕を太子に立て、規則に違犯した曹植の妻に死を命じた。

建安二十三年六月、「終令」発布。九月、長安に到る。この年、数度、漢中の劉備を攻める。

建安二十四年正月、夏侯淵《かこうえん》、陽平で劉備と闘い、戦死。三月、曹操、陽平を攻めるも落とせず、五月、長安にひきあげる。八月、劉備、漢中王を称する。秋、曹操、教唆《きょうさ》の罪で楊脩《ようしゅう》を殺す。十月、洛陽に帰還。十二月、孫権を荊州の牧に任じる。

建安二十五年正月、孫権、関羽を降し、その首を届けてくる。曹操、「遺令」を残し、洛陽で病没する。享年六十六歳。

曹操の晩年をながめていて、すぐ気づくことが三つある。

一、孔融、伏皇后、崔琰、曹植の妻、楊脩など、周辺の人物がつぎつぎと死に追いやられている。荀彧もその被害者の一人だ、という説もある。

二、魏公にとりたてられて以後、曹操は急速に天子の地位に近づいてゆく。

三、孫権への攻撃をくりかえして帰順させる一方、劉備攻撃の手をゆるめない。

この三点は、いずれも相互に関連しつつ、曹操の業績や人物を評価するさいに重要な意味をもっている。事実、これらをどう解釈するかによって、後漢末三国以来、曹操評価は両極端に分かれているのである。すなわち、曹操は漢の遺臣なのか、逆臣なのか。言いかえれば、曹操は漢の皇帝位の簒奪者か、否《いな》か、という議論である。ことを急がず、まず孔融の件から見てゆこう。

2　〝道理を乱した〟孔融の場合

「孤《こ》、文挙《ぶんきょ》とすでに旧好《きゅうこう》あらず」（わたしは孔融《こうゆう》と親しかったわけではない）と、曹操は孔融あて書簡に書いているが、二人の実際の出会いは献帝の許遷都（一九六年）にまでさかのぼる。孔子の二十代目の子孫にあたる孔融は、幼いころから利発で評判だった。長じて大将軍何進《かしん》に引きたてられるが、董卓《とうたく》によって北海郡の相《ぐんちょう》に追い出され、黄巾賊との戦いで敗北をかさねる。さらに袁紹の子袁譚《たん》の攻撃をうけ、身ひとつで山東に脱出。その後、献帝が許都に落ちついたとき、朝廷の将作《しょうさく》大匠《だいしょう》（建設大臣）に任命されたのである。そのとき孔融は、曹操をたたえる歌を作っている。漢家の道は衰え、その機に乗じて董卓が乱をおこし、臣僚も民衆も恐れ悲しんでいる――

（董卓が殺されたあと）
郭汜《かくし》と李傕《りかく》、相《あい》あらそい、
長安に遷都させられた者たちの、
関東を望む、帰郷の念あわれ、
ただ曹公の到来を夢みるばかり。
ああ、洛陽から許への道のり、
曹公は国を憂えて私心なし……

しかしながら孔融には、さっぱりした性格ではあったが、伝統ある家柄、高い教養、大きな名声をかさにきて、他人をあなどる、鼻持ちならない傲岸不遜な一面があった。『魏書』「崔琰《さいえん》伝」注や『後漢書』「孔融伝」などを読んでみると、曹操と孔融のそりが合わなくなる発端は、建安元年（一九六年）、孔融が禰衡《でいこう》を献帝に推薦したさい、曹操が色よい返事をしなかったことにあるようである。奇矯《ききょう》を売り物にする禰衡は曹操の前ですっぱだかになり、うとんじられて荊州に送られたあげく、江夏《こうか》太守の怒りを買って殺された。それからというもの、孔融は曹操のなすこと、言うことに対して、ことごとく楯つき、からかい、嘲笑した。

最初は建安二年春のことである。袁紹の弟、袁術が南方で天子を僭称した。太尉の楊彪《ようひょう》は袁術の親戚だったが、かねて楊彪と折合いの悪かった曹操は、その機会に楊彪を捕えて殺そうとした。それを耳にした孔融は曹操のもとに馳せ参じ、天下の士人が閣下を支持しているのは聡明で仁智をそなえ、漢室を助けて臣下の規律を正されようとされるゆえ、なのに己れの思うままに無実の者を殺したとすれば……、お聞きとどけいただけぬなら明日この地を立ち去り、二度と参内《さんだい》せぬつもり、と啖呵《たんか》をきった。曹操は、楊彪を不問に付した。

以上は『魏書』「崔琰伝」注（『続漢書』）からの引用だが、曹操がいわば私怨で、権力を利用して楊彪を殺そうとしたのが事実なら、孔融の抗議はまことに正論である。だが、この話は、翌建安三年に袁紹が、日頃から仲の悪かった楊彪と孔融らを過失にかこつけて処刑するよう曹操にしむけた、という記述（『魏書』「武帝紀」注）と矛盾する。曹操は袁紹に、こう答えて断わっているのだ。

「今日、天下は土崩瓦壊し、英雄豪傑がいっせいに起ちあがり、大臣らは不安におちいって、いずれも己れが生きのびることしか考えていない。上も下も不信だらけの今は、まともに処遇したとて疑われる懸念すらあるのだ。もし人を除くようなことでもすれば、いつわが身にふりかかってくるかと、誰もが強い危機感に襲われる。……漢の高祖は雍歯《ようし》という仇敵を許したがため、人心を安定させえた。その先例を忘れてはなるまい」

この曹操の発言は、かつて部下が劉備殺害を進言したとき、劉備を殺すことで他の士人の信用を失ってはならぬと言った考えと通じている。いわんや、献帝を許に迎えて新体制を発足させたばかりの曹操が、安易に楊彪を殺そうとしたとは考えにくい。もっと複雑な事情がからんでいたと、想像されなくもないが。

『後漢書』「孔融伝」によると、孔融はこれ以後、前後四、五回にわたって曹操に楯つき、皮肉っている。建安九年（二〇四年）、曹操が袁紹の本拠地鄴《ぎょう》を攻め落とし、長男曹丕が袁熙《き》（袁紹の子）の妻甄《しん》氏を手に入れたとき。建安十二年、曹操が烏桓《うかん》征討に乗り出したとき。また飢饉と戦争がうち続いたため、曹操が禁酒令をだしたとき、などである。「孔融伝」から、曹操の禁酒令にたいする孔融の態度を見てみよう。編者の范曄《はんよう》は、大要つぎのように記述している。

ときに飢えと戦乱がうちつづき、曹操は上奏して酒の製造を禁止しようとした。孔融はしきりに書簡を送ってそれに反対し、その文面は相手を侮《あなど》り馬鹿にした言辞に満ちていた。すでにして曹操の起兵が欺瞞だったことが明らかになりつつあったので、孔融はしばしば我慢ならず、それゆえひねくれた言葉を吐いて曹操の気分を害した。

また孔融は「古《いにしえ》の王畿《おうき》（王城地域）の制に準じて、千里の間に諸侯を封じないよう」（曹一族の勢力拡大阻止）上奏したことがある。曹操は、孔融の言及の幅がしだいにひろがってくるのを警戒した。しかし孔融が著名人でもあることから表向きは容認し、内心、その正論を憎み、大業（天下制覇）の邪魔になるのをおそれた。山陽の郗慮《ちりょ》が曹操の意向をそれと察し、ささいな罪を上奏して孔融を免官に追いこんだ。このあとに、曹操の「わたしは孔融と親しかったわけではないし、郗慮に恩義があるわけでもない。ただ人がほめ合うことを願い、傷つけあうことを嫌う気持から、二人の仲をとりもとうというのだ」という孔融宛書簡が引用されている。

しかし曹操と孔融の関係がしっくりいくことは、ついになかった。翌建安十三年、曹操が丞相となったとき、御史大夫の郗慮は軍謀祭酒の路粋《ろすい》を使って孔融の放言を弾劾させ、ここにいたって曹操は孔融を獄につなぎ、市場で斬罪に処したあと、妻子もすべて死刑にしたのである。孔融は五十六歳だった。

3　歴史家の脚色による曹操像

さて、この孔融の態度と曹操の処置を、人はどう見るだろうか。実は、ここでもっとも注意しなければならないのは『後漢書』の作者、范曄の巧妙な文章なのである。『後漢書』が編述されたのは六朝《りくちょう》宋のころ（四〇〇年前半）で、当時存在した多くの後漢にかんする史書や『三国志』などが利用されているのだが、伝における人物像の叙述においては、歴史家がもっとも慎重でなければならない（范曄の）独断と偏見がたくみに挿入されているのである。とくに曹操に関する部分に、その感がつよい。

たとえば、さきに引用した禁酒令に関する部分の「すでにして曹操の起兵が欺瞞だったことが明らかになりつつあったので……」「内心、その正論を憎み、大業の邪魔になるのをおそれた」などは、范曄の、ひとつの曹操像をつくりあげてゆくための記述である。「起兵が欺瞞だった」理由も、「大業の邪魔になるのをおそれた」という証拠も、なにもそこには示されていない。そして范曄は、「孔融伝」をしめくくってこういうのである。

孔融の高潔な志と一本気な振る舞いは、人びとの正義感を奮いたたせ、梟雄《きょうゆう》の野心をさまたげる力があった。そのため、曹操は生きているうちに漢の天下を奪うことができず、息子の代にはじめて漢にとって代わったのである。厳しくまっすぐな気性をもつ者は、当たって砕ける生き方をとり、腰をかがめて生きのびるようなまねはしない。孔融こそは、純粋なこと白玉《はくぎょく》のごとく、峻烈なこと秋霜のごとき人物であった。

ここで、曹操が禁酒令を出したとき、それを嘲《あざけ》って曹操に送りつけた孔融の書簡の一節を見てみよう。

天に酒旗《しゅき》の星あり、地に酒泉《しゅせん》の郡（西域）あり、人には美酒の徳があります。かの堯《ぎょう》帝（伝説上の聖帝）でも、千杯の酒を口にしなかったら、聖人になることは難しかったでありましょう。ところで桀《けつ》や紂《ちゅう》（殷《いん》末の王）が女色におぼれて国を亡ぼしたのをご存知ありませぬか？　酒を禁じて、婚姻を禁止せぬとは、これまた異なこと……。

孔融の、曹操に楯つくやり方はほとんどがこれに類したものである。いわばためにする言い掛かりであり、そこには為政者曹操の心中を察するどころか、その立場への配慮など微塵もない。

孔融は曹操より二歳年長だった。名門意識が濃厚で大儒学者としても自信のあった孔融は、古典を引きあいに出して曹操に教えさとすおもむきすらある。自分の出自を誇る意識をうらがえせば、曹操の出自を軽蔑するということである。彼の口吻《こうふん》にはそれが感じられるし、そのエリート意識が政治世界での競争意識とからみあって、曹操へのシニカル（皮肉で冷笑的）な発言になっていったと思われる。そして、それを、漢室の位を奪おうとする逆臣曹操への抵抗者、それゆえに殺された忠臣孔融像へと脚色していったのが、『後漢書』の作者范曄だったのである。

曹操は孔融を処刑したあと「孔融の罪状を宣示《せんじ》する令」を発して、こう言っている。

孔融はすでにその罪に服したが、世人には彼の虚名をもてあそぶ者が多く、その事実を知ろうとする者は少ない。孔融の表面的なあでやかさ、好んで怪しげなことを行なってきたことなどにまどわされ、彼が風俗を乱していたことに気づかないのである。……孔融は天道にそむき、人倫をそこない、道理を乱した。屍を市《いち》にさらすのが遅すぎたくらいである。

記録上に残る、曹操に殺されたとされる人物については、その一人ひとりについて、新たな検証が必要なのではあるまいか。献帝の皇后伏《ふく》氏の逮捕と殺害については『魏書』「武帝紀」と注に記述があり、伏皇后が父に、献帝は以前、董承が処刑されたことで曹操を怨んでいる、と書き送ったのが原因とされているが、『三国志』『後漢書』などをもう一度じっくり読んだうえでなければ、それが曹操の帝位簒奪へ向けた一階梯だったと断ずるわけにはいかない。

かつて袁紹の部下だった崔琰《さいえん》は、曹操に信用されて中尉にまでのぼった。のち魏王になった曹操を誹謗したかどで投獄され、殺された。陳寿は「崔琰伝」で「彼の死は現在でも無実だったとされている」と記している。曹操の後継者として曹丕派と曹植派がしのぎをけずっていたとき、崔琰は断固として曹丕派に立ったが、曹植の妻は崔琰の兄の娘だった。その曹植の妻は崔琰の死の翌年、曹操が曹丕を太子に決めたその前後に、ぬいとりのある衣服を着て規則に違反した罪で、実家での死を命じられている。

曹植にもっとも肩いれしていた俊才・楊脩《ようしゅう》が殺されたのは、その二年後である。あと継ぎを曹丕と決めた以上、自分の死後に兄弟が争って魏国が分裂し、またもや漢王朝が累卵《るいらん》の危機にみまわれることのないよう、曹操は弟曹植の勢力をそいでいったのだろうか。ここにもまた、多くの究明されるべき問題が残っている。

ちなみに曹操に殺された者はほかにも、同じ譙出身だった名医の華佗《かだ》や、袁紹のもとから逃亡してきた許攸《きょゆう》、劉表とわかれて曹操の参謀となった婁圭《ろうけい》などがいるが、彼らの罪については、後世とりざたされることは少ないようである。

4　周公の立場に立ったとき

自分の政治理念を実践するにおいて、曹操がいつも鑑《かがみ》としていたのは周の武王の弟、周公だった。すでに何度かふれたように、この人物は曹操の楽府《がふ》や文章のなかにしばしば引用されている。司馬遷の『史記』によれば、周公は即位した兄の武王をつねに輔佐し、万事に力をつくした有徳の人だった。

殷を滅ぼして二年、天下がまだ安定しないうちに武王が病《やまい》にかかった。周公はひそかに自分をお供えの犠牲にささげて武王の病の吉凶を占わせたところ、「吉」とでた。周公は祭文を金の箱に封じこめ、番人に他言しないよう言いつけた。その後、武王が死に、その子の成王はまだ生まれたばかりだったので、周公が摂政の位について国事が乱れるのを防いだ。

「周公は、成王の不利になるようなことをたくらんでいる」

と、国中に言いふらすものがあった。周公は太公望呂尚《たいこうぼうりょしょう》らに言った。

「誤解されるのを意に介さずに、わたしが摂政の任にあたっているのは、そうしなければ天下が周にそむき、創業者たちに顔むけできなくなるからだ。ようやく王業が安定してきたときに武王が死に、成王はまだ幼い。いまは周室の土台を築く大事なときである。だからわたしは、あえて摂政に任じているのだ」

周公は封地の魯《ろ》に、子の伯禽《はくきん》を代理として行かせた。そのとき、伯禽にこう誡《いまし》めた。

「わしは文王の子で武王の弟だ。天下においてはずかしい家柄ではない。にもかかわらず、君子が訪ねてくれば一度髪を洗うあいだに三たび髪をにぎったままで出迎え、一度の食事中に三たび口中の食べ物を吐きだして席を立つ。それでもなお、天下の有才の士を失いはしないかと心配である。魯に行ったら、国君だからといって驕《おご》りたかぶることのないように」

成王が成長して自分で政治をとりしきれるようになると、周公は政権を還《かえ》し、自分は臣下の位置に身をおいた。

周公の死後、成王は金の箱を開いて、周公が武王の身替りになって占った祭文を発見し、手にとって涙をながした。

曹操が周公を理想の政治家とたたえ、のみならず自身を周公に擬《ぎ》していた理由は、改めていうまでもないだろう。その彼が、すでに三十数歳になっていた献帝に政権のすべてを返還しなかったのは、なぜか。「自らの本志を明らかにする令」で見たとおりである。いま、もし軍を手放して封国に帰任したりすれば、たちまち蜂の巣をつついたような混乱がおとずれ、漢室はふたたび危機に見舞われるに違いないからである。「空虚な聖人君子の名声にあこがれて現実の災禍をまねくなど、わたしにはとうていできぬ」のだ。

本章第一節で少しふれたように、晩年の曹操で目立つのは異常ともいえる昇進である。いずれも漢王朝へのとびぬけた貢献に対する、献帝の下賜《かし》という形をとってはいるが、実権のない献帝に曹操側からの圧力があったことは充分考えられる。しかし問題は、それが曹操の自発的な意志によるものであったかどうか、である。「武帝紀」注によれば、献帝が魏公に封じようとしたとき、曹操は三度にわたって辞退した。周公や漢の張耳《ちょうじ》ら八人の王（高祖劉邦とともに、平民から起ちあがって漢をうちたてた）にくらべ、自分の功績などは取るに足らぬ、というのである。

それにたいして、荀攸《じゅんゆう》をはじめとする群臣（「武帝紀」注には三十人の名があがっている）は、こぞって受諾をすすめた。殿《との》の功績は周公や漢の八王より偉大であり、殿と共に今日まで艱難《かんなん》を乗りきってきた列侯・諸将も恩賞を期待している、天子のご好意にさからって殿おひとりが恩賞を辞退されると、下にいる者たちに大きな不安を与えることになりましょう、と。

曹操は魏郡だけを受領して、魏公となった。かくして北方中国に魏国が成立した。これを当時の儀礼にしたがった、あるいは老獪な曹操のジェスチャーと見るのは容易である。しかし、はたして曹操の心中はそれほど単純なものだったろうか。そうと思えない理由が、二つある。
いかに権力があるとはいえ、曹操ほどの立場に立つものが受ける群臣からの圧力には、余人にはうかがい知れぬものがあるに違いない。かれは群臣の意見にしたがい魏公をうけ、その三年後には魏王もうける。だが最後の、皇帝の位を禅譲されるべきだという意見にたいしては、曹操は明確に否定した。それが一つ。もう一つは、献帝から増封をうけ、魏公、魏王の地位をうけるたびに、曹操はそれにたいして上書しており、その内容からすれば、彼はけっして、おのれ一代のうちに最高権力を手にしようとする類《たぐい》の政治家ではない、ということである。魏公となったとき、献帝にさし出した受諾書の最後の部分を引用しよう。

臣、伏してみずからを省察してみますに、官位は大臣に列し、王室の制約のもとに命をうけ、身はすでに己れのものでない以上、どうして臣個人の意志で勝手なことができましょう。もし御意《ぎょい》にさからって思いをつらぬけば、罷免されて一介の平民に戻ることもありえましょう。

いま封国を奉じて諸侯の数に列しますのは、後代への深慮遠謀からではありません。父子あいともに、身命果てるまで尽力し、御厚恩にお応《こた》えする所存であります。御稜威《みいつ》のお側近く、恐懼して詔を拝受いたします。

形式化した上書文のなかでも、曹操は「罷免されて一介の平民に戻ることもありえましょう」と、自己を見すえることばを忘れない。御意にさからう、ということの意味を、曹操はいま身にしみて感じる。漢帝国最強の魏国、その支配者集団における最高権力者である彼にとっては、むしろ自分を取りまく幕臣たちにいかに対処するかが、重要な課題になっていた。権力者とそれに仕える者は、時代における同じ知的エリートであっても、異なった生涯を歩む。その一例を孔融でみたが、いまひとり、曹操の後漢末制覇はこの謀臣の戦略構想と叱咤《しった》なしには不可能だった、といわれる荀彧《じゅんいく》について語らねばならない。

5　荀彧、その死の謎

荀彧はすぐれた容姿と才能により、若くして袁紹に迎えられたが、袁紹が大業をなす器《うつわ》でないのを見抜いて曹操のもとに走ってきた男である。ときに曹操三十七歳、荀彧は二十九歳だった。それ以来、荀彧の〝王佐の才〟（王を補佐し、盛りたてる才能）は、官渡の決戦をはじめ死地におちいった曹操を幾度となく救いだした。曹操が献帝を擁する許都を留守にして、北へ南へ、西へ東へと軍をひきいて雄飛できたのは、ひとえに信頼する荀彧らが根拠地を守りつづけてきたからである。

曹操はだれよりも荀彧を評価した。献帝に上奏してかれを列侯に推薦し、荀彧は万歳侯となった。のち曹操は、さらにかれの増封を願いでている。また荀彧の長男に娘（のちの安陽公主）を嫁がせた。以上のような事実からすれば、いわば曹操と荀彧の強い信頼関係が核となって、献帝を擁して以後の漢の復興が実現されてきたといっても間違いではないだろう。だが『魏志』「荀彧伝」によれば、曹操が魏公になるについて、二人に齟齬《そご》が生じたという。

建安十七年（二一二年）、軍事顧問官の董昭《とうしょう》は、曹公《との》の爵位を魏公に進めるよう朝廷に上奏し、その勲功を顕彰してさしあげようと思い、このことをひそかに荀彧に相談した。荀彧はこう答えた。

「曹公《との》はもともと義兵を起こされて朝廷をお救いし、国家を安泰にみちびかれた。だからこそ今まで、天子への忠誠を守り、謙譲の礼をとられてきたのだ。貴公が曹公に親愛の情を示されるのなら、徳をもってすべきで、爵位などお勧めすべきではない」

曹操はこのことがあってから、心中おだやかでなくなった。たまたま孫権征討軍がおこり、曹操は荀彧を軍の慰労のため譙におもむかせるよう上奏した。荀彧は近侍武官、近衛大臣の身で軍中にあって、曹操の軍事に参画した。曹操軍が濡須にいたったとき、荀彧は病気にかかって寿春《じゅしゅん》にとどまり、そのまま憂悶のうちに死んだ。享年五十歳。明くる年、曹操はついに魏公となった。

以上が「荀彧伝」の記述である。

荀彧は、漢王朝の遺臣をもってみずから任じていた。それだからこそ、周公を理想とする曹操を支持し、彼にすべてをかけてきたのである。ところがここにきて、董昭が曹操を魏公におしあげようという……。漢の皇帝、献帝の実態からすれば董昭の主人にたいする思いにも無理からぬものがある。また、董昭への荀彧の言葉も自然である。では、魏公を勧められた曹操の心境はどうだったのか。先に見たとおりである。むしろ荀彧の発言に重なるものと言ってよく、二人の漢王朝に対する思いが、それほどかけ離れていたとは思えない。しかしながら曹操はつねに、それぞれの忠誠と思惑を秘めた居ならぶ群臣の視線にさらされていた。おのずと表にあらわれてくる心中の思いは、荀彧のそれとは異なってくる。

「荀彧伝」の「曹操は……心中おだやかでなくなった」から「……憂悶のうちに死んだ」までの記述を読むと、荀彧は曹操によって悶死に追いこまれたようにとれる。筆者の陳寿は、そのことに疑いをもっていないかのようだ。また『後漢書』には『魏氏春秋』の説をとって、荀彧は毒薬を飲んで自殺した、と書いている。

だが、はたして実際はどうだったのだろうか。董昭の相談→荀彧の発言→孫権征討→荀彧の派遣→荀彧の病死という流れが、その一年後に曹操が魏公となった事実から逆に、荀彧の反対→曹操の荀彧抹殺というストーリーに仕立てられたふしが強いのである。

荀彧が、曹操の現実におかれている立場と心中を理解できなかったはずはない。さきの董昭への発言には、その心情が非常によくあらわれているように思われる。また董昭らとともに曹操の魏公就任を強く主張した者に荀攸《ゆう》がいたが、かれは荀彧の六歳年長の従子《おい》で、二人はつねに曹操の謀臣として力を合わせてきたなかだった。荀彧が、曹操に追いつめられるほど魏公推薦に反対したと思えないし、またたとえその思いがあったとしても、それは曹操にも理解できるもので、董卓や袁紹ならいざしらず、曹操がそのことで簡単に荀彧を殺そうとしたとは、考えにくいことである。ちなみに「文帝紀」には、荀彧が献帝の使者として孫権討征軍をねぎらったとき、曹丕（のちの文帝）と狩猟や弓術について楽しく語りあった回想が記されており、また弟の曹植は荀彧の死を悼《いた》んだ誄《るい》（生前の功徳をたたえる詞《ことば》）にこうのべている。

氷のように清く、玉《ぎょく》のように潔白なかただった。威厳にみちていたが威張らず、なごやかだったが礼を欠かれなかった。ああ臣僚たちは嘆き悲しみ、天子も頬を濡らされ、機織《はたお》り娘は杼《ひ》を投げだし、農夫は鍬を打ち捨てた。車輪はきしむばかりで巡《めぐ》らず、馬は悲しく嘶《いなな》いて進まない。

曹操は英知をあつめて理想の政治を行なおうとする政治家であり、独裁者ではなかった。彼には周公になりたいという、時空を超えた願望があった。曹操が魏公をうけたとき、さらに魏王となったとき、かれの心中は荀彧への憂悶の情にみたされていたであろう。しかしその憂いは、群臣の巨大な圧力に抗して魏の皇帝を拒否したとき、すっきりと晴れるに違いない。

第九章　献帝の詔勅と曹操の死　貫いた遺臣の立場

後漢末乱世を生きぬいてきた数多くの群臣たちは、新王朝の出現を望む。だが、曹操は断固として拒否した。

1　何をそんなに悲しがる……

曹操は中年のころから（献帝を許都にむかえて以後だが）、偏頭痛《へんずつう》のような病におかされるようになった。家族や臣下にあたえた「内誡令《ないかいれい》」に「私には逆気病《ぎゃくきびょう》があり、いつも水を用意して頭をつけた。銅器に長いこと水を入れておくと臭気《しゅうき》（オゾン）が発生するのだ。以前は銀製の小さな器《うつわ》を使っていたが、人は私が銀の物を好むと誤解するので、いまは木製の盥《たらい》にした」と述べている。逆気病とは癇性の一種らしく、気が逆上して顔面が紅潮し、頭痛がおこる。『後漢書』「華佗《かだ》伝」には、頭痛に悩まされる曹操が針を打ってもらう記述がある。

評判をきくと曹操は華佗を召しだし、いつも左右においた。積年、頭がしびれ、めまいのする病に苦しんでいたが、華佗が針を打つと、すっきりと痛みがとれた。

あとで引用する「遺令《いれい》（遺書）」にも「私には頭痛病があり、以前から幘《しゃく》（頭巾）を着けていた」とあるように、曹操は長いあいだかなりひどい頭痛に苦しんだ。それだけに、何かことがうまくゆかないときには激することもあったろうし、またそれを押さえようとして酒を飲み、そこに鴆毒《ちんどく》をたらして痛みをやわらげようともしたようである。神や仏を信じない曹操が、死を意識する年齢になったとき、さまざまな養生《ようじょう》の術をためして〝仙界〟に遊ぼうとしたのも、襲いくる頭痛がひとつの要因だったのではないだろうか。

魏王となったのは曹操六十二歳のときである。その前年、建安二十年(二一五年)の夏、西方の関中《かんちゅう》で一種の共同体的組織(五斗米道教団)をつくっていた張魯《ちょうろ》を征討すべく、軍をひきいて大散関《だいさんかん》(陝西《せんせいしょう》省宝鶏《ほうけい》市の西南)を越えたが、曹操はそのとき「秋胡行《しゅうここう》」という楽府《がふ》をつくっている。その二首目は、こう歌われている。

泰華山《たいかざん》に登って神仙と遊べるなら、
泰華山に登って神仙と遊べるなら、
崑崙《こんろん》の仙境を経て蓬萊山《ほうらいさん》にいたり、
共に辺《あた》りをくまなく巡《めぐ》りたい。
不死の秘薬が手に入れば、
限りなく長生きできように。
　　心を歌に託すなら、
　　泰華の山に登りたい！
かくも悠久な天地！　須臾《しゅゆ》の人生。
かくも悠久な天地！　須臾の人生。

老子《ろうし》は長生《ちょうせい》して歳とらず、
赤松《せきしょう》、王喬《おうきょう》は登仙《とうせん》したというが、
真に道を得て仙人となり、
寿命を延ばしたという話を聞かぬ。
　心を歌に託すなら、
　かくも天地は悠久なり！

日月《じつげつ》、燦爛《さんらん》として四方《よも》を照らす。
日月、燦爛として四方を照らす。
天地に生まれた万物のうちで、
人より貴重なものがあるだろうか？
天下はあまねく君主・百姓《ひゃくせい》のもの、
仁義を職分として礼楽《れいがく》を守る。
　心を歌に託すなら、
　燦爛とした日月の光よ！

四季めぐり、昼夜移って一年となり、
四季めぐり、昼夜移って一年となり、

聖人の予見には天も背かない。
老いてゆくのは仕方がないが、
いまだ治まらぬこの世が気にかかる。
生まれるも死ぬも自然の流れ、
いくら考えても詮方《せんかた》なし。
　心を歌に託すなら、
　春夏秋冬、めぐりゆく。

何をそんなに悲しがる！　心のままに楽しもう。
何をそんなに悲しがる！　心のままに楽しもう。
光り輝いた知恵はもう返らぬ、
誰のために時を惜しんで頑張るのか？
とはいえ、放蕩《ほうとう》無頼《ぶらい》に生きたとて、
それもまた虚《むな》しさをつのらせる。
　心を歌に託すなら、
　何をそんなに悲しがる！

十一月に張魯は帰順してくるが、この征西がそれほど楽だったわけではない。しかしこの詩からは、戦さに向かう途中の緊張感というようなものは感じられない。そこにあるのは、後漢末の大自然と動乱の渦中から体験的に得た、虚無的宇宙観とでも名づけたい心境である。そこからくる「心のままに楽しもう」という感情である。曹操自身はすでにほとんど、人間同士の戦さというものに熱意も、興味も失いつつあったに違いない。ただ、わずかでもあったとすれば、「いまだ治まらぬこの世が気にかかる」という部分である。

献帝を皇帝とあおぐ漢王朝は、他人がいかなる誹謗《ひぼう》中傷をくわえようと、厳《げん》として存在する。しかしそれは、磐石《ばんじゃく》というにはほど遠い。光武帝時代のように栄光の漢王朝を中興するまでには、現状を維持し、さらに強力にしてゆく体制と、人物と、時が必要である。そのとき自分はこの世にいない。何も悲しむことではないが、いま「心のままに楽しみ」ながらできることは何か。

2　皇帝の地位を拒否する

曹操には、自分の死後に気がかりなことが二つあった。一つは、あとを継いだ魏王曹丕《そうひ》を柱とする魏国が、いずれ漢王室が力を回復してくるまで天子をささえつつ、一致団結して漢朝の復興に尽くしてほしいということであり、もう一つは蜀の劉備が力を得てきていることである。

なかでも曹操がおそれたのは、曹丕・曹植《そうしょく》兄弟の主権闘争によって生じる魏国の分裂であった。自分の眼の黒いうちに、その芽を摘んでおかねばならぬ。すでに曹丕を太子と決めた以上、曹植とその一派の台頭は許されない。曹植のもっとも強力なブレーンは誰か――袁術の甥の楊脩《ようしゅう》である。

曹操は一計を案じた。門衛官にはひそかに、門外に出してはならぬと命じておいて、曹丕と曹植に「鄴城の一門を出てみよ」と命じた。曹丕は門衛宮の制止をうけると、そのまま引きかえしてきた。ところが曹植のほうは、楊脩が入れ知恵をしていた。

「もし門衛官が通さない場合は、王命だと言って斬り捨てられますよう」

曹植は、その通りにした。かくして、楊脩は教唆の罪をうけて処刑されたのである。

いっぽう成都の劉璋《りゅうしょう》を攻撃して蜀の地を乗っ取った劉備と諸葛亮は、荊州の領有権をめぐって孫権と争っていたが、その隙をついて北部の漢中に進攻してきた曹操軍に神経をとがらせた。ただちに孫権と講和をむすび、漢中攻略にとりかかる。

建安二十三年（二一八年）、曹操は数度にわたって劉備攻撃に出陣した。しかし、はかばかしい戦果は得られない。六月、曹操は「終令《しゅうれい》」を発布している。自分の墓葬についての手配である。死の一年半前にあたるが、かれはすでに遠からぬ死を予期していた。

古代の墓葬は、かならず地味のやせた土地に行なった。いま西門豹《せいもんひょう》の祠《ほこら》の西にある高地に寿陵《じゅりょう》（王が生前につくっておく陵）を造るにあたっては、高地をそのまま利用して、盛《も》り土も植樹も不要である。『周礼』には墓守りが国の墓地を管理し、諸侯は王の左右の前部に、卿・大夫はその後部に葬むるとあり、漢朝もそれにならって陪陵《ばいりょう》と呼んだ。すなわち、わが公卿・大臣・将軍の功績ある者は死後、寿陵に陪葬すべし。よって、それらが受けいれられるよう、墓域を拡大せよ。

西門豹は戦国時代の魏の人で無神論者。鄴の県令となり、水利をおこした人物である。翌建安二十四年七月、曹操は卞《べん》夫人を王后にとりたてた。

その年の十月になると、曹操は劉備の勇将関羽を呉の孫権とはさみ討ちにすべく、南進して摩陂《まひ》にいたった。このとき孫権が上奏文をたてまつってきて、みずからを臣と呼ぶ一方、天命によって漢から魏へ皇帝の位を移すときがきている、と説いた。

「こわっぱめ、俺を爐の火のうえに座らせるつもりか……」

こう、曹操はつぶやいたという。だが孫権の上書が、曹操を魏の皇帝におしあげようとする、ほかならぬ彼の家臣団の差し金によるものであることはすぐ判明する。侍中の陳群《ちんぐん》と尚書《しょうしょ》の桓階《かんかい》が上奏して言う。

「安帝（後漢第六代皇帝）より以来、政治は漢の王室から離れさり、皇統はたびたび断絶いたしました。今日にいたりましては、ただ称号が存するだけで、一尺の領土、一人の人民も漢のものではありません。漢王朝の命運は、すでに久しい以前に尽きております。

殿には、時運にこたえられ、天下の十分の九までを保有しながら漢に服従し、仕えておられますが、民草《たみくさ》は殿に希望をつなぎ、すべての者が、殿が帝位につかれないのを怨み嘆いております。遠方にありながらも、孫権がわざわざ臣と称してきたのは、まさに天と人が感応して同時に同じ声をあげたのであります」

譙軍団以来の戦友であり、一族の、いまは伏波将軍・高安侯となっていた従弟《いとこ》の夏侯惇《かこうとん》が、曹操に進言した。

「漢の時代が終わりをつげ、別の時代が始まろうとしている――これは天下に知らぬ者のない事実です。古《いにしえ》よりこのかた、民衆のために害をとりのぞいて民心を集めた人物こそ、かれらの主《あるじ》にほかなりません。殿はこの三十余年間、戦さに明け暮れ、その徳は庶民にいたるまで十分あきらかで、天下の人士の帰服するところであります。天意にこたえ、民の心に従うのに、いったい何をためらわれるのでございましょう」

――来るときが来た。そう思う曹操の脳裡を、憂悶のうちに世を去った荀彧《じゅんいく》の面影がよぎったに違いない。

曹操は、彼らに答えた。

「直接に手を下すだけが政治ではない。自分の生き方を示すこと、これも政治なのだ。かりに天命が私にあるにしても、私は周の文王になろう」

周の文王とは、周公の父である。実質的に周王朝の基礎をかため、その勢力は殷王朝より大きくなったが、しかし本人はあくまで殷に仕えて王位を奪うことはなかった。文王の死後、殷の暴君紂《ちゅう》王を殺して覇者となったのは長男の武王である。その弟周公については、すでに触れたとおりである。

漢に替わって魏の皇帝になっていただきたい、という群臣の強い要望を、独りの曹操は断乎としてはねつけた。魏公、魏王と臣下の勧めにしたがってきたが、そこまでが己れがゆずれるぎりぎりのところである。政治において「自分の生き方を示す」曹操には、いかなる事態であろうと、曹家の始祖曹参たちによって打ちたてられ、祖父曹騰いらい三代にわたって皇恩をうけている漢室の皇位をうけるわけにはいかない。後漢末動乱という時運のはざまに揺れながら、紆余曲折のはてに、まがりなりにも今日の安定をみた。権力のみを夢みる豪雄らと、身命を賭して闘いぬいてきたのはなにゆえか。己れが、まぎれもない漢王朝の遺臣だからである。

だが、自分にできるのはここまでである。魏国の後継者もすでにいる。曹操が「私は周の文王になろう」と言ったのには、意味があった。現実の自分がうけている、数多《あまた》の群臣が夢みる漢から魏への政権移譲の巨大な圧力を、曹丕が拒否しうるだろうか。無理に違いない。己れが生まれ、育ち、生きぬいてきた漢の文化は、すでに根底から変化しつつあり、その先鋒が新時代の自由な息吹きを率直にうたいあげた建安の文学ではないか。その若い世代を中心とした群臣たちが、漢から魏への王朝交替をのぞんでいるのだ。あとはまた、彼ら自身の生き方による時代が始まるのであろう。

3　詔勅に表われた献帝の思い

「曹操は漢王室を簒奪《さんだつ》した逆臣である」あるいは「本質的には逆臣だが、あくまでも忠君勤王の名分をたてる。これが策略家としての曹操一流のパフォーマンスだった」というような見方がある。さらには専門的な立場からの、次のような記述もある。

曹操が天下の信望を繋《つな》いだのは漢室を奉戴する名義によってである。しかも王畿中枢の地をその統治の範囲とするのはもとより明白に漢室を孤危の位置に置くものである。のみならず異姓（注・劉姓に対する曹姓）を封侯することすら厳格にいえば漢の憲法でないのであるから、いま操が魏公の位につくことは、これ漢制を更新するものである。ゆえにもし漢室を中心として考うる立場においては、上の二つの事実は曹操の不臣の跡を表明したものであることは疑《うたがい》ない。しかもその簒奪の行為がきわめて美しき言辞と壮麗な儀式とにより潤飾せられて居るのは、魏志（注・陳寿『魏書』のこと）によって知られ、かつ曹操は一度は辞譲の形式をとり、のちには大官一致の勧進《かんじんや》止み難《がた》き様《さま》を示したのが裴松之《はいしょうし》注引くところの魏書および魏略に詳《つまび》らかである。のち（建安）二十一年、曹操さらに魏王となった。もとより予定の行動であろうから、陳寿が魏志において献帝の詔をのせて居ないのは当然である。帝王の位、あい去ることわずかに一級、それでも曹操はなお簒奪の汚名を逃れてその世を終ったわけである。

（岡崎文夫『魏晋南北朝通史』）

いずれも、曹操の詩文に謙虚に向きあったとは思えない、陳寿の『三国志』を後世の〝曹操逆臣論〟の呪縛《じゅばく》から解きはなされて読んだことがないと思われる、皮相な言《げん》である。曹操の立場や群なす臣僚たちの欲望、現実の政治行政的機能のはたらきなどに思いいたらぬ論者たちの、短見である。すでに少なからぬ曹操の詩文に接してきた読者には、魏王の心中はお解りであろう。ここで、改めて曹操の想いにふれるまえに、当の「漢室を中心として考うる立場」にある、献帝の発言を見ておこう。

『後漢書』「孝献帝紀《こうけんていき》」を読んでゆくと、この漢のラスト・エンペラーの、わずか九歳にして董卓に帝位につけられて以来の、波瀾にとんだ人生が胸をうつ。いま〝波瀾にとんだ〟と書いたが、しかしそれは五十四年の生涯の前三分の一、すなわち董卓死後の洛陽を脱出して曹操に迎えられるまでだと言っていい。それ以後は、いわば曹操軍団の庇護のもとに、漢王朝の凋落を目のあたりにしつつ皇帝としての日々を過ごしたのである。

献帝は十六歳から四十歳までの二十五年間、曹操にとっての皇帝であったわけだが、彼がどのような人物だったかを示す資料は少ない。『魏書』「董卓伝」に引かれた『献帝起居注』の「陳留王協《きょう》（献帝のこと）は聖徳ひいで、行ないは規範にかない、豊かなあごにせまい額、その顔は聖人堯《ぎょう》を思わせる。……幼くして賢明な資質は、周の成王のそれである」という記述が目につくくらいである。

曹操との関連でいえば、建安五年春の、献帝の〝密詔〟（『後漢書』）をうけた董承らの曹操暗殺計画事件、同十九年冬の伏皇后事件などがあげられるが、いずれも献帝がどの程度かかわっていたのかは不明であり、「献帝紀」の年譜などから推測するに、献帝が激しい気性をもった行動型の人物だったとは思えない。むしろ思慮深く、おだやかな、時流にさからわない性格だったのではないだろうか。

以下に、曹操を魏公に任命したときの辞令書（建安十七年、二一二年）と、魏王に昇進させたときの詔勅《しょうちょく》（建安二十一年、二一六年）のさわりをかかげる。……は省略、カッコ内は引用者による注、もしくは概略である。

【献帝の魏公任命書】

朕《ちん》は不徳のために、幼くして悲しむべき不幸に遭遇し……宗廟は祭られず、社稷《しゃしょく》は本来の地位を失った。……（私の悲しい嘆《なげ》きが）天の真情をさそい出し、丞相（曹操）を生み育《はぐく》んで、わが皇家を保全し、ひろく艱難《かんなん》から救済してくれた。朕は実に、それを頼りとしている。……（董卓の乱以来の曹操の功績を列挙し、それが周公以上だと述べたあと）朕は、先王たちは徳のある人物に土地を授け、人民を分けあたえ、より高い恩寵の印を付与し、礼物を用意して、王室を護り、その時代を輔佐させた、と聞いている。

……朕はたいした人間でもないのに多くの民の上に位置し、その責務の重大さを考えれば淵に張った氷の上を歩くような思いであり、もし君の助けがなければ、朕は責任を果し得ぬであろう。今、冀州の……十郡をもって君を魏公にとりたてる。君に白い茅《ちがや》にくるんだ玄土《げんど》（黒い土）を与えるゆえ、亀甲で占い、社稷を祭る社《やしろ》を建てよ。……

この任命書は献帝三十三歳のときにくだされており、文章を作ったのは後漢の尚書左丞《しょうしょさじょう》、潘勗《はんきょく》である。

【献帝の魏王任命の詔勅】

君の勤《つと》めは后稷《こうしょく》（周王朝の始祖）・禹《う》（夏《か》王朝の開祖）よりも立派で、忠義は伊尹《いいん》（湯王を助けて殷の開国に大功があった）・周公に等しい。にもかかわらず謙譲して、いよいよ恭倹の態度をとっている。それゆえさきに、まず君に領土をあたえて魏国を開かせたのだ。

君が（魏王に任ずる）君命に従がわずして固辞するのを恐れ、わが意をまげて君を公よりうえに封じておき、高義にしたがって、さらなる功績を待ったのである。……そもそも聖哲の君主は、すべてが自分の任務だと思っていても、なお土地や恩賞を与えて功臣にむくいるものだ。

いわんや朕のように徳薄く、君にたよって世を治めている者は、恩賞・典礼を充分に与えずして、どうやって神霊に答え、人民をいたわることができようか。

いま君の爵位を魏王となし、使持節行御史大夫・宗正《そうせい》の劉艾《りゅうがい》に、白い茅《ちがや》につつんだ辞令・印璽《いんじ》・玄土《くろつち》を持たせ、第一より第五までの金虎符《きんこふ》、第一から第十までの竹使符（いずれも割符で軍隊の指揮権を意味する）を授ける。よって君は王位につけ。……

この魏王任命の詔勅は、献帝三十六歳のときのものである。これら献帝側からくだされた辞令を読んで（ほんの一部分ではあるが）、人はどう感じるだろうか。群臣から矢継ぎ早に進言された魏公・魏王への就任願いや、この献帝の辞令書のすべてが、曹操が漢王朝を簒奪するために巧妙にしくんだものだと考えることができるだろうか――。

4　自然な最期

建安二十五年（二二〇年）春正月、病が重くなった曹操は摩陂《まひ》から洛陽に帰着した。孫権が、討ち取った関羽の首を送りとどけてきた。関羽はまれに見る義の部将であった。曹操は諸侯の礼をもって、手厚く葬った。

一月二十三日、曹操は洛陽において、六十六年の生涯を終えた。諡《おくりな》は武王である。死にのぞんで、曹操は「遺令《いれい》」を残している。今日、その全文を見ることはできないが、処々に散見するものを一つにまとめて次にかかげておこう。

夜半、気分すぐれず目覚め、夜明けて粥をすすり、発汗し、当帰湯《とうきゆ》（漢方薬）を飲む。……陣中にあっては軍法によってことをすすめた。それは間違っていなかったと思うが、ときに些細なことで怒ったり、大きな失敗をしでかした。その轍《てつ》は踏まぬように。……

まだまだ天下は安定していない。それゆえ、古代の葬礼にのっとって派手にするわけにはゆかない。私には頭痛病があり、むかしから頭巾を被《かぶ》っていたが、死後の礼服も生前の普段着同様のものを着せるように。これは忘れてはならぬ。

また文武百官が宮殿において悼んでくれるのも、ただ十五回、泣き声を出してくれればそれでよい（そういう規則があった）。埋葬が終わったら、ただちに喪服をぬぎすてよ。各地に駐屯している将士は部署を離れてはならず、官吏もそれぞれの職責を遂行せよ。

入棺のときは、その季節の平服でつつみ、鄴城の西の丘にある西門豹の祠堂近くに埋葬せよ。金銀・玉宝の副葬品は不要である。……私の侍女や歌い女《め》たちにはご苦労だが、銅雀台《どうじゃくだい》に彼女らを控えさせて充分もてなし、銅雀台上の正堂には六尺四方の床をしつらえて薄い麻布のとばりを張り、朝夕、乾し肉や乾し飯《いい》のたぐいを供え、また月の初日《ついたち》と十五日は朝から昼まで、そのとばりに向かって妓楽を奏してほしい。お前たち（曹丕ら）も、しばしば銅雀台に登っては、私の西陵の墓陵に向かって参るように……。

私が遺した薫香《くんこう》は、夫人たちに分けあたえよ。祭壇に香は不要だ。妾たちで手に職のない者は、飾りひもや履《くつ》のつくり方を覚えさせて、それを売ればよかろう。私が在職中に受けた印綬は、すべて蔵に保管すること。遺った衣服や毛皮類も別の蔵にしまい置き、それがだめなら、お前たち兄弟で分けるがよい。……

ここに訳出したのは「遺令」の全文ではないが、右の部分からだけでも、曹操が肩肘はらず、自然のままに死を受けいれようとしていたことが感得されよう。

病没しておよそ一カ月後、二月二十一日に曹操は高陵（曹操の陵墓の呼び名）に葬られた。だが、その高陵の所在は、今日にいたってもまだ不明のままである。

第十章　曹丕の決断　類《たぐ》いまれな禅譲劇

漢の帝位簒奪の汚名をきた曹丕——献帝と群臣に対する抵抗の記録を再現する。

1　禅譲と簒奪のはざまで

漢王朝の遺臣は逝《ゆ》き、新しい世代による政治の秋《とき》がおとずれた。旧時代からの家臣たちは、まだ少なからず生存していたが、その多くは、漢王朝というより魏王国の遺臣というほうがふさわしかった。いまや彼らをふくめた魏の群臣たちの胸中には、魏王が魏皇帝になることによって、その栄光の一端を自分たちも享受したいという思いしかないようであった。

建安二十五年正月に曹操が没すると、ただちに献帝から鄴都の曹丕に、漢丞相の印綬と魏王の璽紱《じふつ》（王印とひも）とともに冀《き》州牧《ぼく》に任ずる旨の詔勅がくだされた。そのときから同年十月に献帝より皇帝を禅譲《ぜんじょう》されるまでの約八カ月間は、父の埋葬、魏国家臣団の再統合、曹植派の丁儀《ていぎ》・丁廙《ていい》誅殺、曹彰・曹植らの封地への左遷、蜀の将軍孟達《もうたつ》の投降、故郷譙《しょう》への凱旋など、曹丕の身辺は緊張のうちにすぎていったが、なによりも曹丕を悩ませたのは、なみいる群臣からの魏皇帝就任要請の激しさと、たびかさなる献帝からの受禅命令であった。

この間の事情を、多くの三国志物は「曹丕のもとには、漢に代わって皇帝の位に即《つ》くべきだとする上書がひんぴんと呈出される。むろんこれは曹丕のさしがねだが、曹丕は形式的に辞退する」とか「曹丕は再三にわたって禅譲を辞退し、万止《ばんや》むを得ずというかたちで受けた、たんなる形式にすぎなかったことは言うまでもない」などと、さらりと決めつける。これまた〝逆臣曹操〟のそれと同様に、安易な〝紋切り型歴史理解〟そのものと言っていい。群臣の上書が「曹丕のさしがね」によるものか、禅譲辞退が「たんなる形式にすぎない」ものだったのか、以下にじっくり見てゆこう。

『魏書』「文帝紀」は、その部分を「漢帝、衆望《しゅうぼう》、魏《ぎ》に在《あ》るをもって、すなわち群公卿士《ぐんこうけいし》を召して祠《し》を高廟《こうびょう》に告ぐ」と書きだしている。献帝は、多くの人びとが魏の天下を望んでいることから、大臣高官を集め、高祖の廟で祭祀して禅譲のことを告げたというのだが、以下、献帝の詔勅、群臣の上書、曹丕の応答、の順で列挙し、禅譲劇がどのように行なわれていったのかを追ってゆこう。

【献帝の詔勅】（大臣高官たちへの説明）
朕《ちん》は在位すること三十二年、天下の転覆に遭遇したが、幸いにも祖宗の霊のおかげで危機を脱し、立ちなおった。しかるに仰いで天を見、俯《ふ》して民心を察するに、炎精《えんせい》（火徳、すなわち漢の徳）の数《すう》はすでに終わり、行運は曹氏に在《あ》る。それゆえに前王（曹操）は神のごとき武勇で功績をたて、今王《こんおう》（曹丕）もまた輝かしい明徳によって時勢に応じている。天の定めるところは明らかであり、その正しさを知るべきである。大道の行ないは天下を公となし、賢人と能力ある者を選ぶ。ゆえに堯《ぎょう》は自分の子をひいきにせず（堯が舜《しゅん》に天下をゆずったこと）して、名を無窮ならしめた。朕は、それを羨望し、思慕する。いま堯の行ないのあとを追って、位を魏王に禅《ゆず》る。

【漢の左中郎将李伏《りふく》の魏王宛上書】

……（かつて武都《ぶと》の姜合《きょうごう》や漢中の張魯《ちょうろ》は、天下を平定する者は魏公の子桓《しかん》〈曹丕の字《あざな》〉だと予言していましたが）殿下は魏王即位の年でありながら、吉祥や瑞兆が日月を追ってあらわれ、天からの命令があることは歴然としております。しかも聖徳はいやまし、予言は事実を示しており、まことに天地が慶《よろこ》びをあらわし、万国が信頼をよせております。……臣は舞い踊りたいほどうれしく、つつしんで思ったことを申しのべます。

【曹丕の布令】

このことを外部にも示せ。徳のうすい私に、そんなことがあろうか。見そこないである。もしそうだとしても、それは先王（曹操）の至徳が神に通じたもので、もとより人の力によるものではない。

【魏の家臣、侍中の劉廙《りゅうよく》、尚令書の桓階《かんかい》らによる魏王への進言】

……臣ら伏《ふ》して左中郎将李伏の上書を拝読いたしました。……殿下が王位につかれまして一年もたたないのに霊象があらわれ、瑞兆がくだり、四方の独立した民も道義にしたがって帰心し、人より後になることを恐れております。典籍に伝えるところも、これほどの盛事はございません。臣ら、遠きも近きも欣喜《きんき》雀躍《じゃくやく》しております。

【曹丕の布令】

犂牛《りぎゅう》（黄と黒のまじった耕牛）の斑《まだら》は虎のそれに似、幼い莠《しゅう》（稲のような雑草）は稲に似ている。ものごとには似て非なるものがあるが、今日のことがそうだ。そちたちの進言などは、私の不徳を重ねさせるだけだ。

【漢の太史丞許芝《きょし》の、魏が漢にとって替わるべきだとする予言書の提示】

……『春秋漢《しゅんじゅうかん》含《はん》孳《じ》』には「漢は魏をもってし、魏に徴候があらわれた」とあり、『春秋玉版《しゅんじゅうぎょくばん》讖《しん》』に「赤（漢の火徳）に代わるものは魏公の子」とあり、『春秋佐助期《さじょき》』に「漢は許昌をもって天下を失う」といっています。……魏はまさに漢に代わろうとしております。……（もろもろの書に予言されていることをあげたあと）これらに記載されていることは歴然として明白で、天下の学士がみな目にしているところであります。臣は史官の職にある者として、吉祥・瑞兆のあらわれは新時代の転換期であることを謹んで申しあげます。

2　石は砕くことができても固さは奪えない

【曹丕の布令】

昔、周の文王は天下の三分の二を有していたにもかかわらず殷に仕えたので、孔子はその至徳を嘆称し、周公は天子の位にあって天下の政治をあずかりながら、ついにまたその治政を主君に奉還したゆえに、『尚《しょう》書《しょ》』で讃《たた》えられている。……私の徳は薄く、人となりも卑しい。この機会にあって、さいわいにも先王（曹操）の余業をうけついだが、恩はいまだ四海をおおうにいたらず、沢《たく》は天下に及んでいない。……（私の思いは）魏国を保全し、あの世で先王にお会いして、自分の責を果たすことだ。望みは狭く、志は小さいが、それを守りとおしたい。

……この頃、「争乱はてしなく十二年を過ぐ　白骨は万里にわたって散乱し　あわれなる民衆に頼るものな

し　我れまさに時に会いて治政を整《ととの》え　天子に返還して職を辞せん」という詩をつくった。この言葉を守って一生をおくり、虚言に終わらせたくない。遠近にこの気持を伝え、赤心《せきしん》をあきらかにせよ。

【辛毗《しんひ》、桓階、陳群《ちんぐん》らの再度の曹丕宛上奏文】

……（『易《えき》』や『春秋左氏伝』の例から天命の例を引いたあと）以上によってみれば、天命はすでに久しく、殿下の拒みうるところではございません。神は祭祀をまち望まれており、万民は仰ぎみて将来への期待を抱いております。殿下にはどうか……天下の公義をおくみになられ、内外に広く宣布され、州郡に布告されて、吉兆による天命を明らかにされ、殿下の謙虚なお気持ちをお示し下さい。

【曹丕の布令】

四方に布告して私の気持ちをあきらかにするのはよいが、それ以外の言辞は私の考えと同じではない。どうして責任がとれようか。諸卿の論ずるところは、私が自ら深慮したところに及ばない。実質とかけ離れた論議や誤解による称賛は、とるに足らぬ人間の私には当てはまらぬ。……王としての徳にもたえられないのに、帝などと言うことができようか！　この議論は、もう止めにして、これ以上私の不徳を重ねさせないでもらいたい。死後に、のちの君子に愧《は》ずかしく思われるようなことは、やらせないでくれ。

【督軍御史中丞司馬懿《しばい》、侍御史鮑勛《ほうくん》らの言上】

（天命は有徳有位の人に移る、と述べたあと）……いま八方は仰ぎたてまつり、老いも若きも待ち望み、皇天も認められ、神も人も共に願い、天下の十分の九は臣服しております。道義が周の文王に過ぎるのは、謙譲のしすぎというものであります。臣ら上も下も、不安に感じております。

【曹丕の布令】

世《せけん》に不足しているものは道義であり、あり余っているものは迷妄《でたらめ》である。常人《じょうにん》は不足しているものをいやしみ、余っているものを尊《とうと》ぶものだ。それゆえ古人は「無位（位のないこと）は悩まず、そのよって立つところ（道義のある、なし）を悩む」（『論語』のことば）と言うのである。私の徳は少いが、常人の貴ぶものからまぬがれたい。「石は砕くことができても堅さを奪うことはできず、丹《たん》（辰砂）は磨くことができても赤い色を奪うことはできない」（『呂氏《りょし》春秋』）。丹や石はつまらぬものだが、それでも本質は保っている。ましてや私は士人の末席につらなり、かつては君子に教えをうけた者なのだ。

於陵《おりょう》の陳仲子《ちんちゅうし》は仁《じん》をもって富《とみ》となし、柏成《はくせい》の子高《しこう》は義をもって貴《とうとし》となし、鮑焦《ほうしょう》は子貢《しこう》（孔子の弟子）の言葉に感じて、野菜を食べずに（濁世を見限って）野垂れ死にし、薪《まき》ひろいは季札《きさつ》（呉の公子）の失言をそしった。だが彼らはみな、世俗の重んじるところには目もくれなかった。私ひとり、それができないというのか？　……道義を失った迷妄の世界から遠ざかり、丹石の奪うべからざる世界に立ち、於陵の富とするところを求め、柏成の貴とするところに踏みとどまり、鮑焦の至純さを身につけ、薪ひろいの潔癖さを見ならいたい。「三軍（諸侯）の帥《すい》（指揮官）は奪うことはできても、匹夫《ひっぷ》（男子）の志を奪うことはできぬ」（『論語』）、私のこの志を奪うことができようか？

【献帝の詔勅】

……皇帝は申す、ああ、なんじ魏王よ、運命がうまくゆくのもゆかぬのも、徳が厚いか否かによっている。

……すなわち、天命は変わらないわけではなく、帝王の姓が一つでないことは、短からぬ由来がある。漢の道はすたれて久しい……使持節行御史大夫事太常の張魯に皇帝の璽綬をたてまつらせる。王よ、とこしえに万国に君臨し、つつしんで天威を御《ぎょ》して中庸の道をとらば、天の福禄は絶えることなし。これを敬せよ！

【尚書令桓階らの魏王宛上奏文】

……漢氏は、天子の位を陛下に禅《ゆず》られました。天命は辞退することができず、万民の願うところに違《たが》うべきではありません。臣らは列侯諸将、群臣侍僕を招集し、詔《みことのり》を発し、天命にしたがって儀式をとりおこなわれますよう、請願申しあげます。

【曹丕の布令】

私の、禅譲をうける意志がないことについてのみ、論議せよ。狩猟から帰ってきて、また布告する。

【桓階ら、またも上奏】

……今、禅譲の命を受けられましたからには、すぐに百官群司と全軍の兵を集合、整列させて、天命を知らしめるべきと存じます。陣営は手狭ゆえ平地に壇場を設け、天命に答えたてまつられますよう……。

【曹丕の布令】

私には、まったくそのつもりはない。何の用意をするというのか？

【侍中の劉廙らの奏議】

……太史丞の許芝《きょし》に問いますに、今月十七日己未《きみ》の日はものごとがうまくいきますゆえ、禅譲をお受けになられますよう。すぐに壇場をととのえ、施行の件は別に奏上申しあげます。

【曹丕の布令】

たまたま外に出てみると壇場が設けられていたが、いったいどういうことか？　今、詔勅を辞退してお受けしない……。

【いま一度、曹丕の布令】

……（高い節操を持して道義を尊び、富や高貴さを軽んじた九人の故人の仁をたたえたあと）私ひとりだけが、どうしてそうできないことがあろうか？　義において、たとえ東の海に入って死んだとしても、漢朝の詔《みことのり》を奉ずるわけにはいかない。すみやかに璽綬をお返しし、そのことを天下に示し、聞かしめるよう。

【輔国将軍劉若《りゅうじゃく》ら百二十人の上書】

伏して布令を拝読しますに……臣らを不安におとし入れるものであります。……謙虚であることに固執され、天意に違《たが》い、衆人の思いに逆《さから》い、小事にこだわった男たち（曹丕がたたえた九人の故人）を慕い、昔の聖人の行なったところに背《そむ》き、経書や予言書に明らかなところに違《たが》う……（このようなことは）天命に答えたてまつり、民衆の期待に答えるものではありません。臣らは死をもって請願いたします。どうかすぐにも壇場をととのえ、吉日に命《めい》を受けられますよう……。

3　追いつめられた曹丕

【曹丕の布令】

……今、諸兄は股肱《ここう》（手足とたのむ）の腹心として私の気持がわかっているであろうに、なぜ誰もがそのようなことをするのだ。諸兄は形骸《けいがい》にこだわり、私は形骸の外にあるものを求めている。互いに理解しえないのも、あやしむに足りない。すみやかに奏上して璽綬をお返しし、ふたたびくだくだと言ってはならぬ。

【劉若ら百二十人の再度の上書】

……陛下は天命に違い、小さな行ないを飾りたて、人心に逆《さから》って個人の志を守り、上は天の恩顧ある命《めい》の主旨にもとり、中は聖人の道にかなった生き方を忘れ、下は人臣が渇望しているところを裏切られることになり、それは聖道のけだかさを称揚し、無窮の勲功《いさおし》をたてるやり方ではございません。……臣らは、あえて死をもって願いたてまつります。

【曹丕の布令】

今、民衆の凍える者は暖をとれず、飢えた者に食はなく、独り者は妻をめとることができず、未婚者は嫁にいけない。孫権、劉備は健在で、いまだ勝利の舞いを行なえず、まさに征伐にとりかかろうとしているときだ。

……今、諸兄は私のために情理をつくして……議論してくれようともせず、なぜ、そんなにあわただしく私を恥かしめ、追いつめようとするのか？　ただちに辞退の文を書き、璽綬を返上して、私の不徳をうわ乗せさせないでくれ。

【侍中の劉廙らの上奏】（省略）

【曹丕の布令】（省略）

【曹丕の献帝宛上書】

皇帝陛下、……かたじけなくも璽書をたまわり、伏してご命令を拝しますに……臣には舜・禹の徳も行ないもなく……自らよく問うてみましても、ふさわしい徳はございません。……つつしんで陳情申しあげ、……ならびに璽綬をお返し申しあげます。

【給事中博士の蘇林《そりん》と董巴《とうは》の曹丕宛上奏文】

……（漢運つきたことを長々と述べ）今、すでに詔勅は発せられましたのに、璽綬をお受けにならず、謙譲に固執され、上は天命に逆らい、下は民望に違《たが》われておられます。……どうか殿下には考えを改められ、すぐに即位され、天帝に報告され、天下に告げられ、そのあとで年を改め、衣服の色をかえ、国号を正されますよう。天下の幸せ、これに過ぎるものはありません。

【曹丕の布令】

……徳のうすい私に、どうしてそんなことができよう。今、辞退する。どうか聴きとどけて、内外に聞知せしめるよう。

【献帝の詔勅】

皇帝、魏王に問うて申す。……そちの言い分は聞いた。だが朕が思うに……今、天命には止《とど》まるところがあり、神器は聖徳に帰するのが当然である。衆に違《たが》うのは道理にあわず、天に逆らうのは不吉である。……朕の命令に逆らうことなく、つつしんで天のみこころを奉載せよ。

【桓階らの曹丕宛上奏】

……天命は実行を遅らせてはならず、神器は冒瀆《ぼうとく》してはなりません。……臣らはあえて死をもって請願いたします。……壇場を整備し、吉日を選び、受禅され、璽綬を開かれますよう。

【曹丕の布令】（省略）

【曹丕の献帝宛上書】

……肝《きも》はうちふるえ、身のおきどころも知らぬほどであります。……頑迷固陋の臣は……あえて小さな節義を守り、山にこもるという大願をおさえきれません。つつしんで心情を申しのべ、璽綬をお返し申しあげます。

【劉廙らの曹丕宛上奏】

臣らは、聖帝は時に違《たが》わず、明主は人に逆らわずと聞いております。

……かたくなに拒《こば》まれるのは、なんの礼によっておられるのでしょうか？　民衆には一日として君主がいないようなことがあってはならず、神器はいかなることがあっても受け継がれねばなりません。……臣ら、あえて重ねて死をもって願いたてまつります。

【曹丕の布令】

……固辞したあとで、また論議すればよいではないか。

【献帝の詔勅】

……大業をうち建てる者は小節にこだわらず、天命を知る者は微細なことにこだわらぬ。舜は大業の命を受けて、謙譲のことばを言わなかったではないか。聖人の立派な生き方というものは、それほどかけ離れたものではない。……王よ、よろこんで承《う》け、待ちのぞんでいる天下の希望に答えよ。

【相国の華歆《かきん》、大尉賈詡《かく》ら、および九卿（大臣）の曹丕宛上書】

……（漢が禅譲すべき理由を長々と説いたあと）受禅の礼をうけ、人神の意にそい、内外の願望を満たされますよう。

【曹丕の布令】（省略）

【曹丕の献帝宛上書】

……臣は……ほぼ個人の願いを申しのべました。……重ねて詔勅を下されましたが……どうぞ……（その）使者をご召還下さいますよう……。

【華歆らと九卿の曹丕宛上奏】

臣らの……悲嘆はますます激しくなっております。……もし死者に霊あらば、舜は蒼梧《そうご》の墓でお怒《いか》りになられ、禹《う》は会稽《かいけい》の山陰《やまかげ》でうつうつとされ、武王（曹操）は高陵の墓室でご機嫌をそこなわれておられましょう。……久しく天命をのばした罪は臣らにございます。ただちに……実行なされますよう。

ここにいたって、曹丕は拒否しきれぬ心理状態に追いこまれる。

【曹丕の布令】

……群公卿士らが、天命は拒んではならず、民衆の願いに違《たが》ってはならぬと本当に考えるのなら、私もまた辞退することができようか……。

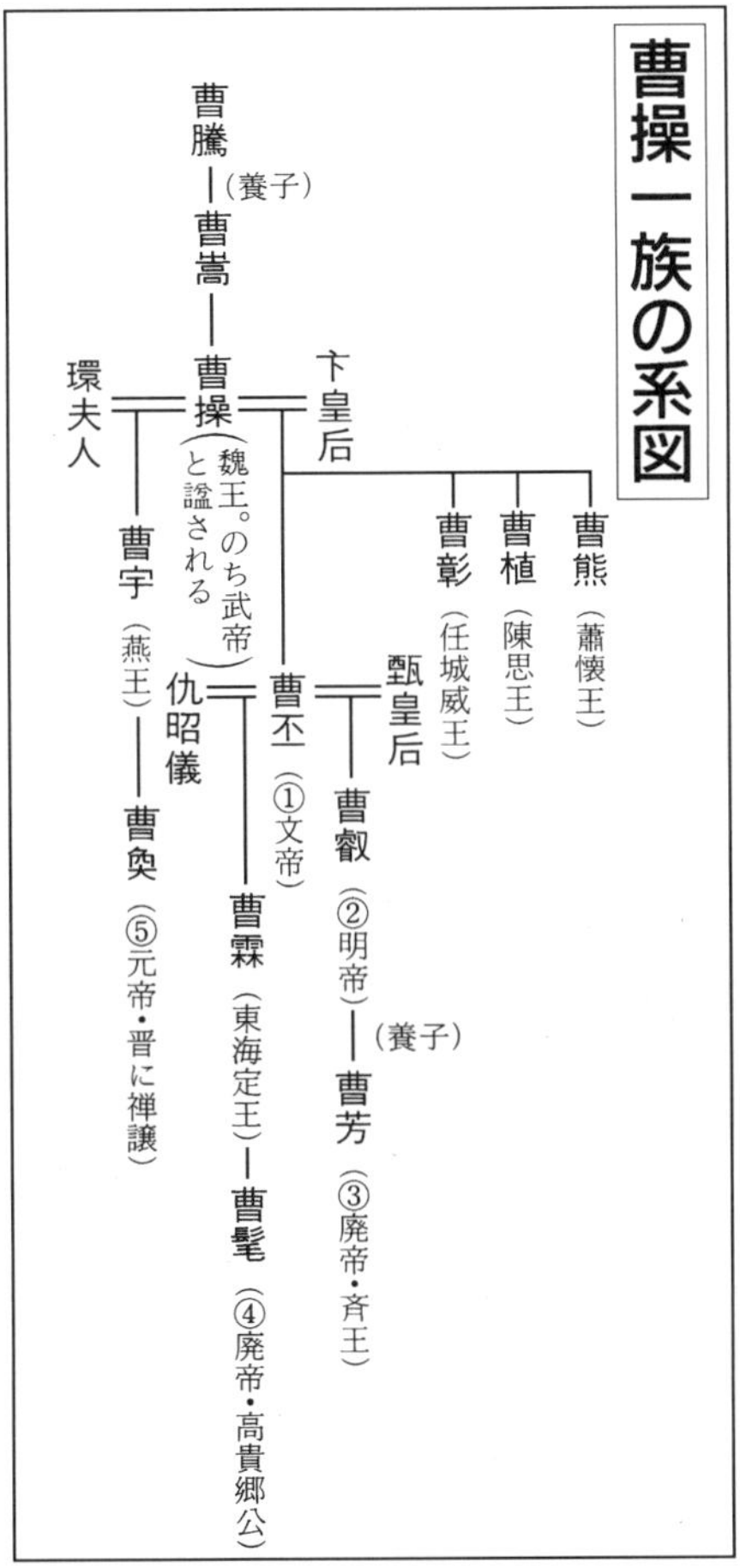

【献帝の詔勅】

……朕は内実のないまま古来の名義を墨守し、これまでのことを顧《かえり》みれば恥ずかしい限りである。王は三、四度にわたり辞退したが、朕は危惧している。……王よ、すみやかに帝位にのぼり、天と人の心にしたがって朕の大願にそってくれ。

【桓階らの曹丕宛上奏】

今、漢氏の命令はすでに四度にたっしました。……陛下は天にこたえて受禅され、すみやかに壇場にあがられて柴を燃やし、天帝を祭られますよう。まことに神器を久しくとどめ、億兆の願いを拒否し続けることはよくありません。……今月二十九日に、登壇して受命すべきであります。……

曹丕は、ついに許諾の布令を発した。「可《か》」。

4　中国史上、まれな禅譲劇

献帝および群臣らと、曹丕のやりとりのさわりをここまで読んできて、この〝可〟という原文を、どう翻訳すべきだろうか。「よろしい」などと訳せば、曹丕の拒否しつづけてきた真意が吹きとんでしまい、それでは史書をあまりに安易に解釈してしまうことになるだろう。曹丕の心中はどのようなものであったか。本章で、あえて禅譲にかかわるやりとりを詳しく見てきたのは、その複雑で、数語では言いつくせぬ曹丕の「可」の意味を知っていただきたかったからである。陳寿はこの間の事情を一切省いており、これらの記録は、すべて『魏書』に付された裴松之《はいしょうし》の注によっている。裴松之が曹丕という人間を、歴史的誤解から救った功績はけっして小さくはない、と言うべきだろう。

ときに曹丕は三十四歳。「文章をつくるということは国を治めるにも等しい大事業であり、永遠に朽ちることのない営《いとな》みである」（『典論』）と書いた曹丕の「布令」の数々を読んで人は、群臣の息をつがせぬ曹丕宛上奏を「これは曹丕のさしがね」であり、曹丕の辞退を「形式にすぎない」と思うだろうか。「曹操が死んで子の曹丕が魏王の位をつぐと、曹丕は漢の献帝に迫って皇帝の位を譲らせ、みずから天子の位についた」（宮崎市定「三国南北朝時代」）などと言うことができるだろうか。

曹丕が献帝の禅譲を辞退し、群臣の皇帝即位の陳情に抵抗した理由は、少なくとも二つあったと考えられる。一つは、本人自身が、皇帝になるよりは文に生き、世俗におもねらぬ人になりたかったということである。布令に、それは明瞭に示されている。もう一つは、父曹操の遺志を継ごうとしたためだと思われる。華歆《かきん》らは「……武王は高陵の墓室でご機嫌をそこなわれておられましょう」などと上奏に書いているが、彼らに曹操の胸中など忖度《そんたく》できようはずもない。生前、曹操が息子らに直接、自分の意志を押しつけるようなことはなかったに違いないが、生き方そのもののみならず「自らの本志を明らかにする令」などには、皇帝にならぬという曹操の立場が明確に記されている。曹丕や曹植は、それを十分に認識していたはずである。

『魏書』「蘇則《そそく》伝」には「蘇則と臨菑《りんし》侯の曹植は、魏氏（曹丕）が漢に代わったと聞くと、（献帝が死んだと思って）ともに喪に服し、悲嘆の声をあげて泣いた」という。その注にも同様の意味の話が引かれており、曹兄弟の皇室への感情の一端がうかがわれるように思う。のちに、曹植が哭《こく》したことを曹丕も聞き知った。そのときの思いは、あるいは魏王になったときの曹操の、荀彧《じゅんいく》に対する思いに重なるものがあったかもしれない。

曹丕はなみいる群臣らの、脅迫そのものとも言っていい上奏の攻撃に耐えながら、必死に個の生き方を主張しつづけた。彼の布令のどこに「形式的」な言辞を見つけることができようか。もし、あと一度、二度、皇帝の命令を拒否していたとすれば……臣下らと曹丕のあいだには、魏王の地位だけでなく、その生命まで奪われかねないほどの緊張が支配していたと推測して間違いないであろう。

もうひとつ触れておかねばならないのは、献帝の行為とその心のうちである。献帝から曹丕への皇帝権力の移行は、簒奪だったのか、禅譲だったのか？　すでに見たように、それは禅譲以外のなにものでもない。では、それは禅譲に名をかりた、巧妙な簒奪だったのだろうか？　それもまた、魏王への命令書を子細に読めば、否《いな》としか言いようはないだろう。

献帝自身、漢の皇帝としての徳が自分から去ってしまっていることを自覚していたのである。彼のおだやかな性格と歴史に対する真摯な姿勢が、自らが身を引くべきだと決心させたのであろう。むろん魏の重臣らによる種々の圧力があったに違いないにせよ、禅譲は決して献帝の意に反した行為ではなかったと思われるのである。

このように見てきたとき、漢王朝から魏王朝への政権交替は、世上いわれている曹操や曹丕による王権簒奪などというものとはほど遠く、伝説上の堯と舜、そして禹《う》のそれを除けば、実に中国史上最初の理想的禅譲劇だったと言っていいのではないだろうか。そして、そのような平和的な政治世界の到来をこそ、血なまぐさい戦場をかけめぐってきた英雄部将らは切望していたのである。それを実現させようとする生きた膨大な夢の坩堝《るつぼ》（群臣らの熱望）のなかで、ついに曹丕は決断せざるを得なかったのである。すなわち〝可〟と。

曹丕は繁陽《はんよう》に壇を築き、壇上で帝位についた。儀式が終ると柴を焼いて天を祭り、鄴に帰還した。年号が黄初と改まり、大赦令が下された。黄初元年（二二〇年）十一月一日、献帝は河内郡山陽県に一万戸をあたえられ、山陽公に封じられる。他の諸侯の上にあって、天子の儀礼によって天を祭ることが許された。十二月、曹丕は洛

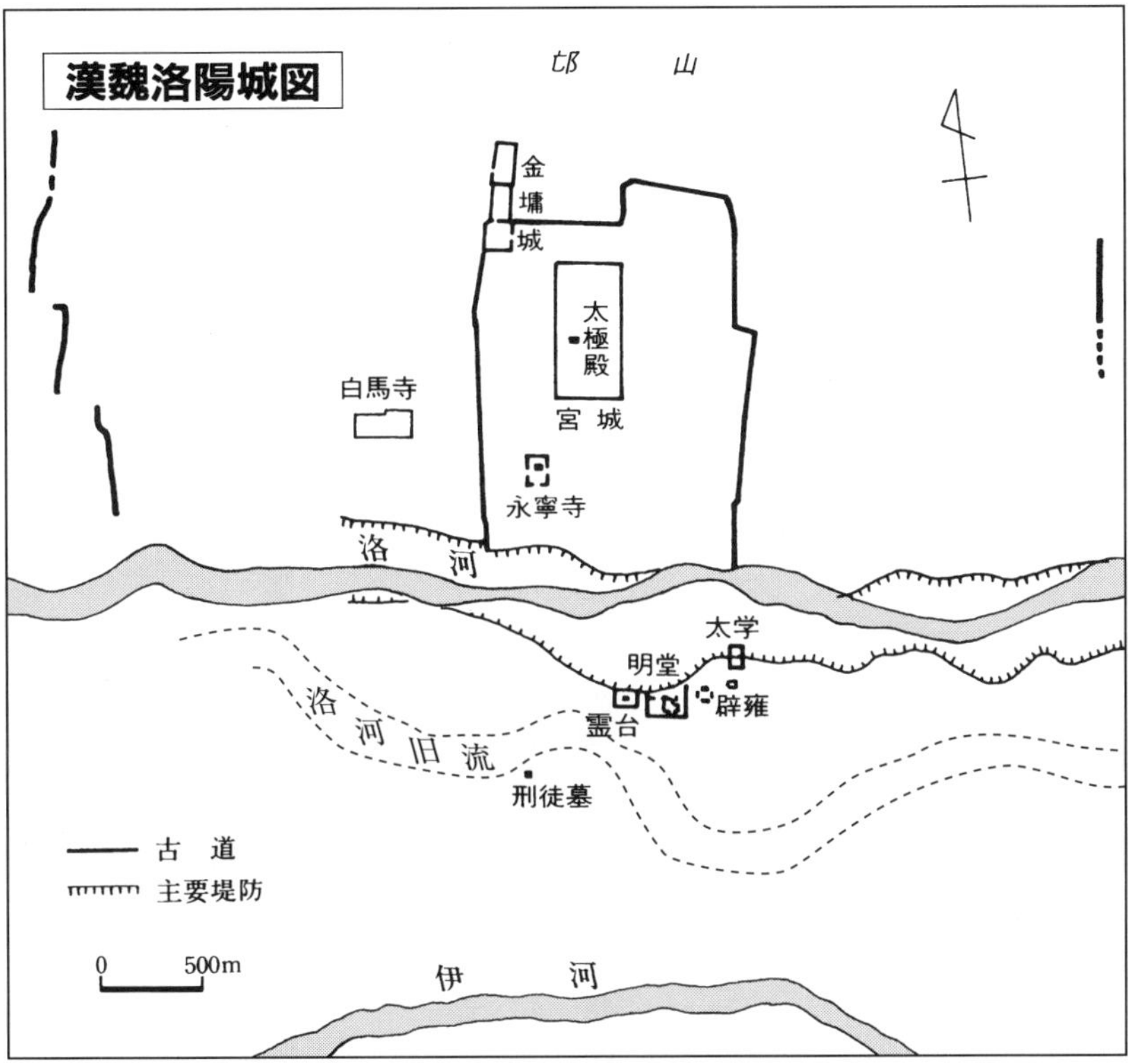
漢魏洛陽城図
邙　山
金
墉
城
太
極
殿
宮　城
白馬寺
永寧寺
洛　河
太学
明堂
辟雍
霊台
洛　河　旧　流
刑徒墓
古　道
主要堤防
0
500m
伊　河

陽宮を造営して遷都した。ここに漢から禅譲をうけた魏王朝は、名実ともに形をなしたのである。ちなみに、献帝は十四年後に五十四歳で他界、孝献皇帝と諡《おくりな》された。

本章の最後に、曹丕の人となりの別の一面を、彼が書いた『典論』の「自叙」から引いて、ご紹介しておこう。

私はまた剣術を学んだ。多くの師範についたが、各地方における剣法はそれぞれ異なっていた。しかし、やはり洛陽の剣術が一番だった。桓帝から霊帝の時代に虎賁《こほん》（近衛兵）の王越《おうえつ》という者がこの剣術をよくし、都に名を知られていた。河南の史阿《しあ》が、かつて王越のもとで術を会得《えとく》したと言っていたので、私は史阿について学び、その術を精確に身につけた。

かつて平虜将軍の劉勲《りゅうくん》、奮威将軍の鄧展《とうてん》らと共に飲んだことがある。鄧展が五兵《ごへい》（戈《か》・殳《しゅ》・戟《げき》・酋矛《しゅうぼう》・夷矛《いぼう》の五つの武器）の使い手であり、また徒手空拳で白刃《はくじん》に立ち向かうことができると聞いていたので、私は彼と剣について長いこと論じあった。そのはてに私は彼に、将軍の剣法は間違っている、私はかつてその剣法を好み、術を会得している、と言うと、彼は私と手合わせしたいと言った。……私が、しりぞくとみせかけて、すばやく彼の額を（砂糖きびの棒で）切ったので、座の人たちはみな目を見はった。

曹丕は文の道のみならず、剣の道においても、奥義《おうぎ》をきわめるほどの使い手だったのである。

第十一章　三国志誕生

魏・蜀・呉、ついに鼎立す

呉の孫権が帝位につくと、三国の鼎立は実現した。だが、劉備なきあとの諸葛亮の前には難問が山積していた――。

1　劉備、皇帝を称す

赤壁の戦いいご、劉備《りゅうび》は荊《けい》州の牧《ぼく》として公安《こうあん》に居をさだめていたが、やがて益《えき》州の牧劉璋《りゅうしょう》の招請をうけて蜀の地に乗りこむと、劉璋軍の内部分裂に乗じて成都《せいと》を攻撃し、ついに自らが益州の牧に居すわった。こうして劉備、諸葛亮らは天険の要塞ともいわれる蜀の地を手に入れたのである。

建安二十年（二一五年）、荊州の領有権をめぐって劉備と孫権が対立、荊州守備軍の関羽が臨戦態勢に入った。そのすきを突いて、蜀の北部、漢中を手に入れるべく曹操が進攻してくる。劉備らは急遽、方針をかえ、諸葛瑾《きん》（呉）・諸葛亮（蜀）兄弟の会談によって孫権と講和をむすび、曹操軍の南進に対処した。

翌建安二十一年（二一六年）、曹操は魏王に封じられる。劉備は劉璋の部下だった法正《ほうせい》の進言にしたがって漢中攻略を決意、定軍山《ていぐんざん》での攻防戦で魏の大将夏侯淵《かこうえん》をうちとった。夏侯淵は譙《しょう》軍団以来の曹操の右腕ともいうべき同志であり、また曹一族の一人でもあった。曹操は漢中を奪還すべく出陣したが、劉備側のかたい守りをくずすことができず、数カ月後、兵をひく。すでに、曹操自身の病もあつくなりつつあった。

建安二十四年（二一九年）秋、劉備の家臣たちは主君を漢中王に推挙し、献帝に上表した。

……伏して考えますに、陛下は……王室衰退という艱難に遭遇されております。董卓が災難の口火を切り……曹操が災禍を利用して、勝手に皇帝権力を行使しております。……陛下を……人気のない村里に閉じこめ……皇位をおおい隠して神器を盗みとろうとしております。左将軍……劉備は力を尽くして困難に殉ずる覚悟であります。……（しかしながら）官位の授与につきましては何のご沙汰もありません。……私どもはそこで、古《いにしえ》の規範にのっとって劉備を漢中王に封じ、大司馬に任命して全軍の指揮をとらせ、逆賊を掃蕩（曹操の漢中奪還を阻止したこと）いたしました。……臨機の処置として、それが国家の利益となるならば（このように漢中王就任という）専断行為も許されましょう。……

かくして、沔陽《べんよう》に壇場を設け、劉備は漢中王の冠をかぶった。献帝からの命令書は、むろん、あるはずもない。

その半年後、荊州に拠る腹心の関羽が、曹操軍と孫権軍の挟撃を受けて捕えられ、首をはねられた。翌建安二十五年（二二〇年）正月には曹操が洛陽で病没、さらに十カ月後には、漢献帝の禅譲によって曹丕《そうひ》を皇帝とする魏王朝が成立した。劉備にとっては、いずれも思いがけぬ事態の展開だったであろう。かつて荊州を手に入れたとき、諸葛亮とならぶ待遇をうけていた将軍龐統《ほうとう》に向かって、劉備は言ったことがある。

「今日、わしと水と火の関係にあるのは曹操だ。曹操が厳しくやれば、わしは寛大に行なう。曹操が暴力に頼るなら、わしは仁徳に頼る。曹操が詐謀を弄するなら、わしは誠実でことをすすめる。いつも曹操とは逆に動けば、事は成就するのだ」（『蜀書』「龐統《ほうとう》伝」注）

事実がどうだったかはともかく、こと王や皇帝の地位獲得だけは、曹操と逆にやるわけにはいかない。漢中王のときもそうだったが、曹丕の魏皇帝就任の報が伝わるや、諸葛亮ら蜀の群臣はただちに劉備に漢の皇帝位につくよう要請、半年後の黄初二年四月、劉備は成都で帝位についた。年号を章武元年（二二一年）と改め、諸葛亮を丞相に任命した。

劉備は、盟友関羽の首をとって曹操にさし出した孫権を許そうとはしなかった。真の敵は曹魏であります、と反対する武将らを押しきって、同年秋七月、呉討伐軍を編成する。出征の直前、やはり長年の盟友、車騎将軍の張飛が側近の部下のうらみを買って殺害された。

関羽・張飛の両腕をもぎとられながら、呉討伐に反対する諸葛亮を成都に残し、関羽の敵討《かたきう》ちという名目で、約十万の兵をひきいて長江ぞいを東下してゆく蜀漢《しょくかん》（蜀の地で漢を継いだという意味）の皇帝劉備。まさに、『三国志演義』そのものの手に汗にぎる場面ではあるが、陳寿『蜀書』は、その後の敗退と白帝城における劉備の病没を、たんたんと記述してゆく。

最初は破竹の勢いで進撃したものの、夷陵《いりょう》にいたって蜀軍は呉軍と対峙《たいじ》した。呉の孫権は〝劉備、東進〟と聞くや、すぐさま魏に降伏を申しいれて両面攻撃を避けたばかりでなく、文帝（曹丕）から呉王の称号まで手に入れた。呉軍の総大将、若き陸遜《りくそん》は、はやる蜀軍に対して徹底した持久戦を展開する。いわゆる〝夷陵の戦い〟と呼ばれる蜀呉の決戦は、前後十五カ月にわたる長期戦となったが、最後は陸遜の緩急とりまぜた火攻めにあい、蜀軍はあえなく潰滅《かいめつ》する。

劉備は、大本営のあった長江沿岸の白帝城に逃げこんだ。この敗戦で、蜀軍は船や武具、軍需物資を一挙にうしない、長江の流れは蜀軍の戦死者でおおわれた。忿《いか》りと屈辱にまみれた劉備は、重い病《やまい》に襲われ、臨終のまぎ

わにこう言ったという
「陸遜にやられた……ああ、これも天命だったか!」
ときに劉備六十三歳、対する陸遜は二十九歳だった。

2 したたかな孫権の独立

呉の孫権は、赤壁の戦いののち、どのような動きをしていたのだろうか。おもに魏との関係を見てみよう。

建安十七年(二一二年)、孫権は居城のある秣陵《ばつりょう》を建業《けんぎょう》(今の南京)と改名し、曹操が南下すると聞いて濡須《じゅしゅ》に砦を築いた。第八章でふれた、曹操の孫権宛書簡(阮瑀《げんう》作)が出されたころである。翌年の正月、曹操が濡須を攻めたが守りがかたく、にらみ合うこと一カ月、曹操は軍をひきあげた。

建安十九年(二一四年)、劉備が蜀に乗りこんだあと、孫権は劉備に荊州の諸郡を呉に返還するよう求めたが、涼州平定の後に、といって応じない。荊州には関羽が陣どっている。孫権は激怒して関羽総攻撃の体勢に入った。そのとき曹操が蜀の後方、漢中に侵入したため、蜀は呉にただちに和解を申しいれ、孫権もそれを受れいれた。

建安二十二年(二一七年)、孫権は魏王となっていた曹操に降服を申しいれた。曹操はよろこんで修好の誓約をかわし、改めて婚姻関係を復活した。二年後、曹操は孫権を驃騎《ひょうき》将軍に任じて荊州の牧を兼務させ、南昌侯に封じる。孫権は漢の朝廷に献上物をささげ、また捕えていた魏の将軍を送りかえした。

建安二十五年、曹操が病没し、曹丕が魏の皇帝位に即《つ》き、翌年、劉備も蜀で漢帝を称した。孫権は魏の文帝(曹丕)にも、その命令を奉じて藩臣《はんしん》と称し、関羽討伐のさい捕虜としていた魏の将軍干禁《うきん》らを送りかえした。

そのとき文帝が孫権に与えた策命《さくめい》が、『呉書』「呉主（孫権）伝」に載っている。

……朕《わたし》は不徳ではあるが、時運にめぐりあわせ新王朝を建て、万国に君臨し、国を治める柄《へい》をにぎることとなった。……そなたは……新王朝の威徳をしたって藩臣としてつとめたいと称し、織物や南方の特産物とともにわが武将たちをも釈放して帰還させた。……ここに汝を呉王に封じ……荊州の牧に任ず。……

実は魏国内においては、孫権を大将軍に任命し、呉王に封じることについて強い反対意見があった。曹操時代からの腹心、劉曄《りゅうよう》である。彼は漢の光武帝の子劉延《りゅうえん》の後裔、つまり王族の出身だった。孫権が降伏を願い出てきたとき、劉曄は文帝にこう進言した。

「理由もないのに降伏してきたのには、内部に必ず緊急事が発生しています。孫権はいくさ上手で、策略に長《た》けております。今、天下は三分しておりますが、わが中国（魏をさす）は十のうちの八を所有しており、呉と蜀はそれぞれ一州を保有しているにすぎません。本来助け合うべき小国同士が戦おうとしているいまこそ、併呑するチャンスです。呉の内部に侵入して襲撃すべきで、呉を滅亡させれば蜀も孤立します」

しかし文帝は、呉の降伏をうけいれて蜀の背後を撃つ、という考えで、即座に孫権を呉王に任命した。なおも劉曄はくいさがる。

「いけません。将軍の称号をあたえ、十万戸の侯にとりたてれば十分で、すぐに君主にたてるのはいけません。孫権の虚偽の降伏を信じ、呉の領土を認め、君臣の地位を定めるなど、まさに虎に翼をつけてやるようなものです」

だが結局、文帝は孫権を呉王に任命したのである。

建安二十六年（二二一年）夏、劉備が関羽の弔合戦《とむらいがっせん》をいどんできた。〝夷陵の戦い〟である。孫権は陸遜を総出した。

指揮官に命じ、蜀軍進出をくいとめる。翌年、陸遜は劉備側に決定的な打撃をあたえ、荊州の地から劉備を追い

もともと孫権は、表面的には魏につかえるように見せてはいたが、本心は魏や蜀といかにうまくわたりあって、呉を維持存続させていくかにあった。魏の劉曄は、それを鋭く見抜いていた。つまり文帝（曹丕）は、孫権にみごとにだまされたわけである。白帝城で劉備が死に、その三年後（黄武五年、二二六年）の秋に文帝が病没すると、孫権はすぐにその本性をあらわす。すでに蜀の諸葛亮とよりをもどしていた孫権は、ただちに軍を江夏《こうか》へ進め、石陽の魏軍を攻撃してきたのである。

こうして孫権は徐々に魏から独立してゆき、ついに黄龍元年（二二九年）、群臣の皇帝就任の要望にしたがって、呉王朝の皇帝に即位した。

天帝に告げた文章に、こう言う。

皇帝なる臣孫権は……おおいなる后帝《こうてい》さまにお告げいたします。……奸臣《かんしん》曹丕めは漢の衰運に乗じて帝位を奪い、その息子の曹叡《えい》は、父を継いで邪悪を行なっております。……（群臣が言うには）天意はすでに漢を去り、……天を祀《まつ》る郊祀《こうし》も、その主宰者もおらず、瑞兆は次つぎとあらわれて、帝位につく運命にある以上、それを受けぬわけにはまいりません、と。孫権《わたくし》は、……それに従わざるを得ないのであります。……

かくして魏・蜀・呉の三王朝が成立し、中国の地を三分して鼎立した。すなわち、ここに三国の志が誕生したのである。

3　諸葛亮の野望

さて、話を白帝城の劉備にまでもどして、その後の蜀の動きを追っておこう。重態におちいった蜀の漢帝劉備は、急ぎ成都から丞相《じょうしょう》の諸葛亮を呼びよせて後事を託した。

「そなたの才能は曹丕にまさること十倍、必ずわが蜀の地を安泰ならしめ、漢室再興の大業をうちたててくれるものと信じている。わがあと継ぎ劉禅《りゅうぜん》が、輔佐するに値する男なら、たのむ。値しなければ、そなた自らが帝位についてくれ」

感涙にむせびながら、諸葛亮が答える。

「私はただ臣下としての忠節の限りをつくし、命にかえてもお守りいたします」

劉備はまた、皇太子宛の遺詔をしたためた。

……小さな悪だからといって、それをしてはならぬ。小さな善だからといって、それを怠《おこた》ってはならぬ。賢と徳、それが人を敬服させるのだ。そちの父は徳がうすかった。見習ってはならぬ。……

そして、これからは丞相を父と思ってつかえよ、と遺言して、劉備は息をひきとった。

以上は『蜀書』の「先主伝」「諸葛亮伝」やその注からまとめたものだが、『魏書』にくらべて、どうも〝お涙頂戴〟式の叙述が多いように思うのは気のせいだろうか。作者の陳寿は、曹操に対してとはまた異なった親近感を、劉備にいだいていたのかもしれない。章武三年（二二三年）五月、劉禅が蜀漢の皇帝に即位した。時に十七歳だった劉備なきあと、若き新皇帝をかかえた諸葛亮の双肩には、蜀の政治・軍事のすべてがのしかかってきた。というよりは、それはまさに、二十代後半の諸葛亮が劉備につきしたがっていらい夢みてきたことが、現実になったということであった。蜀の主動権をにぎり、国をあげて漢王朝再興というスローガンに邁進できるのである。では、諸葛亮のいう〝漢王朝再興〟の中味は、いったいどういうものだったのか？

それまで南陽にくすぶっていた青年諸葛亮は、長坂の戦いで曹操に敗れた劉備の群れに身を投じた。

なぜか？

それは「諸葛亮伝」の注で裴松之《はいしょうし》がいみじくも語っているように、諸葛亮がいだいていた漢王朝再興という野望は、すでに曹操とその智嚢集団が献帝を擁立して実現しつつあり、しかも彼は、たとえば荀彧《じゅんいく》と異なって、曹操の膝下に入る気はなかったからである。もし中原を闊歩し、その才能を開花させたなら、司馬懿《しばい》などが対抗できる相手ではない、とまで裴松之は持ちあげているが、つまりは諸葛亮は、それほど己れに自信があり、また気位も高かったということだろう。

劉備が草廬《そうろ》をたずねて天下の方策を質したとき、諸葛亮はこう答えている。

「（袁紹の足もとにも及ばない家柄の）曹操が、とどのつまり袁紹を打ち破り、弱者が強者になりかわれたのは、ただ天の運があったというだけでなく、彼らの人謀によるところが大であります。今、曹操はすでに百万の軍勢をかかえ、皇帝を抱きこんで諸侯に号令しております。彼と、まともに鋒《ほこさき》をまじえてはなりません」

そして、まず荊州・益州の地を手に入れ、そこを地盤に孫権と手を結び、中原に変事がおこるのを待つという、いわゆる〝天下三分の計〟を述べてゆき、つぎのように締めくくった。

「まことにそのようになれば、天下を制し、漢室は再興できましょう」

だが、すでに漢室を護り、安定した政治を行なっている曹魏の現実にどう対処するのか。方法はただ一つ、曹操およびその一統は漢室再興に名をかりて簒奪を行なっていると糾弾し、自分たちの存在を正当化するしかない。そのとき、劉備が前漢景帝の子の血をひいているということ（になっている）が、小さからぬ意味をもってくるだろう……。諸葛亮は、いわばそうそうたる陣容をほこる魏の家臣団の一員になり終るよりは、劉備のもとで己れの才能をフルに発揮させ、彼自身が曹操の立場に立つことを夢みたのにちがいない。

しかしながら、実際の推移は甘いものではなかった。曹操の死後、献帝は曹丕に禅譲し、劉備の私憤に端を発する孫権との夷陵の戦いには破れ、いま劉備も病いにたおれ、あとには聡明とはいえぬ主君が残された。〝漢室再興〟のスローガンあってこその蜀漢ではあるが、なによりもまず焦眉の急を解決しなければならない。国内の変事につけ込んでくるに違いない魏・呉や地方反乱への対処、家臣団の結束、そして蜀全体をおおっている飢餓からの脱出――。

諸葛亮はとりあえず、機をのがさずに孫権に使者をおくって呉との国交を修復した。そのころ、魏の司徒華歆《かきん》らから諸葛亮のもとに一通の手紙がとどいた。天命と中国の趨勢を説き、蜀が魏の藩国になるよう要求したのである。しかし諸葛亮は、それを完全に無視した。そして、それに関する「正議」という文章を書き残した。たぶん蜀の臣下らに示したものだろう。

だが『諸葛亮集』に収められたその文を読んでみると、たとえば劉備に〝天下三分の計〟を説いたときのような、若々しさ、雄大さ、熱気、というようなものがすっかり消えうせ、引かれ者の小唄の羅列そのものであり、品位も説得力もない。曹操については、こんなふうに書いている。

……孟徳《もうとく》（曹操の字《あざな》）は見せかけだけの力で数十万の軍をひきつれ、陽平において張郃《こう》を救おうとしたが、追いつめられて戦術も失敗し、わずかに自分だけ脱出したものの精鋭部隊は敗れ、ついに漢中の地を失った。神器（帝位）を奪ってはならぬことを思い知らされ、帰還し終らぬうちに毒にあたって死んだ。……

建安文学の旗手たちとの文体の差は、歴然としている。

建興三年（二二五年）春、諸葛亮はみずから軍をひきいて南方（益州郡、越巂《えっすい》郡から今日の雲南省昆明《こんめい》辺り）の征討に向い、行く先々で勝利を得た。このことによって蜀の食糧事情や軍事・経済面がやや安定をみるようになった。その翌年五月、魏の文帝が病死した、という知らせがとどいた。諸葛亮は内心「魏攻撃のチャンスだ！」と心はやったに違いない。さっそく〝漢室再興〟〝逆賊曹魏の討伐〟のスローガンを高々とかかげ、蜀の国あげて一丸となり、魏討伐の大遠征軍編成の準備にとりかかった。

第十二章　死してのち已《や》まん

蜀将・諸葛亮の最期

劉備逝《い》き、関羽・張飛なき蜀漢をただ独り背負う諸葛亮。彼は主に対して忠臣とはいえず、死に処を求めるに急な男にすぎなかった。

1　諸葛亮「出師《すいし》の表《ひょう》」の真意

魏の文帝（曹丕）は、漢の献帝から禅譲《ぜんじょう》をうけて七年目に急死した。四十歳の若さだった。あとを青年太子の曹叡《そうえい》が継いだ。明《めい》帝である。

曹叡は曹丕と、のちに曹丕から死を命ぜられた甄《しん》皇后とのあいだの子で、五、六歳のころから驚くべき神童ぶりを発揮し、祖父の曹操から多大の期待をかけられていた。生母が誅殺されたために長いこと世継ぎに指名されなかったが、重態におちいった文帝は中軍大将軍の曹真《そうしん》、鎮軍大将軍の陳群《ちんぐん》、征東大将軍の曹休《そうきゅう》、撫軍大将軍の司馬懿《しばい》の四人を枕頭《ちんとう》に呼んで、曹叡を帝位につけて盛りたててくれるよう遺嘱したのだった。

文帝崩ず、の知らせをうけた蜀漢の諸葛亮は、ただちに魏討伐の準備にとりかかった。すでに呉の孫権とは同盟をむすび、南方の少数民族も鎮定し、蜀漢の体制もまがりなりにととのった。軍隊を一年かけて訓練したのち、諸葛亮は漢中に進駐すべく全軍をひきいて成都を出発する。それに先だち、諸葛亮は皇帝劉禅《りゅうぜん》に「出師《すいし》の表《ひょう》」を上奏した。出陣にさいして、心中の想いを披瀝した文章である。

この「出師の表」は、どうしたわけか日本人に人気があるようである。「純忠無比の至情が、諸葛亮を衝《つ》き動かして」書かれたものだとか、「一貫して劉備への忠節と、劉禅に向かっては、皇帝としての自覚を促す気持ちが流れており、そのために人を深く感動させる。」あるいは「（諸葛亮の）一点の曇りもない誠実と無私の魅力」にあふれている、などというものだが、これまた〝漢王朝復興〟のために挺身しつつも成らずして陣中にたおれた〝悲劇の英雄〟をもちあげる、中国における〝蜀漢正統論〟の論潮をうのみにした、皮相な日本人的解釈にすぎないのである。

まず原文のさわりを読みくだし文に訳出してみよう。

臣亮言《しんりょうもう》す。先帝《せんてい》（劉備）業を創《はじ》めて未《いま》だ半《なかば》ならずして、中道《ちゅうどう》に崩殂《ほうそ》す（中途でお亡くなりになった）。今、天下三分して益《えき》州罷弊《ひへい》す（疲れはてる）、これ誠に危急存亡（存在するか滅亡するか）の秋《とき》なり。然《しか》れども侍衛《じえい》（そば仕え）の臣、内に懈《おこた》らず（宮中でよく働き）、忠志の士、身を外に亡《わす》る者は、けだし先帝の遇《ぐう》を追いて（恩顧に感謝し）、これを陛下（劉禅）に報いんと欲すればなり。

さらに続ける――耳を開いて、よくお聴きください。先帝のご遺徳を輝かせ、臣下の志気を高揚され、自らを卑下したり、小理屈を設けて忠義の諫言《かんげん》を退《しりぞ》けてはなりません。内廷と外廷は一体であり、法を犯した者や忠節を尽くした者は、すべて担当官にその賞罰を決定させ、私的な感情によって差別してはなりません。内廷でお仕えする郭攸之《かくゆうし》、費禕《ひい》らは先帝が陛下のために抜擢した人物なので、大小となくすべて彼らに相談して下さい。将軍向寵《しょうちょう》も先帝がほめたほど有能な男です。軍事に関することは、すべて彼に相談されますよう。小人を近づけ、

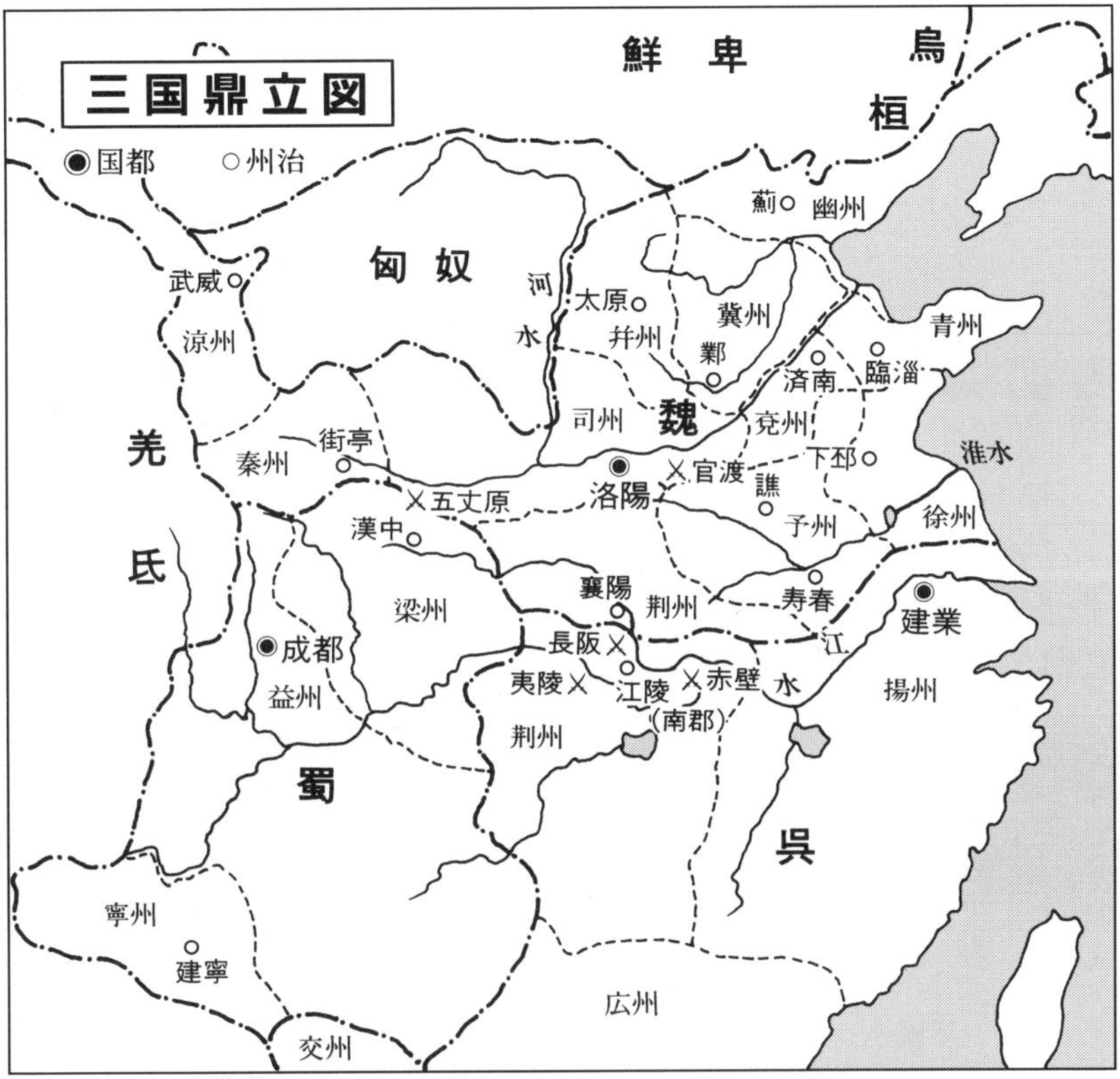

賢臣を遠ざけたために後漢は衰退しました。どうか、そのようなことのないように……。

臣はもと布衣《ふい》（無位無官）にして、躬《みずから》南陽に耕《たがや》し（田をたがやしながら）、いやしくも性命を乱世に全うして（この乱世を生きぬき）、聞達《ぶんたつ》を諸侯に求めず（諸侯に仕えて栄達したいとは思わなかった）。先帝、臣の卑鄙《ひひ》なるをもってせず（卑しいものとせず）、猥《みだ》りに自ら枉屈《おうくつ》して（自分から辞を低くして）、三たび臣を草廬《そうろ》（草ぶき）のうちに顧《かえり》み（足をはこばれ）、臣に諮《はか》るに当世の事をもってす（現下の諸問題を質問された）。

そこで私は先帝のために粉骨砕身す

ることを誓い、先帝も私の謹直さを認めて、漢室再興のことを託された……。

今、南方（の少数民族は）すでに定まり、兵甲《へいこう》（軍の装備）すでに足る。まさに三軍を奨帥《しょうすい》し（全軍をひきいて）、北の方中原《かたちゅうげん》を定む（平定す）べし。こいねがわくは駑鈍《どどん》（非才）をつくし、姦凶《かんきょう》（曹魏）を攘除《じょうじょ》し（取り除き）、漢室を興復して旧都（洛陽）に還《かえ》らんことを。……

どうか陛下ご自身におかれましても、よくよく反省され、正道をたずね、良言をとりあげ、心から先帝の御遺命にそうようお努め下さるよう……。

読めば一目瞭然、「出師の表」は出征後の留守を護る凡愚な皇帝に対して、しっかりせよ、と励まし諭《さと》した以上の文章ではないのである。しかも劉禅への効《き》きめを考えて、父劉備の威厳を大いに利用している。原文六〇〇字のなかに、十二カ所も〝先帝〟が出てくるのだ。とくに栄達を求める気のなかった自分を〝先帝〟が三度も訪ねてくれたので、ようやくその気になったというくだりなどは、真相は藪の中とはいえ、効果はあったであろう。「出師の表」は劉禅に対してだけではなく、また蜀漢の家臣団（趙雲を除けば、これという重臣は他界し、強い結束があったとは思えない）に対する諸葛亮の決意表明であり、団結をうながすためのものでもあったと考えられる。

それにしても、あとに残した劉禅の治政に不安を残しつつも、なおあえて漢中に大軍を進めた諸葛亮の真意はどこにあったのか？　まさか皇帝が代わったということくらいで、魏軍に勝利できると考えたわけではないだろう。漢中から先の、魏軍との戦闘をまともに考えたすえの軍事行動とは思えないのである。だとすれば、問題は蜀漢の内部に、あるいは諸葛亮個人の心中に、あったことになる。以後七年間、ほぼ毎年のように魏に戦いをいどんだ諸葛亮の行動のうちに、それは隠されていそうである。そのことに触れる前に、ひとまず明帝の代となった魏の様子をみておこう。

2　司馬懿《しばい》という男

魏の文帝曹丕が臨終の枕もとに呼んだ重臣のなかに、撫軍大将軍の司馬懿がいた。彼は曹操・曹丕なきあとの魏王朝をささえてゆきながら、その一方で着々と司馬一族の権勢を築いていった男である。そもそも曹操と司馬懿の出会いはどのようなものだったのか、『晋書』「宣帝紀」をひもといてみよう。

司馬懿は河内《かだい》郡温《おん》県（洛陽の東、黄河の北岸）の出身である。若いときから節操がかたく、頭がきれるうえに偉大なこころざしをもっていた。幅ひろい学問をおさめたが、とくに儒学に傾倒した。後漢末の動乱が勃発するにおよび、日夜、天下の動向を憂えた。

建安六年（二〇一年）、推《お》されて郡の会計官になった。ときの司空曹操は、司馬懿が人物だといううわさを聞いて自分の属僚にならないかと誘った。だが、司馬懿は仮病《けびょう》をつかって断わる。

「中風のために、立ちあがることもできません」

漢室もながくないと思っていたし、曹操に頭をさげるのがいやだったのだ。曹操は夜間、刺客を放って司馬懿の寝室を襲わせたが、じっとして動かなかったので助かった。のち、丞相となった曹操は、ふたたび文学掾《ぶんがくえん》（文書担当官）にとりたてようとした。

「もしまたぐずぐず言うようなら、ひっ捕えてこい！」

身の危険を感じた司馬懿は、やむなく出仕した。こうして太子曹丕の相手役をはじめ、つぎつぎと官位を昇っていった。

以上が「宣帝紀」の最初の部分である。司馬懿の行跡をよくみせるために、たとえば最初の仕官を仮病を使って断わった話や、曹操が刺客を放った話などのような、記録官の潤色としか思えない部分もあるが、それはともかく、出仕したことによって曹丕の深い信任をうけるようになったのである。

若いころの司馬懿は、すすんで意見を述べ、積極的に行動したようである。曹操が魏王になる直前の建安二十年（二一五年）、漢中の張魯討伐に従軍したおりのこと。陽平関を破って漢中に侵攻すると、司馬懿は曹操に進言した。

「劉備は劉璋をだまして蜀を乗っとりましたので、蜀の人間はけっして心服しておりません。しかもそのうえ、遠方の江陵の地を孫権と争っております。またとないチャンスであります。いま漢中に武威を示せば、必ず蜀に動揺が生じ、兵をいっきょに南下させれば蜀の崩壊は火を見るよりも明らか、その勢いに乗れば容易に大功を収めることができましょう。聖人も時（の勢い）に逆らうことはできません。いや、聖人は時をのがさないのです」

曹操の答えは、こうだった。

「人間の欲望は、限りがない。すでに隴《ろう》（漢中一帯）を得た。蜀まで手に入れようとは思わぬ」

司馬懿の言は取りあげられなかった。

曹操が魏王になると、司馬懿は太子付きの書記官となり、重大問題についてはかならず諮問を受けた。やがて軍の参謀に転じ、急速に魏国内での実力をつけてゆく。曹操が死に、漢の禅譲を受けて魏王朝が成立すると、司馬懿は皇帝政務秘書となり、ついで司令官をへて安国郷侯に封ぜられた。

黄初五年（二二四年）、文帝は軍をひきいて呉の国境にいたり、軍事的示威行動を行なったが、そのとき司馬懿は後方の許にとどまって守備についた。ほどなく撫軍将軍に任ぜられて兵五〇〇〇の指揮権をあたえられ、宰相の兼務を命ぜられた。文帝が危篤状態におちいると、司馬懿は曹真、陳群らとともに特命をうけ、天子の代わりに政務をとることになる。文帝に後事を託されたのは、すでにふれたとおりである。こうして明帝（曹叡）が即位し、司馬懿は曹操、曹丕、曹叡の三代につかえることになった。

このとき（二二六年）、孫権が江夏《こうか》を包囲し、さらに部将の諸葛瑾《しょかつきん》と張覇《ちょうは》を派遣して襄陽《じょうよう》を攻撃してきた。司馬懿は諸軍を指揮して孫権軍を敗走させると、進撃をつづけて諸葛瑾の軍も破り、張覇を斬り捨てて一〇〇〇あまりの首級をあげた。この戦功により、驃騎《ひょうき》将軍に昇進した。蜀漢の諸葛亮が劉禅に「出師の表」を奏上し、魏に挑戦すべく大軍をひきいて漢中に乗りこんだのは、まさにその頃のことだった。

3　死に場所を求めて

魏の明帝太和元年（二二七年）春三月、諸葛亮は成都から漢中に軍を進め、ほぼ一年にわたり、魏攻略の作戦をねった。そして蜀漢の建興六年（二二八年）正月、諸葛亮は陽動作戦を展開する。まず鎮東将軍趙雲《ちょううん》と揚武《ようぶ》将軍鄧芝《とうし》の部隊を箕谷《きこく》に進駐させ、斜谷《やこく》を通って郿《び》に向かうと見せかけ、諸葛亮みずからは残りの部隊をひきいて西方の祁山《きざん》に進出した。

威風堂々とした蜀軍の進軍のまえに、南安《なんあん》、天水《てんすい》、安定《あんてい》の三郡は戦わずして降伏、関中全域に動揺がひろがった。しかし、魏の明帝は少しもあわてなかった。

「蜀の険阻な山をたのみに専守防衛をはかってきた男が、のこのこ出てきたのだ。進むを知って、退くを知らぬ軍は、必ず破ることができる」

明帝は騎兵・歩兵あわせて五万の軍をひきい、長安に大本営を置いた。左将軍張郃《ちょうこう》が東進してくる蜀軍に当たる。対する敵の先鋒は参謀馬謖《ばしょく》、両軍は街亭《がいてい》でにらみあった。このとき馬謖が戦法をあやまり、諸葛亮に従わなかったため、蜀軍は惨憺たる敗北に終わった。諸葛亮はやむなく漢中に軍をひきあげ、馬謖を処刑して全軍に詫びた。

いわゆる〝泣いて馬謖を斬る〟この場面は、あきらかに二つの点において総帥《そうすい》諸葛亮の失策であった。一つは、あの部下を信頼した劉備ですら「馬謖は口ほど役に立たぬ。大きな仕事はまかせられぬ」と言っていたのを先鋒に抜擢したこと。あと一つは、それでも優秀な人材だった馬謖を、いま一度罪をつぐなわせるために登用するのではなく、あっさり殺してしまったことである。そして成都の劉禅に「……わたくしは人を見る目がなく、事にあたって誤りがちであります。……わたくしのつとめは、全責任を負うことであります。どうか三階級格下げにして、その罪を正してください」などという上奏文をしたためている。劉禅は成都に帰還してきた諸葛亮を右将軍に降格したが、丞相の職務および権限はそのままとした。

その年の夏、呉の将軍陸遜《りくそん》が淮南《わいなん》で魏の曹休《そうきゅう》を大破した。殺したり捕虜にした魏軍は一万人にものぼり、物資や兵器はほとんど捕獲した。この知らせに、諸葛亮はふたたび色めきたった。しかも魏は、兵力を南方にとられているため関中の防備が手薄になっているという。馬謖の敗退により蜀軍が痛手をこうむったのは、わずか半年前のことである。蜀漢の家臣団のなかには出征反対の意見が根強かった。だが、諸葛亮はなにかに憑《つ》かれたように強引に出撃を主張する。

劉禅に上奏した、いわゆる「後出師《ごすいし》の表」に、諸葛亮の心境がよくあらわれている。

先帝は漢と逆賊魏は並びたたず、漢室復興の王業はこの僻遠の地（蜀）にいては成りたたぬと考えられ、私に賊を討つ使命を託されたのです。……逆賊を討たねば王業もまた滅ぶ、坐して滅ぶのを待つよりは討伐を試みるにしかず、とお思いになられたのです。

……北征（漢中への出征）に反対する者たちの議論は、まことに不可解です。第一に、知謀にたけた前漢の高祖皇帝（劉邦）ですら、時に手傷を負い、死地をくぐりぬけてやっと安泰を手に入れられた。陛下は高祖皇帝に及ばず、謀臣たちも張良・陳平（前漢の謀臣）に劣るというのに、坐したままで天下を定められるとでもいうのでしょうか。

第二に……口を開けば古《いにしえ》の聖人が徳をもって化した例を引き合いに出す。いったい今年戦わずして、また明年も戦うことなく……敵地を併合させようというのでしょうか。

第三に……あの智略と用兵にひいでた曹操ですら……（いく度もの）苦戦の末に一時の支配をうち立てた……私ごとき非才の身で、危険をおかさずして天下の統一などできましょうか。

第四に……私ごとき無能の者が百戦百勝できましょうか。

第五に……（漢中に出征後、多くの将兵が死んでしまったが）このままいけば数年にして三分の二は失いましょう。そうなってから、どうして敵を撃ち滅ぼそうというのでしょうか。

第六に、いま蜀の民は窮乏し兵は疲労していますが、しかしこの大業をやめるわけにはいきません。留まるも進むも労苦と戦費は変わらないのに、一州の地にこもって持久戦にもちこもうとするのは、なにゆえでしょうか。……

およそ天下の転変はかくのごとく測りしれぬものであります。臣《わたくし》はただ陛下の御ために全力を尽くし、死してのち已《や》む覚悟であります。成功するか失敗するかは、問うところではありません。

この「後出師の表」に如実に示されているのは、追いつめられた将帥の無責任で捨てばちな精神状態である。より無能で力のない臣下らを、権威をかさにきて脅迫し、己れの言に従わせようとする、およそ、責任ある政治家・軍人とは言いがたい、傲慢でヒロイックな男の姿である。自然の要塞にかこまれた蜀とは、つまりは開かれた中華や南方の情報が入りにくい、陸の孤島そのものであり、すべての実権をにぎる諸葛亮が一手に情報操作していたはずである。しかも飢えに苦しみ、兵役はつづく――もともと、それまでまがりなりにも平和な生活を送っていた蜀の民衆に〝漢の復興〟なるスローガンなど、なんの必要もないものだった。

強引に乗りこんできて蜀漢なるものをでっちあげ、忠義・忠臣と叫ぶばかりでなく、民衆を無意味な戦争にかりたてる――自分のやっていることの悲劇性を、しかし諸葛亮はわかっていたはずである。一日も早く、自分も含めて、蜀はこの狂気から脱出しなければならぬ。その方法は……今や、動くことしかない。狂気を外に向け、勝ち目のない魏に攻撃をしかけ続けるしかない。諸葛亮は己れの死に場所を求めて、来る年も来る年も陣頭指揮に立ちつづけるのである。

4　五丈原に倒る

諸葛亮は漢中を足場に、都合五度、出征している。一度目は祁山《きざん》から街亭へ進軍し、馬謖が敗れた。二度目は散関をへて陳倉《ちんそう》城を包囲したが、結局、落とせずに撤退。三度目は部将の陳式に命じて西方にある武都《ぶと》・陰平《いんぺい》二

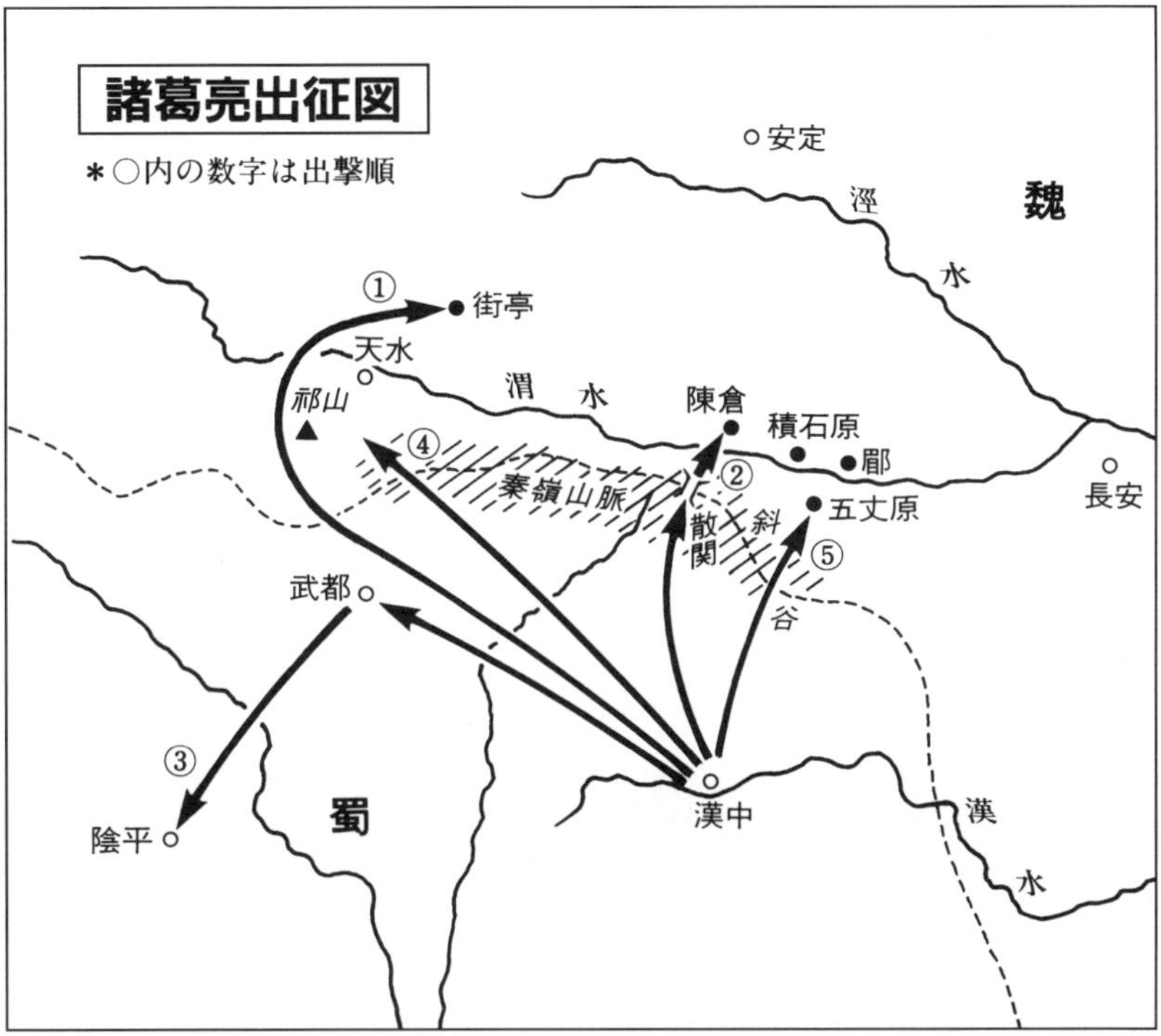

郡を攻略。みずからは建威まで軍を進めた。四度目はふたたび祁山に進軍、鮮卑《せんぴ》族の軻比能《かひのう》と手を組んで魏軍を牽制し、ついに敵将張郃《ちょうこう》を殺して司馬懿を退却させたものの、兵糧つきて撤退のやむなきにいたる。そして、それから三年後、雌雄を決すべく、諸葛亮は最後の戦いに出撃した。

　蜀の建興十二年（二三四年）春、諸葛亮は大軍をひきいて斜谷《やこく》から魏に攻めいった。蜀の総力をあげての侵攻作戦である。すでに病をえていた諸葛亮には、この決戦が死に処だと決めていたふしがある。成都を去るにあたり、劉禅に次のような上奏をしているのである。

　成都には桑八百株と痩せ田が十五頃《けい》ほどあり、家族の生活はそれで十分たります。臣《わたくし》が出征するにつきましては特別の仕度もなく、身の回りの品や衣食はすべて官から支給されており、それゆえ、とくに利財をふやす必要はございません。臣が死んだ日に、家に蓄《たくわ》えがあり、外に余財があるというような、陛下のご信頼に背くようなことはいたしません。

諸葛亮軍十余万は武功郡五丈原《ごじょうげん》に布陣した。対する魏軍三十万の総大将は司馬懿である。両軍は渭水《いすい》の南岸で対峙した。蜀軍は、これまでの遠征で兵糧の補給が思うにまかせず、いつも苦汁をなめてきた。そこで今回は兵力の一部を屯田にまわし、持久戦にでた。司馬懿が諸将に語った。

「諸葛亮がもし真の勇者ならば、武功に進攻して山づたいに東へ向かうであろう。もし西に軍を進めて五丈原に布陣するようなら、少しも恐れる必要はない」

諸葛亮は五丈原に布陣して、北上して渭水をわたる構えを見せたのである。「やつは、五丈原で戦うつもりだ……」そう見抜いた司馬懿は、将軍胡遵《こじゅん》と雍州《ようしゅう》刺史《しし》郭淮《かくわい》のふたりに後陣の守りをゆだね、みずから主力をひきいて五丈原に向かった。両軍は、五丈原手前の積石《せきせき》で出合い、戦闘になった。諸葛軍は前進をはばまれ、やむなく五丈原に軍を引いた。

「その夜、長い尾をひいた流星が諸葛亮の幕舎あたりに堕《お》ちるのを見て、司馬懿は蜀軍の必敗を確信した」と、『晋書』「宣帝記」には記されている。

いく日となく、五丈原での両軍のにらみ合いがつづいた。司馬懿は、じっくり腰をすえて動こうともしない。いくら持久戦の構えだとはいえ、遠征してきた蜀軍には不利である。病身の諸葛亮の体に疲労が蓄積されてゆく。諸葛亮は、たびたび使者を送って挑戦状をたたきつけたばかりか、婦人用の髪飾りや装飾品を送りつけて、戦闘の場に出てこない司馬懿を嘲笑した。

むろん、そんな手に乗る司馬懿ではない。軍師らの進言もあり、打って出る気配を見せなかった。諸葛亮は朝早くから夜遅くまで仕事をし、食事も少ししかとっていない、という間諜《スパイ》の報告もある。動かずとも、おのずから勝利するのだ。

戦いは膠着《こうちゃく》状態のまま、諸葛亮はついに病の床につき、病状は日増しに悪化していった。そして八月の暑い日、魏軍とはなばなしい戦闘を交じえることもなく、諸葛亮は五丈原の露と消えた。ときに五十四歳だった。配下の楊儀《ようぎ》らは、蜀軍をまとめて撤退していった。

統率者諸葛亮を失った蜀漢内部に、たちまち内紛の危機が襲う。征西大将軍魏延《ぎえん》と丞相長史楊儀《ようぎ》が指揮権を争って攻撃しあい、楊儀が魏延の首をあげて成都に帰還した。劉禅は丞相留府長史の蔣琬《しょうえん》を尚書令に命じ、国事を統括させた。そして翌年（二三五年）の春、楊儀を免職して追放し、蜀の実権は大将軍となった蔣琬の手におちたのである。

かくして蜀漢は魏への矛先《ほこさき》をおさめ、守勢防禦の時代にはいってゆく。劉備が漢帝を名のり、諸葛亮が丞相となってからの十数年に及ぶ過激な時代が終わり、以後三十年ちかい平和が蜀に訪れるのである。

第十三章　残り火を継ぐ者たち　三国滅亡と晋王朝

華麗にして凄絶な英雄争覇の時代は終わり、司馬一族による晋王朝が全中国を統一してゆく。

1　曹氏と司馬氏の確執

五丈原で蜀軍を撤退させた司馬懿《しばい》の、魏王朝における重みはますます加わった。二年後の景初元年（二三七年）、遼東太守の公孫淵《こうそんえん》が反旗をひるがえし、燕《えん》王を称して自立しようとした。幽州太守の毌丘倹《かんきゅうけん》を派遣したが、武力で撃退されてしまった。明帝は征伐軍をおこし、最高司令官に司馬懿を起用した。

明帝がたずねた。

「遠征の往《い》き帰りに、いく日要するか」

「往くに百日、還《かえ》るに百日、攻むるに百日、また休息に六十日――一年ございますれば、十分でありましょう」

司馬懿はこう答えて、歩兵・騎兵四万を従え、遼東の襄平《じょうへい》めざして発進した。

景初二年（二三八年）六月、司馬軍は遼水のほとりに布陣した。対岸の公孫淵軍も遼水にそって六、七十里にわたり堅固な防衛線を構築している。司馬懿は敵軍の南におとりの兵をくり出す。それにつれて敵が南に移動したすきに、主力部隊は渡河して一路、襄平をめざした。遠征軍の疲れを待とうとする敵の裏をかいて、おびき出そうとしたのである。案の定、背後に回られてあわてた公孫淵軍が仕かけてきた。手ぐすねひいていた魏軍は、ここぞとばかりに迎え撃ち、襄平にたてこもってしまった敵兵を包囲した。

だが、折あしく長雨の季節がやってきた。日がたつにつれ魏軍内に音《ね》をあげる将兵が出てくる。たまたま軍規に違反した秘書官を、司馬懿は即座に斬罪に処して軍内をひきしめた。こうして、ひたすら雨があがるのを待ちつづけ、ようやく太陽が顔を出した。総攻撃のチャンスである。魏軍はじりじりと包囲の輪をちぢめてゆき、土塁を築き、地下道を掘り、櫓《やぐら》をたて、昼となく夜となく矢石を城内にあびせかけた。

公孫淵から降伏を申しいれてきたが、司馬懿は使者の二人を斬りすてた。二度目の、人質をいれるという申し入れがきた。司馬懿は冷たく言い放つ。

「戦さには五つの道がある。戦力十分なら攻める。不十分なら守る。守る力もなければ逃げる。あとは降伏と討死にだ。公孫淵の使いは、手に縄もかけずにまかり出た。すでに討死に覚悟とみた」

追いつめられた公孫淵は、城を脱け出して包囲陣を突き抜けようとしたが、遼水のほとりで斬り捨てられた。こうして司馬懿は襄平城に入城し、戸数四万、人口三十余万の地域が魏の支配下にはいった。

公孫淵を討伐した司馬懿は、その年の冬、意気揚々と洛陽に凱旋しつつあった。そのとき、早馬の知らせが届いた。明帝が危篤、だというのである。あわてた司馬懿は昼夜兼行で道をいそぎ、なんとか明帝の臨終に間にあった。明帝は司馬懿の手をとると、かたわらの斉王曹芳《そうほう》に眼をうつしながら、言った。

「あれを頼むぞ。そなたに会えて、思いのこすことはない……」

明帝はその日、嘉福殿で崩御した。三十六歳だった。こうして司馬懿は、大将軍の曹爽《そうそう》とともに遺詔をうけて、魏の三代目皇帝として斉王曹芳（八歳）を帝位につけたのである。

ところで、大将軍曹爽は魏の功臣曹真《しん》の子で、幼いころから明帝に目をかけられたため、まさに日の出の勢いで出世した。年は司馬懿とは親子ほどの開きがあったが、皇帝側近の近侍武官となった彼は臣下として特別待遇をうけ、また弟曹義《そうぎ》をはじめ、その腹心だった丁謐《ていひつ》、何晏《かあん》、鄧颺《とうよう》といった若い連中の羽振りも、日を追って大胆になっていった。朝廷の重要ポストは曹爽一族と、その取巻《とりまき》がほとんどを占めるありさまだった。司馬懿は病気を口実に、ひっそりと自邸にひきこもってしまった。

曹爽グループの専横はとどまるところを知らなかったが、急に鳴りをひそめた司馬懿が不気味でならない。曹爽らはグループの一人李勝《りしょう》に荊州赴任の挨拶にいかせ、様子をさぐらせた。会ってみると、司馬懿は両脇を介ぞえの女中にかかえられ、衣服は肩からずり落ちそうで、女中がさし出したお粥も口からポタポタとよだれのように垂らす始末。話しかけても要領を得ない。

「司馬懿どのはもうろくされて、もうおしまいでしょう」

李勝は、こう曹爽に報告した。だが、実はそれは、司馬懿のみごとな演技だったのである。翌嘉平元年（二四九年）正月、天子が明帝の陵墓参拝に出かけ、曹爽兄弟も全員、都を留守にした。司馬懿はこのチャンスをのがさず、永寧太后（明帝の后）に奏上して曹爽兄弟の官位を剥奪する一方、中央軍師団長を勤めていた長男の司馬《しば》師《し》に宮門を守護させ、みずからも一軍をひきいて宮中の出入口をかためた。また司徒の高柔《こうじゅう》に大将軍代行を命じ、曹爽配下の軍隊を掌握させる。こうしておいて、司馬懿は洛水の浮橋のほとりにいたり、帝を宮中に迎える手はずをととのえ、曹爽弾劾文を上奏した。

曹爽は上奏文をにぎりつぶし、伊水の南に帝を擁して宿営、数千の兵を動員し守りをかためた。だが司馬懿の切りくずしに、ひとたまりもない。曹爽の罪を免職処分にとどめる、と約束したのである。曹爽は上奏を帝に伝え、司馬懿の要求をうけいれた。

しかし、これもまた司馬懿の巧妙な手だった。曹爽は解職されて邸にこもったが、監視はきびしく、ほどなく宦官とともに謀反の企てがあったという罪をきせられ、曹兄弟はむろん、グループは一網打尽に捕えられて、全員三族みな殺しの極刑に処されたのである。二年後、司馬懿は病没（七十三歳）し、司馬師が跡をついだ。

2　呉の孫一族、その後

呉の孫権は、魏に面従腹背しつつたくみに勢力バランスをとり、夷陵《いりょう》において蜀漢劉備に大勝してのちは、江東に磐石《ばんじゃく》の体制を築いた。若き将軍陸遜《りくそん》は、夷陵の戦いにつづいて石亭の戦い（二二八年）においても、魏の曹休《そうきゅう》を大破した。かくして呉の黄龍元年（二二九年）、孫権は帝位につき、建業に遷都、ここに実質的な三国鼎立が成立したのだった。

さて、魏の司馬懿がクーデターによって曹爽とその一味を誅殺し、朝政を掌握した翌年、呉の赤烏《せきう》十三年（二五〇年）のことだが、孫権は太子孫和《そんか》を廃して孫亮《そんりょう》をあと継ぎに任命した。もともと呉の太子には長男孫登《とう》がたてられていたが、病死したため、王夫人とのあいだに生まれた孫和を太子にすえた。だが孫権は、まだ幼い孫和の弟孫覇《は》を溺愛し、魯王に封じて太子と同じ待遇をあたえたのである。臣下のあいだにたちまち太子派と魯王派が生じ、激しい後継者争いがはじまった。重臣顧雍《こよう》が病死すると、両派の争いはますます激しさを加えた。

荊州牧と上大将軍を兼務して任地にあった陸遜が、正統の太子を主にして魯王の処遇に差をつけるべきだ、と孫権に上書した。孫権はいっこうに改めないばかりか、恐慌をきたした魯王派がでっちあげた陸遜の罪状二十カ条にたぶらかされて、問責の使者を荊州に派遣した。陸遜六十三歳、彼は孫権の駑馬《どば》にも劣る行為に憤りを発して死んだ。

老いた孫権は、寵愛する潘《はん》夫人に生ませた孫亮《そんりょう》に目をかけるようになる。依然としておとろえない太子派と魯王派の兄弟争い、孫権はついに無謀な決断をする。孫和は廃嫡、孫覇には死を命じ、その一党はことごとく斬首。かわって八歳の孫亮を太子に立てたのである。そして一年後、孫権は病の床についた。

後継ぎはまだ幼い。そこで孫権は諸葛恪《しょかつかく》を建業に呼びもどし、大将軍・太子太傅《たいふ》に任じて、秘書官長の孫弘《そんこう》とともに太子を補佐させることにした。諸葛恪は諸葛瑾《きん》の長男で、呉の名門の貴公子である。蜀の丞相諸葛亮の甥にあたる。我《が》が強く人の意見に耳をかさなかったというが、こんなエピソードがある。

あるとき、孫権が諸葛恪に聞いた。

「そちの父と叔父（諸葛亮）とでは、いずれが賢いと思うかな」

恪が答える。

「父であります」

「何ゆえ、そう思う」

「はい、父は仕えるべき主人を知っておりました。しかしながら、その点、叔父はめくらでありました」

孫権が喜んだのは、言うまでもない。

さて、孫権が世を去り、太子亮が即位して元号は建興元年（二五二年）となった。国政を総攬するようになると、諸葛恪はつぎつぎと新政策をうち出した。検察制度の廃止、負債の免除、物品税の撤廃……民衆のあいだの人気が一挙にたかまった。しかも呉の内政の変化（孫権の死）につけこんで攻めてきた魏の大軍を東興《とうこう》で撃ち破った。

だが、調子に乗った諸葛恪は、大臣らの反対論を無視して魏攻撃の大動員令をかけた。新城を包囲したものの二カ月たっても落とすことができず、かえって自軍内に病気が発生、多くの死者を出し、さんざんの体《てい》で帰還した。諸葛恪は人気が失墜したばかりでなく、逆にきびしい批判にさらされた。この男に国政をまかせていては危ない——そう考えたのは、近衛軍を掌握していた孫峻《しゅん》である。彼は皇帝孫亮とはかって諸葛恪誅殺をくわだてた。朝廷内に宴席を設けて諸葛恪を招き、その場で亡き者にしようというわけである。

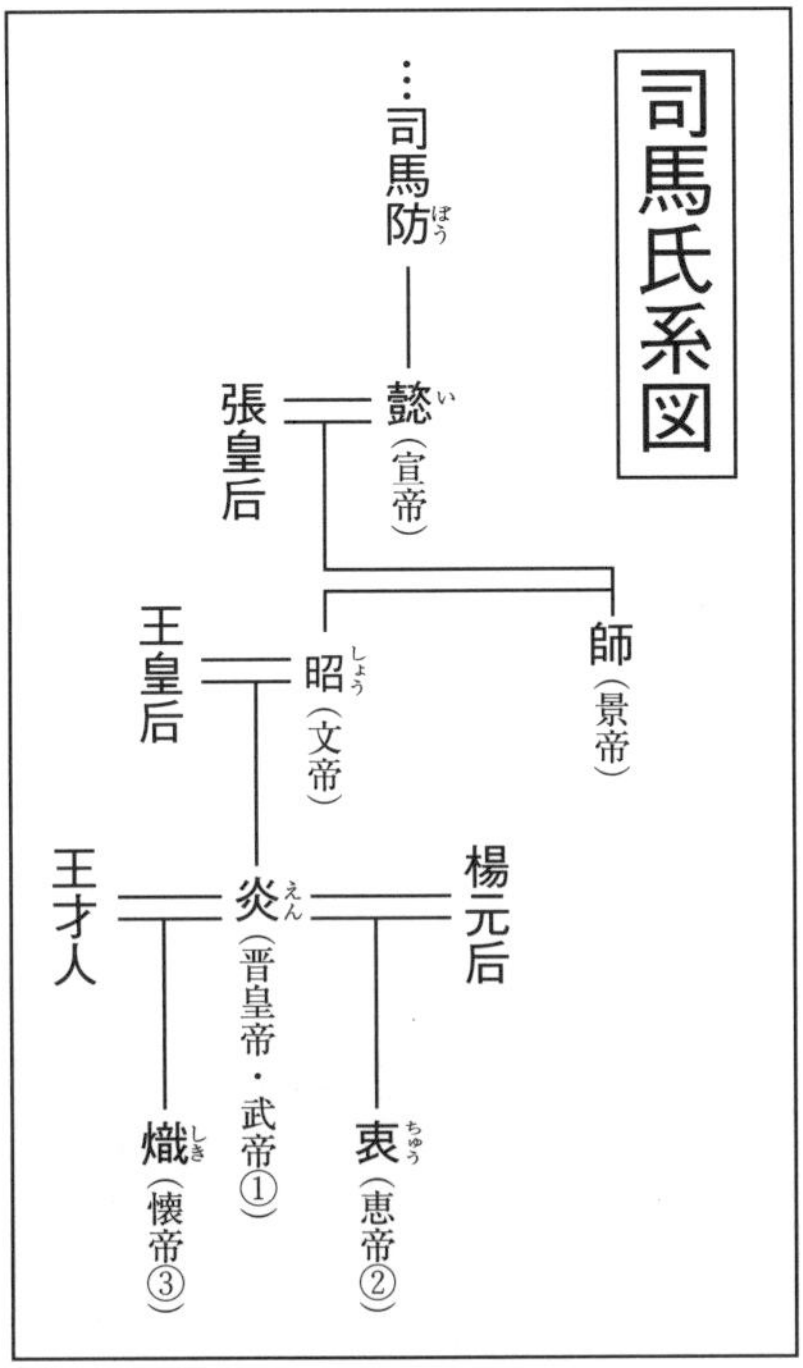

当日、皇帝の招きに応じて諸葛恪が参内してくると、皇帝侍従長の張約《ちょうやく》がこっそりメモを手わたした——いつもと様子が違います。お気をつけ下さい……。諸葛恪が引きかえそうとすると、何も知らない儀典大臣の滕胤《とういん》と出くわした。急に腹痛になって……というと、

「お上《かみ》がわざわざお呼び下さったのですぞ。ここまできて引き返すことはありますまい。無

理にでもお相手をつとめるべきではありませんか」

仕方なく、諸葛恪は座についた。やがて酒席となったが、彼は毒殺を警戒して口にしない。側から、孫峻が声をかけた。

「このところ、お体の具合がわるく、薬酒をお持ち歩きとか。どうか、それでもお飲み下さい」

ようやく気を許した諸葛恪は、持参の酒を飲みはじめる。座なかばにして、皇帝は奥に引きあげた。と、頃あいを見はからって厠に立った孫峻は、短衣に着がえて剣を手にして座にもどるなり、

「天子の命にて、誅殺す！」

と叫んで諸葛恪に斬りかかった。驚いた諸葛恪は傍らの剣を抜こうとしたが、抜けない。そこに、孫峻の剣が二度、三度と振り下ろされ、ついに息たえた。こうして諸葛恪の死体がはこび出され、床の掃除がすむと、ふたたび酒宴がつづけられた。ときに呉の建興二年（二五三年）十月のことである。

諸葛恪を誅殺すると、朝廷の全権は丞相・大将軍となった孫峻の手にうつった。ところが孫峻の横暴さは諸葛恪よりもひどかったので、朝野の人びとはふるえあがった。三年後、孫峻が病死し、あとを一族の孫綝《ちん》が継いで国権を牛耳《ぎゅうじ》った。

3　魏のだめ皇帝、二代

ふたたび、司馬懿の長男司馬師が実権をにぎった魏の動きに目をうつしてみよう。時の皇帝は魏二代目の斉王《せい》曹芳《そうほう》である。文帝（曹丕）の子曹叡《えい》（明帝）が崩じる時、八歳の斉王曹芳をまえにして司馬懿らに後事を託した

のだったが、実は明帝に子はいなかったので、曹芳の素性はわからないのである。『魏書』「三少帝紀」には「宮省（宮中）の事、秘にして、その由来するところを知る者なし」と記されている。しかも彼は、途中で皇帝を廃されたので諡《いみな》がなく、皇帝芳、廃帝芳などと呼ばれる。魏三代目の皇帝曹髦《ぼう》も同様である。魏はどうして二代、三代の皇帝がともに廃帝となったのか——。

四十四歳の司馬師が大将軍に就任したとき、皇帝曹芳はすでに二十歳になっていた。皇帝は、司馬師の操り人形にすぎない自分がいやになってきた。正元元年（二五四年）、皇帝は中書令の李豊《りほう》、外戚の光禄大夫張緝《ちょうしゅう》らを呼びよせて、ひそかに事を謀った。司馬師にかえて太常の夏侯玄《かこうげん》を大将軍の任につけよう、というのである。謀議はまもなく司馬師の知るところとなった。司馬師はまず李豊に自白をせまったが、何ら明かさないため剣の鍔《つば》でなぐり殺させた。やがて張緝、夏侯玄らも獄につながれ、三族みな殺しの刑に処された。

こうして司馬師と皇帝曹芳のあいだに不信がつのり、司馬師は廃帝を決意する。皇大后（明帝の皇后）への奏上文には、こう書かれていた。

……現皇帝は大業をうけつがれ、すでに青年に達しておられますのに、いまだ自ら政治をとられず、好みの婦人に浸《ひた》りきりで女色に溺れ、学問もなさらずに学者をうとんじられ、日々郭懐《かくかい》や袁信《えんしん》などの役者をひきいれては建始殿や芙蓉殿のまえでまっ裸でたわむれさせたうえ、女官らと関係させ、ご自身は后妃たちをひきつれて、それを見物されておられました。……

皇帝を廃された曹芳は西宮に移され、皇太后の望みで新皇帝には高貴郷公曹髦が決まった。その翌年（正元二年、二五五年）、司馬師が病没し、弟の司馬昭が魏の政権をひき継いだ。

司馬昭が軍事・政治の大権を手にしてから二年、甘露《かんろ》二年（二五七年）二月、征東大将軍諸葛誕《しょかつたん》が、司馬一族の専権に抗して寿春《じゅしゅん》で反乱を起した。揚州刺史楽綝《がくちん》を血祭りにあげ、呉に救援を要請したのである。司馬昭は各州から動員した二十六万の大軍をひきいて、淮《わい》水の北岸、丘頭《きゅうとう》に布陣、寿春城を二重、三重に包囲した。深い堀をめぐらせ、高い土塁を築き、蟻のはい出るすき間もないほどである。そうしておいて司馬昭は、精鋭部隊を編成して呉からの救援にあたらせた。

城内の諸葛誕軍は何度も包囲網の突破をはかったが、歯がたたずにまた城内にとじこもる。呉からの救援も阻止され、諸葛誕軍は孤立無援の状態となった。食糧はみるみるうちに欠乏してゆく。司馬昭側の切りくずしに、城内から次つぎと脱出してゆくものが跡をたたない。ほぼ一年が過ぎた。城内の食糧は底をついた。諸葛誕の軍内に分裂が生じ、互いに殺し合いが始まる。もはやこれまで、諸葛誕はわずかな手勢をつれて決死の脱出をはかったが果たせず、壮烈な最期をとげた。かくして洛陽に凱旋した司馬昭の権力は、さらにゆるぎないものとなった。

ところで、司馬昭に擁立された皇帝曹髦は、すでに二十歳になっていた。学問好きで「才能は陳思王（曹植）、武勇は太祖（曹操）のごとし」と評されたほどだった。それだけに、司馬昭に比して自分の権威が目にみえて低下してゆくのに我慢ならない。ある日、侍中《じちゅう》の王沈《おうしん》、尚書の王経らを呼びよせて言った。

「司馬昭の心中を知らぬ者はいない。いつかは、わたしを廃するつもりだ。そんな辱《はずかし》めを受けたくはない。今日、そちらと共に出《い》でて、司馬昭を討ちとりたい――」

驚いた王経が、こんこんとなだめる。だが、曹髦はすでに決心していた。懐《ふとこ》ろから詔勅をとり出して地面になげつけ、

「決行あるのみだ。死なぞ、恐くはない！　また、死ぬとは限らぬ！」

そう言い残すと、召使い数百人をひきいて太后のいる宮殿に向かった。知らせをうけた司馬昭は、ただちに厳戒体制をしいて各宮門を警備させる。中央軍師団長の賈充《かじゅう》ひきいる一隊が、南門で皇帝一行を阻止しようとした。曹髦は、みずから剣を抜いて斬りこんでいく。兵士らは、それを見て引き退がろうとする。

「まずい事態です、どうすればよいでしょう！」

太子付護衛官の成済《せいせい》が、賈充に指示をもとめた。

「日頃、司馬昭殿がお前らを養っているは何のためだ！　言うまでもなかろう！」

それを聞くや、成済は躍り出ていって一気に曹髦を突き刺した。剣が背に突きぬけるほどの激しさだった。さすがの司馬昭も仰天したが、やむを得ない。とどのつまり、皇帝を刺殺したとして成済が罪をきせられ、斬罪に処せられてことは終わったのである。新皇帝には陳留王曹奐《かん》が即位した。元帝である。曹操の孫にあたる。

4　あらたなる禅譲劇

諸葛亮なきあとの蜀に眼を転じてみれば、蔣琬《しょうえん》、費禕《ひい》、姜維《きょうい》というような人物が凡庸な皇帝劉禅を補佐していったが、蔣琬没後に国政を担当したのが大将軍費禕である。彼はいわば〝守り〟の人で、自分から魏に打って出るようなことはなかった。だが不幸にも、延熙《えんき》十六年（二五三年）春、宮中における新年宴会の席上で、魏から投降してきた郭循《かくじゅん》に刺殺されてしまう。

その後の蜀の軍権を掌握したのは、衛将軍の姜維である。彼は費禕とは対照的に、連年のごとく軍をおこして魏領内への侵攻をくわだてた。まるで諸葛亮の再来かと思わせるほどで、姜維もまた蜀の国力を消耗させせただけだった。その間、成都の朝廷では、劉禅にとりいって寵愛をほしいままにした宦官黄皓《こうこう》が権力をにぎり、国政を左右していたのである。いまこそ、蜀討伐の絶好のチャンスだ、と行動をおこしたのは、新帝曹奐《そうかん》を擁立したばかりの魏の相国司馬昭であった。

景元《けいげん》三年（二六二年）冬、司馬昭は鍾会《しょうかい》を鎮西将軍・関中方面総司令官に任命、十分の攻撃態勢をととのえると、同四年秋、鄧艾《とうがい》、諸葛諸《しょ》にそれぞれ三万の兵をあたえて、祁山《きざん》方面からの成都攻撃を命じた。鍾会は十余万の兵をひきい斜谷《やこく》方面から漢中、剣閣、成都へと軍を進める。両方面軍は姜維や諸葛瞻《せん》（諸葛亮の子）の激しい抵抗にあったものの、じりっ、じりっと蜀軍を追いつめてゆき、綿竹《めんちく》に進軍した鄧艾《とうがい》軍が決死の総攻撃をかけた結果、蜀漢の第二代皇帝劉禅は、もはやこれまでと降伏を申しいれた。劉備、諸葛亮が建てた蜀漢の滅亡である。

魏が蜀をほろぼして二年後、咸熙《かんき》二年（二六五年）の八月、司馬昭が病死し、長男の司馬炎が跡を継いだ。皇帝曹奐《そうかん》はすでに二十歳、彼は蜀討伐の功をもって司馬昭を晋《しん》王に昇進させ、司馬炎はその太子についていた。時代は、すでに晋の司馬氏に移っていた。『魏書』「陳留王紀」には、つぎのように記されている。

その年（咸熙二年）の十二月壬戌《じんじゅつ》（十三日）の日、天の恵みはとこしえに去り、天命は晋に移った。百官に詔勅を下し、儀礼をととのえ、洛陽の南郊に壇を設けさせ、使者をつかわして、皇帝の印綬とともに帝位を晋王（司馬炎）に譲った。その方式は、漢から魏へ交替したさいの前例にならった。……

すなわち、魏の元帝（曹奐）は曹丕《そうひ》より三代目にして、帝位を晋王・司馬炎に平和裡に禅譲したのである。『魏書』の作者陳寿は「三少帝紀」の最後を、こう締めくくっている。

評にいう。……陳留王は帝位にあるときはいつもうやうやしく、宰相（司馬炎）が政治をとりしきり、ついには前の方式にのっとって、ごくおだやかに禅譲した。それゆえ大国に封ぜられ、晋王朝の賓客として礼遇された。山陽公（魏に禅譲した漢の献帝）にくらべて、いっそう優遇されたのである。

ここに晋王朝第一代皇帝武帝（司馬炎）が誕生し、魏王朝は滅びた。三国のうち蜀と魏が滅び、残る呉は――呉王朝もまた、皇室と政治権力者の血を血で洗う闘争の繰り返しにより、脆弱な新興王朝の骨格を露呈し、国力の衰退は時間の問題であった。

晋の武帝が誕生したとき、呉の皇帝は前年（二六四年）帝位についたばかりの孫晧《そんこう》だった。孫権の孫にあたる。だが、この皇帝はまさに〝亡国の皇帝〟そのものといってよく、臣下を召集しては泥酔するまで宴会を開き、あるいは臣下らを互いに監視させ、その一方、後宮で女色にふけり、阿諛《あゆ》迎合する宦官を要職に抜擢した。忠臣らの心は、皇帝から離れてしまった。

約十五年の歳月が過ぎた。晋の咸寧《かんねい》五年（二七九年）正月、武帝は呉討伐を決意する。北と西の六ルートから長江北岸の呉の都《みやこ》建業をめざし、都合二〇万の大遠征軍を発進させたのである。呉の防衛線は次つぎと突破され、呉軍はかき集めた兵士まで脱走してしまうありさま。晋軍はしだいに包囲網をちぢめてゆき、翌咸寧六年（二八〇年）四月、晋軍の第一陣が建業に乗りこんだ。ここにいたって、呉の皇帝孫晧は降伏を申し入れた。呉は滅亡し、晋による中国統一がなったのである。

付録

曹操文言集

中華書局版『曹操集』のなかから、特に必要と思われる曹操の発言・文・令をほぼ年代順に訳出した。本書の本文に引用したものと重なる部分もある。

●風俗を整える令

建安十年（二〇五年）、曹操が冀州平定後、社会風俗を改めるために出した令。

過去の聖人は、阿諛迎合《あゆげいごう》して徒党をくむことをよしとしなかった。聞けば冀州《き》では、父と子が党派を異にして互いに誹謗しあうとか。昔、直不疑《ちょくふぎ》（前漢の臣）は、兄もいないのに、嫂《あによめ》と密通したと言いふらされ、第五伯《だいごはく》魚《ぎょ》（後漢の臣）は親のない娘と三度結婚したが、世間は彼が娘の父親をムチ打ったと噂した。王鳳《おうほう》（漢成帝の伯父）は専権をふるったにかかわらず、谷永《こくえい》（漢の大臣）は周室の申伯《しんはく》（周の名臣）にたとえ、王商《おうしょう》（漢の忠臣）が王鳳を批判すると、張匡《ちょうきょう》（漢の臣）はかえって王商を邪道だと攻撃した。これらはみな白と黒を顚倒させるもので、天をあざむき君主をないがしろにするものである。私は社会の風紀を整えたいと思っているが、いまだ阿諛迎合する徒党が無くならない以上、それは私の恥である。

●曹公のために孫権に与う書を作る

赤壁の戦い（二〇八年）の後、建安十六年（二一一年）に曹操が孫権に与えた書簡。作文者は阮瑀《げんう》。『文選《もんぜん》』巻四二に収録。

連絡が途絶えていらい、三年がすぎた。一日とて、かつての親密なときを忘れたことはない。両家の婚儀による恩情の深さにくらべ、乖離《かいり》による溝はまだ浅い。この気持ちは、そなたとて同じだと思う。古今をとわず、人の気持ちの変化は、侵害や侮辱、過失や疑念が生まれたときにおこる。忿《いか》りと不安が昂じたとき、大きな危機がおとずれる。韓信《かんしん》が楚王の地位を失うことに心を傷め、彭寵《ほうちょう》（漁陽太守）が特別待遇を受けなかったことを恨み、盧綰《ろわん》（燕王）が疑念と危惧から嫌疑を生じ、英布《えいふ》（淮南王）は事が露見したと恐怖した。いずれも事変発生の原因となったのだ。

わたしとそなたの恩情は親子同様ゆえに、江南をそなたに割譲し、二度と揚州の管轄下に入れなかった。まさか、それを淮陰《わいいん》侯韓信のように、楚王の地位を失ったと思って憎んでいるわけではあるまい。わたしが劉馥《りゅうふく》を抑えたのは、われわれの情誼がさらに深まるよう考えたからで、なにゆえそなたは朱浮《しゅふ》（後漢の大将軍）が彭寵を告発したような事を放任するのか？　そなたは盧綰のように張勝（燕の部将）と匈奴との結託を隠蔽したことはないし、また他人も、賁赫《ふんかく》が英布の謀反を密告したように、そなたをおとしいれようとする者はいない。もともと燕王盧綰や淮南王英布のような嫌疑は、何もないのだから。

　にもかかわらず、そなたはかたくなに王命を拒絶し、公然と、われらの以前からの堅固な友情を放棄しようとする。これではまるで、小人《しょうにん》の密かな挑発にのったようなものではないか。そのような行為は真実のように見えても、本来、人を引きつけるものがない。ある形跡にもとづいて見せかけの像を作り、たやすく人の眼を惑わそうというのだ。災難をもって告発しあい、恥辱をもってやりあう。これでは、雄心をいだく男なら憤然と起ち上がらざるを得ないではないか。かつて蘇秦《そしん》が、合縦《がっしょう》して秦に対抗しようと韓王を説得したとき、〝牛後〟になることの恥辱を訴えた（「牛の後《しりへ》よりは、鶏の頭《かしら》になれ」という故事をふまえる）。韓王は宝剣を握りしめ、顔色をかえて気色《けしき》ばみ、兵を失くし土地を奪われても後悔せぬと覚悟したが、これこそ人情というものではなかろうか。

　そなたはいま血気盛んな年齢だが、すでに寵臣の話（魯粛の曹操南進論）を信じて災難の到来をおそれ、また憤怒をいだいて、もはや遠くにあるわたしの心を推し測《はか》ることができず、眼前の事態の進展に心うばわれ、わたしと疎遠になろうと決めた。われらの親しい間柄を変えてまで、劉備の煽動《せんどう》による軍事摩擦と捏造《ねつぞう》された離間策にのせられ、このような事態をまねいた。そなたの本来の心を取りもどしてほしいと願うのみだ。

　徳のうすいわたしだが、官位高く、重責を担っている。さいわいにも国家安定の機運にめぐまれた。天下を平定させ、異民族も帰順し、なにごとも順調で、ひさしく幸福を享受している。でありながら、親戚のわれわれ両家が他人の挑発によって溝を生じ、厚くしたしい関係に亀裂が走っている。世間は、その責をわたしに帰すだろう。もともと、あいつは人を害する心を隠しもっており、ひそかに鄭《てい》の武《ぶ》公が故《こ》国をうばったような陰謀をたくらみ、もって、そなたに、わたしを絶交せしめたのだ、と。それを思うと、心が昂《たかぶ》り、慙愧《ざんき》にたえず、夜も眠れない。この数年、小さなこだわりを捨てて以前のように親しくなり、両家がともに栄えて幸福を後代につたえることで、わたしの誠意をそなたにわかってもらいたいと思いつづけてきた。だが、その機会がなかった。かつて赤壁《せきへき》の役《えき》では、ひどい疫病《えきびょう》に襲われ、船を焼きはらって自《みずか》ら帰還し、悪条件をのがれた。周瑜《しゅうゆ》の水軍に制せられたのではない。江陵《こうりょう》駐留軍（曹仁が駐留）の物資・糧食はことごとく尽きはて、やむなく民衆を移動させて軍を撤退させた。これまた、周瑜に敗れたわけではない。荊州はもともとわが領分ではなく、すべてをそなたに譲り、そのほかの地を得たいと思った。なんら、そなたを傷つけ、損失を与えるものではなかったのだ。この事変を、よくよく考えてみれば、わたしに失うものは何もない。なんの必要あって荊州を占領し、そなたから取りあげるというのか？

高帝（劉邦）は官位をもって田横《でんおう》を招来しようとし、光武帝（劉秀）は河を指《さ》して朱鮪《しゅゆう》に誓ったが、そなたに彼らほどの罪でもあるというのか？　わたしの情意をつたえ、そなたのよい返事をまっている。

かつて譙《しょう》郡にあったとき、数隻の船を新造した。ただ九江まで行って巣湖一帯の形勢を目にし、沿岸住民の生活を安定させたかったがためで、深く攻め込むつもりなどまったくなかった。しかし、おそらくそなたの策士たちは己れの知識をひけらかして、そなたに吹き込んだろう。そなたは彼らの計略が当を得ていると思い、西（蜀）からの憂いはなくなったと考え、それゆえに、そなたは考え方をもとに戻さなかったのだ。しかし明敏な人間は事前にもくろみ、人の企みに通じ、将来を見通した計画をもっているものだ。だから伍子胥《ごししょ》（春秋、呉の大夫）には呉国の滅亡が予見でき、輔果《ほか》（戦国、晋の貴族）はあらかじめ智伯が趙に捕らわれることを見抜き、穆生《ぼくせい》（漢の魯の人）は事前に病を装って辞職し、楚王の災難に遭遇するのをまぬがれた。鄒陽《すうよう》（前漢の智謀の士）は機をみて呉国を離れて北に遊び、呉王と同じ災《わざわ》いを受けずにすんだ。この四人は、しかし聖人だろうか？ただ時勢を知り、かつ深謀遠慮、小をもって大を見通したにすぎない。

そなたの聡明さをもってわたしの謀略を見、そなたが占拠している地でわたしの領土の広さを推し量ってみるがよい。わが勢力が非常に小さいゆえに深入できず、長江以南を割譲して安逸を貪《むさぼ》ろうとしている、とでも言うのか？　断じて、そうではない。そなたがもし水上戦に頼って長江沿いに守りを固め、朝廷軍を渡江させまいと考えても、それは無理というものだ。千里にわたる水面上の作戦において、情況の変化は果てしない。越《えつ》国は軍を三分して江を渡って呉を破り、漢兵はひそかに夏陽から渡江して魏王豹《ひょう》の意表をついた。長江は非常に広大だが、防禦線もまた長く、守るのは容易でなかろう。

なにごとにも適宜な措置はあるものだが、いちいち語りつくせるものではない。わたしはそなたと以前の友好関係を回復したいと思っている。今日の形勢を誇ってみたところで、敵が威勢をかりてそなたを脅していることになりはしないだろう。いろいろ考慮してみるに、こうしてそなたに手紙を書いても無駄ではないかと恐れる。なぜか？　かつてわれら両軍が相《あい》対峙したとき（赤壁の戦い、を指す）、わたしは積極的に軍を引いて退却した。しかも今日こんなにも遠くからそなたに問いかけ、言辞は控えめにし、願望も高くない。わたしが力を使いはたしたという印象をあたえ、かえってそなたの驕慢さを増長させているのかもしれぬ。そなたの心を打つには不足だが、古人の意にならって、わたしの想いを表明しておこう。よくよく考えてみてもらいたい。

かつて淮南王は左呉《さご》（謀士）の計略を信じ、後漢の隗囂《かいごう》（天水の反逆者）は王元の意見を入れ、彭寵《ほうちょう》は腹心官吏の計略を受け入れた。いずれも洞察力がなかったため、世間のもの笑いとなった。ところで梁王は羊勝《ようしょう》・公孫詭《こうそんき》の策を受け入れず、竇融《とうゆう》（後漢の大司馬）は隗囂の使者張玄《ちょうげん》を退けた。ふたりの賢人はことを見抜いていたゆえに、福がそれに随ってきたのだ。そこのところを留意してほしい。もしそなたが内は張昭を避け、外は劉備と戦い、もつて朝廷に忠心を表明すれば、われらの友好関係は回復する。かくなれば、江南の重責は末ながくそなたが担い、高い地位をやすやすと手に入れ、うえは朝廷の東方（呉）に対する心配を取り除き、したは民《たみ》百姓《ひゃくせい》に平安と幸福を与える。そなたは栄華を享受でき、わたしにも良いことだ。痛快なことではあるまいか。

そなたが、もしわたしのこの一片の誠意を無視し、僥倖を射とめようという心をもって張昭・劉備の二人に従うならば、心ならずも処罰せぬわけにはいかぬ。これはいわゆる〝小人の仁慈で大仁を損なう〟ものである。心広く正直な人間なら、やりたくないことだ。そなたが子布《しふ》（張昭の字）を憐れみ彼との共存を望むならば、わたしは心底、これまでの恨みを忘れ、そなたの希望にそって、子布がそなたと仕事ができるようにしたい。子布の今後のやり方を見て劉備のみを捕え、そなたの忠誠心を示せば足りることである。提示したこの二つの条件から、そなたは慎重に一つを選ぶがよい。

ところで、荊州・揚州の諸将で投降してきた者によれば、誰もが、交州刺史はそなたに捕えられたという。予《よ》章《しょう》（揚州に属す）は、朝廷の任命を執行せず、また疾病と旱魃が同時に発生して民衆と兵士の数もともに減少したらしい。彼らはみな、わが軍の進駐を求めて、そう言うのだ。そのような話を聞いても、わたしは嬉しいと思わぬ。道ははるかに遠く、投降者の話も信じがたい。また君子は、他人の災禍など喜ばぬ。ましてや、民百姓は朝廷に帰するもので、ねんごろに想いやり、喜んで人を愛し、和睦を大切にすれば、少しでも徳に近づけよう。そなたが私の漢室への輔佐を手助けしてくれ、朝廷が労せずして江東を治められれば、わたしにとってもありがたい。軍兵を止《とど》め、書面をもって気持ちを伝えるゆえんである。

かつて、われわれは戦いはしたが、双方の使者の往来は妨げなかった。そなたに望むのは、わたしに対し虚心になって考えを改め、仲山甫《ちゅうざんほ》（周宣王の大臣）が朝廷の欠点を補って詩人に賛美されたようになってほしい。『周易』に言う「牽復《けんふく》」（もとの良い道にもどる）の含意を、じっくり考えてもらいたいのだ。清流で鱗甲《うろこ》を洗い、大空のなかで羽根を伸ばして飛翔する――いまこそ、絶好の機会だ。努力されよ！

●自《みずか》らの本志《ほんし》を明らかにする令

建安十五年（二一〇年）。本令は、曹操の生涯と思想の変遷を自ら語ったものとして重要。

孝廉《こうれん》に推薦されたとき、わたしはまだ若かった。そのころわたしは、「自分は野《や》にあって清直《せいちょく》の士として名を博すような人種ではない。たぶん世間は、おれを凡人・愚人と見ているにちがいない。よし、ならばひとつ郡の太守くらいにはなって、立派な政治をやってみせ、世間を見かえしてやろう」と思っていた。済南国の執政官になったとき、わたしはまず官界を粛正し、暴力や汚職の常習犯を切りすて、公平に人事をすすめた。だが、それがかえって中央の宦官《かんがん》や外戚らの反感を買ってしまった。わたしは家族がとばっちりをうけるのが心配になった。病気を口実に官を辞し、故郷に帰った。

こうしてわたしは官を退き、田舎にこもった。しかし、歳はまだ若い。同期の考廉のなかには五十になるものもあったが、それでも老人とみなされていなかった。自分がこれから引退生活をつづけて、天下の濁流勢力が一掃されるのを待つとして、かりに二十年たったとしても五十一ではないか。わたしは譙から五十里のところに書斎をつくり、夏と秋は読書、冬と春は狩猟という生活をおくることにした。わたしは、川底までもぐって泥の中に沈みこみ、すっかり自分の姿をかくして世間との接触を絶とうとしたのである。

だが、実際は、そういうわけにはいかなかった。騎兵隊司令から典軍校尉に昇進した。これを機に、わたしの考えは変わった。漢王朝のために賊を討ち、功を立てようと決意したのだ。侯に封ぜられて征西将軍となり、死してのちは「漢の元《もと》征西将軍曹操の墓」と墓碑にきざまれたい――これが、そのときの志だった。

董卓《とうたく》の暴挙に対抗して、わたしは義兵を起こした。そのころ、挙兵する者はみな、兵士の数が多いほどよいと考えていたが、わたしはできるだけ数を減らした。なぜかと言えば、数が多ければ兵士らの意気があがり、むやみに強敵とぶつかりたくなる。それは破滅への第一歩だ。汴水《べんすい》の戦いのときは数千、揚州に退却して再度兵を集めたときも三千たらずである。はじめから、わたしはその考えだったのだ。

のちに兗《えん》州を治めたときは、黄巾軍三十万を撃破した。つづいて袁術《えんじゅつ》が九江で天子の名を騙《かた》ると、その部下らはみな彼に対して臣と称し、その門を〝建号門〟と名づけ、着る物はすべて天子の様式にのっとり、二人の女房まで先を争って皇后の地位に就こうとした。皇帝になろうと決意し計画も定まったとき、袁術に、すぐにも帝位に即《つ》いて天下に公表するよう勧めるものがあったが、袁術はこう答えたものだ。「曹公がいるうちはだめだ」と。その後わたしは、袁術を討伐し、四人の大将を捕え、多くの部下を捕虜にした。袁術の退路を断ち、潰滅瓦解させると、彼は病を発して死んだ。

袁紹は河北を占拠して強大な兵力となった。自分の力量を考えれば実際かなう相手ではなかったが、御国に身をささげ、大儀のために犠牲となって、後世に名を残せばよいと考えた。幸いにも袁紹を打ち破り、そのふたりの息子も処分した。だが、まだ劉表が残っていた。彼は自分を皇帝の同族とみなして邪悪な心を抱き、一進一退しつつ形勢をうかがい、荆州を占拠していた。わたしは荆州をも平定し、かくして天下を定めたのだ。身は宰相となり、人臣として最高の位に昇った。これほどになろうとは、思いがけぬことだった。

さて、以下に述べることは、あるいは自慢話ととられるかもしれぬ。しかしあえて遠慮なしに言うのは、人にも思うままを口にしてもらいたいためである。もし漢に、私という人間がいなかったら、一体どうなっていただろうか。〝帝〟を称し〝王〟を称する者がいく人出ていたことか。勢力が強大になったうえ、私が天命というものを信じないため、「あいつは不遜な考えを抱いている」と言う者もいようが、まあ勝手にさわぐがよい。

斉《せい》の桓公《かんこう》、晋《しん》の文公が、今日にいたるまで賞賛されているのはなぜか？　絶対的な軍事力をもっていながら、なお周王室によく仕えたからである。またその周が、『論語』に「天下の三分の二を領しながら殷に仕えた周の徳は、至徳である」と評されたのも、大をもってよく小に仕えたからである。むかし（戦国時代）、燕《えん》の将軍楽《がく》毅《き》が趙《ちょう》に逃亡した。趙王は楽毅と謀って燕を攻めようと考えたが、楽毅は平伏し、流涕しつつ答えた。「わたくしが燕の昭王にお仕えしたのも、いま大王にお仕えしているのと同じでございます。もしわたくしが罪を着て他国に追われましても、死んでそれまでのこと。趙の奴隷にさえ、うらみを抱くことはないでしょう。まして燕王の後継ぎに、そのようなことはできません。」

また故亥《こがい》（秦始皇帝の息子）が蒙恬《もうてん》（秦の大将）を殺そうとしたとき、蒙恬はこう言った。「祖父、父、わたくしと三代にわたって秦国の信頼をお受けしてきました。今、わたくしは三十数万の軍隊をひきい、背叛するに充分な力量を持っております。しかしながら、わたくしが必ず殺されることを知りつつも、君臣の大義を堅持しようとするのは、ひたすら祖先の教訓を辱《はずか》しめず、先王の恩徳を忘れないがためであります。」わたしは、この二人についての記載を読むたびに、流涕を禁じ得ないのだ。

祖父からこの身にいたるまで、私の一族が重用されてきたのは、信頼されたゆえであろう。息子らの代になれば三代をこえることになる。この私の感謝の気持は、こうして諸君らに伝えるだけではない。私はつねづね妻妾たちに向かって「私が死ねば再婚し、嫁いだ先の者に私の胸中をよく伝えてくれ」といってある。私は率直に、胸中にあることを語っているのだ。なぜこれほどくりかえし、正直に本心を打ちあけるかといえば、ただ信じて欲しいからである。金の箱の中にあった文書によって、はじめて周公の真意が伝えられたように、人に信じてもらうのはむつかしいものなのだ。

しかし、人に信じてもらうことが困難だからといって、今すぐ私の軍勢を漢室に返還し、封国に帰任することを望まれても、実際上は不可能だ。軍を手離しでもすれば、たちまち蜂の巣をつついたような攻撃をうけるだろう。子孫のことも考えるが、もし私が敗れれば、漢室は累卵《るいらん》の危機に瀕する。空虚な聖人君子の名声にあこがれて現実の災禍をまねくなど、私にはとうていできぬ。

先に三人の息子を侯にとりたてていただいたが、固辞してお受けしなかった。それをいま、改めてお受けしようというのは、さらなる栄誉を求めたいがためではない。しっかりした土台を築いて、漢室をお護りする万全の計としたいためである。わたしは介子推《かいしすい》が晋の文公の封爵から逃れ、申包胥《しんほうしょ》が楚《そ》の昭王の恩賞を避けたことを考えると、書物をおいて感嘆せずにはいられない。己れに省《かえり》みるところがあるからだ。

国家の威光と祖霊を報じて討征し、弱きをもって強きにうち勝ち、小ながら大をとりこにし、信念を行動で裏切らず、思ったことは実行して成功に導く――かくして天下は定まり、天子の命《めい》を辱かしめることはなかった。だがそれは、天が漢王室を助けられたのであって、人間の力によるものとは言えない。

いま四県三万戸を食《は》む身になったものの、私にはそれに見合うだけの徳がない。南方の長江流域がいまだ鎮定できていない以上、官位を返上するわけにはいかぬが、領土は辞退できる。私は武平一万戸を残して、残りの三県二万戸をお返しし、胸中の誠意を示したい。

●内誡令

〝内を誡《いまし》める令〟すなわち家族や使用人に倹約精神を述べたもの。諸書から断片を拾いあつめた。曹操の日常生活の一端が垣間みられる。

私は装飾過多の箱（物入れ）は好まないので、箱に数種類の皮を混ぜてつくった新皮をはり、そこに黄色の皮片をちりばめたものを使用していた。乱世に突入して皮箱は出来なくなった。そこで方形の竹箱をつくり、外は黒布でくるみ、内に粗布を張ったものを使うようになった。かつて王宮内のご婦人方は、いつも傍らに皮箱を置いていたが、それもすでに使いふるしてしまった。いま、方形の竹箱に漆を施してみたが、黒々としてなんと美しいことか。（『書鈔』一三六）

打ちに打って錬成した鋭利な武器は、凶邪を取り除き、悪人を震撼させる。（『御覧』三四五）

私の衣服は、どれも十年は着ている。年ごとに洗いなおし、つくろいなおさねばならなくなった。（『御覧』八一九）

今、わが娘は貴人（皇帝の妃）になった。黄金の印、藍の綬帯《おび》を身につけ、女としてこれ以上の受即位はない。（『御覧』六九一）

官吏や庶民の多くは、刺繍の衣服を作っているが、絹の鞋には朱紅・紫・黄金の（高貴な）色を使ってはならない。以前、江陵で各種の花柄の鞋を手にいれ、家族の者たちに与えた。そのとき彼らと、この鞋をはき終えるまで、これと同じものを作ってはならない、と約束した。（『御覧』六九七）

以前、天下が平定されたばかりのころ、私は家で薫香をたくことを禁じた。その後、三人の娘が貴人となったので、娘たちのために香をたき、久しぶりに香りを聞いた。私は香をたくのは好きではないが、遺憾なことに、その禁令を実現できなかった。今もう一度、香をたくことを禁止し、香を衣服のなかに入れたり、身につけることも許さない。（『御覧』九八一）

部屋の中が清浄でないときは、楓の樹脂（香りがある）か蕙草《けいそう》（香り草）をたくこと。（『御覧』九八二）

蔡文姫　胡笳《あしぶえ》の歌・十八節《ふし》

蔡文姫《さいぶんき》は、後漢の大学者で曹操の学問の師でもあった蔡邕《さいよう》の娘。父の獄死後、蔡文姫は匈奴の王にさらわれて異郷の地で二児の母となったが、望郷の念やみがたく、のち曹操の助けによって帰漢することができた。この歌は、その数奇な体験を詩にした彼女の絶唱である。彼女はまた、琴の天才でもあった。

胡笳の歌・十八節

生まれた初めは知りません
育つにつれて国運おとろえ
天は無慈悲にも戦乱おこし
地は無慈悲にも
わたしをこの時に遭《あ》わしめました
休みない戦火に道ゆくさえ危《あやう》く
民衆は流亡して共に悲しむ

煙塵《えんじん》、野をおおって胡虜《えびす》はびこり
人の心はばらばらに
節義は地に落ちてしまいました
異族の習俗になじめずに
受けた屈辱を誰に訴えましょう?
　胡笳一《あしぶえひと》ふし、琴一ふし
　恨みに胸つぶれて知る人もなし

ひとりの戎羯《えびす》
追ってわたしを妾《つま》となし
引きつれてゆく天涯のはて
雲つく峰はいくえにもつづき
ふり返り見れば帰路はるか
疾風は千里を走って砂塵、巻きあげ
獰猛《どうもう》で蛇のようにいやらしい胡兵《えびす》らは
弓引きしぼり鎧《よろい》着て
胸つきあげて武威しめす
　胡笳二《あしぶえふた》ふし、琴の音《ね》はりつめ

221　蔡文姫　胡笳の歌・十八節

心こなごな、独りうち嘆《なげ》く

漢土《かんど》をあとに胡《えびす》の城《まち》にいたる
家亡《な》く、いまや自分失《な》ければ
いっそ命も無ければよいものを
毛皮の衣裳《ころも》にこの身はふるえ
なまぐさい羊の肉に
わたしの感情は耐ええない
鼓《つづみ》たかだかと夜明けまで打ち鳴り
はるかに吹きわたる辺境の風
要塞は冷たく闇につつまる
　今に涙し、昔日《むかし》偲《しの》んで胡笳《あしぶえ》三《み》ふし
　悲哀と恨みを呑《の》みくだし
　いつ平安は訪れる

昼となく夜となく
思うは故郷のことばかり
この世に生はうけました

けれど、わたしの苦しみに
過ぎる苦しみがありましょう?
天は崩れて国乱れ
人にひとりの英雄なく
ただ幸《さち》うすきこのわたしは
遠く戎羯《えびす》にかこわれる
なれぬ習俗《ならわし》に心かよわず
この身はどこに置けばいいのでしょう?
食べ物異なり
心打ち明ける友もない
あれこれと思いに悩むこの苦界《くがい》
　胡笳《あしぶえ》、琴の四《よつ》ふし成れば
　つのる悲しみ、さらに悽愴《せいそう》

雁《かり》よ、南へ飛ぶときは
わがこの思いを運びゆき
雁よ、この地に帰る日は
漢土《かんど》の便りをお願いします

そう思えども空高く飛ぶ
かなたの雁に問うすべはない
むなしさに胸かきむしり
心は暗澹《あんたん》
眉ひそめ、月に向かって琴を抱《いだ》けば
　胡笳《あしぶえ》、琴の五《いつ》ふし冴えて
　沈む思いはいよいよ深し

霜は凍って
寒気するどくこの身を刺し
いくら飢えても、羊の肉や酪乳《らくにゅう》は
わたしののどを通らない
深夜、聞こえてくるかすかな嗚咽《おえつ》
隴水《ろうすい》（辺境を流れる河）よ
お前も泣いているの？
朝《あした》にながめる長城はるけく
つらかった胡地《えびす》への旅
　六《む》つふし、悲しみこみあげて

つまびく指もつかえがち

日暮れて風は悲しみを運び
あたりにさんざめく胡人《えびす》の声
知るはずもないわたしの愁《うれ》い
いったい誰にうち明けましょう？
狼煙《のろし》は荒涼とした原野に連なり
ここは、老弱をさげすみ
強き者をたたえる風俗《ならい》
水と草を追い求めては
家をつくって砦をきずく
野に放たれた牛や羊の集まるさまは
まるで蜂や蟻のよう
草食べつくして水枯れれば
羊馬を連れて移りゆく
　胡笳《あしぶえ》、琴の七《なな》ふし流浪《さすらい》
　この辺土《いきょう》への憎しみつきず

225　蔡文姫　胡笳の歌・十八節

天よ、もしも眼《まなこ》があるのなら
独り漂《ただよ》うこのわたしが
見えないはずはないでしょう？
神よ、霊《たましい》があるのなら
どうしてわたしを
この地の果てに追いやった？
天に背《そむ》いたことはありません
なのに、なぜ
わたしを異民族《えびす》に妻《めあわ》せた！
神に背いたことはありません
なのに、なぜ
わたしを荒野にうち捨てる！
　憂い消そうと八《やっ》ふし成せど
　かえってつのる身を裂く怒り

天涯《はて》しなく、地に果てなく
わたしの愁《うれ》いも限りない
過ぎゆく人生の速いこと

疾走する白馬をすき間から覗《のぞ》くようなもの
それなのに歓楽の一つも残さずに
わたしの青春は逃げてゆく
怨みをこめて天に問えど
天は蒼々《あおあお》と突きぬけてつれない
頭《こうべ》をあげて空をあおげば
ただ白き雲のたなびくばかり
　胡笳《あしぶえ》九《きゅう》ふし、琴九ふし
ああ、この気持ちは伝えようなし

狼煙《のろし》火《び》は城頭《とりで》に絶えたことなく
辺境《えびす》の戦さ、いつ終わるとも知れず
殺気は、朝な朝な城門にせまり
北風は、夜な夜な辺境《いきょう》の月に吹きつのる
故郷《ふるさと》は遠く、便りもなく
忍び哭《な》いては思いにむせぶ
一生の辛苦は別離にあり
　十《と》ふし、悲しみあくまで深く

227　蔡文姫　胡笳の歌・十八節

涙いつしか血に変わる

生をむさぼり
死を恐れるのではありません
この身をあきらめきれぬのは
心に思うことがあるがため
もしも、生きて願いがかなうなら
わたしは漢土《かんど》に帰りたい！
死んで故郷の土となり
あとはやすらかに眠るのみ
けれど月日は、無情に過ぎゆきて
我が身は変わらず異境の地
胡人《えびすのひと》はわたしを愛し
二人の子供をなしました
この子らを慈《いつく》しみ育《はぐく》むのに
何を恥じることがありましょう
あわれみをかけ心をそそぎ
二人は辺土に育ちゆく

かくして生まれた十《とお》と一《ひと》ふし
哀《かな》しい調べは骨身にしむ

季節はめぐり
春風とみに暖かいころ
漢の天子様の停戦のお布令《ふれ》
羌胡《えびす》ら舞い踊ってよろこび歌い
国交なって戦火は止んだ
たちまち到る、漢の使いの詔《みことのり》
千金おくり
わたしのこの身を買いもどす、と
生きて帰れる、そのうえに
聖《すくいのかみさま》人にお会いできるのはうれしいけれど
幼な児に別れたのちは
いつの日ふたたび逢えましょう
　胡笳《あしぶえ》、琴の十二《じゅうに》ふし
　喜び、哀しみ、重さひとしく
去《ゆ》こうか——、いいえ、この子らと——

陳《の》べがたし、ふたつの情《なさけ》

あきらめていた残りの人生
帰国する日が来ようとは
胡《えびす》の児、強く抱きしめ
あふれる涙は衣《ころも》をぬらす
わたしを迎える四頭《よんとう》立ての
漢の使いの馬車は来た
親と子、泣き叫べど声にならず
この心中、誰か知りましょう！
生も死も共に生きてきたのに、この別れ
子らへの愁《うれ》いに日も輝きを失った
ああ、翼があれば
おまえらを連れてゆくのに！
一足遠のくたびに重くなる足どり
魂消えて影絶えても、未練は残る
　十《とお》と三《み》ふしの琴と胡笳《あしぶえ》
　つまびき激しく、調べ悲しく

ただ独り胸えぐられる

わが身ひとり
漢に帰って来ましたが
随《したが》う子供の姿なく
飢餓の苦しみにも似たこの辛さ
四季、万物《ばんぶつ》には盛衰あるのに
わたしの苦しみは時節を選ばない
山高々と地は広く
わが児らに会うあてどない
ある夜更《よふ》け
お前がここまで来た夢を見た
夢中で互いに手をとりあい
喜び、そして悲しんだ
目覚めたあとの心の痛み
時はうつれど止《や》むときなし
　十《とお》と四《よ》ふしは涙さめざめ
河の流れは東に向かい

わたしの心は思いに沈む

胡笳十五《あしぶえじゅうご》、ふしの調べは迫りくる
胸うちふさぐこの愁《うれ》い
曲に読みとる方はいませぬか？
辺境の地の慣れぬ風習
帰国を願う一心が
ついに天をも動かした
漢土に帰れさえすれば
ただ、それだけで幸せと——
なのに、心をおおうこの思い
なぜか愁いは増すばかり
えこひいきない日や月も
わたしに光をそそがない
子供と母は別れ別れに
願いは思うにまかせずに
出合うことなき商星《なつぼし》と参星《ふゆぼし》
天のかなたに隔てられ

生死もたがいに知ることなく
行《ゆ》きて訪ねるすべもない

十《とお》と六《むっ》ふし、思いは茫然《ぼうぜん》
離れて暮らす親と子は
東の太陽、西の月
お互いはるかに眺め合うまま
手をとり合うこともかなわずに
むなしく胸をかきむしる
忘憂草《わすれぐさ》の前に祈っても
なぜ消えさらぬ、この憂い
かき鳴らす琴の音《ね》ひびくたび
はげしく痛む心の傷
わが子と別れて帰ったいま
かつての怨みは遠のいて
新しい恨み湧きおこる
涙を血にして頭《こうべ》をあげ
蒼《あお》き大空に訴えん

わたしと胡人《かれ》の胡児《わがこ》なのに
どうして、わたしひとりだけ
こんな仕打ちをうけるのか⁉

十《とお》と七《なな》ふし胸つまる
山河は行く手をはばみ、路はけわしい
彼《か》の地での日々、頼るものなく
故郷を想いつづけておりました
胡児《わがこ》と別れの時がきて
心は乱れ、ただ呆然とするばかり
砦《とりで》に生えた蒿《よもぎ》は黄ばみ
枯枝に干からびた葉がゆれる
過ぎゆく砂漠に散る白骨
見れば、刀痕《とうこん》痛《いた》いたしく矢疵《やきず》負う
きびしい風と霜に春夏《はるなつ》さえ寒く
人も馬も飢えと疲れに力つき
いまにも果てんとするときに
再び長安城にたどり着けようとは——

息を吞《の》みこみ、はらはらと涙流るる
胡笳《あしぶえ》の故郷《さと》は胡《えびす》の地
琴にうつせど調べは同じ
十八ふしで曲は尽きても
残る余韻に思いは止まず
音の調べの絶妙さは
造化《ぞうか》の神のしわざでしょうか
哀しみであれ、喜びであれ
人の心のうつろうままに
調べも変わり、また通《かよ》う
胡《えびす》と漢は風土《とち》も習俗《ならい》もみな異なり
天地ほどにもかけ離れた、西に住む子と東の母
わたしを苦しめる怨みは深く
あの大空よりもはてしない
宇宙が広大というならば
受けてみよ！
わたしの怨み！

三国志年譜

曹操の出生から晋の三国（魏・蜀・呉）統一まで

一五五年　桓帝永寿《かんていえいじゅ》元年　乙未
　曹操《そうそう》、沛国《はい》譙《しょう》郡の宦官の家庭に生まれる。孫堅《そんけん》、生まれる。

一五八年　桓帝延熹《えんぎ》元年　戊戌
　大将軍梁冀《りょうき》が朝政をにぎり、専横跋扈《ばっこ》する。皇帝、大臣ら不満を抱く。

一五九年　桓帝延熹二年　己亥
　五月、宦官の単超《ぜんちょう》・徐璜《じょこう》・具瑗《ぐえん》・左悺《さかん》・唐衡《とうこう》は桓帝の梁冀誅殺に功あり、列侯に封じらる。十月、単超は車騎将軍となり、これより宦官の専権が始まる。

一六一年　桓帝延熹四年　辛丑
　七月、朝廷、財政困難におちいり、公卿以下を減俸する。劉備《りゅうび》、生まれる。

一六六年　桓帝延熹九年　丙午

三月、司隷・予《よ》州で大飢饉《ききん》。七月、宦官は司隷校尉の李膺《りよう》らが大学生と徒党を組んでいると告発させ、李膺を投獄。二百余人が巻きぞえをくった（党錮《とうこ》の禍）。

一六七年　桓帝永康《えいこう》元年　丁未

十二月、桓帝、死亡。竇《とう》皇后が皇太后《こうたいこう》となり朝政にのぞみ、城門校尉竇武《とうぶ》とともに解瀆亭侯劉宏《かいとくていこうりゅうこう》を皇帝に立てた。霊帝である。

一六八年　霊帝劉宏建寧《けんねい》元年　戊申

正月、大将軍竇武・太傅陳蕃《たいふちんばん》、劉宏の即位（十三歳）を認む。九月、竇・陳、宦官誅殺を謀るも事がもれ、宦官曹節《そうせつ》・王甫《おうほ》らに殺される。宦官の権勢はますます盛んとなる。

一七一年　霊帝建寧四年　辛亥

三月、伝染病が大流行。蔡邕《さいよう》、司徒橋玄《きょうげん》に抜擢される。

一七四年　霊帝熹平三年　甲寅

曹操二十歳、洛陽の北部尉となる。

一七五年　霊帝熹平四年　乙卯

六月、弘農郡から長安一帯にかけて螟《いなご》の害にあう。孫策《そんさく》、周瑜《しゅうゆ》、生まれる。

一七八年　霊帝光和元年　戊午

十月、宦官の陰謀により霊帝は宋皇后を廃し、皇后の父と兄を殺した。蔡邕、誹謗されて罪をうけ獄に下るが、霊帝、死一等を減じて北方への流刑とする。曹操、妹の夫、濦強《いんきょう》侯宋奇《そうき》の罪に連座して免官となり、郷里に帰る。

一七九年　霊帝光和二年　己未
春、伝染病が流行。曹操（二十五歳）、二十歳の卞《べん》氏を妾となす。のち卞氏は丕《ひ》、彰《しょう》、植《しょく》、熊《ゆう》を産む。蔡邕、罪を許されるも、ふたたび呉の会稽に身を隠す。司馬懿《しばい》、生まれる。

一八一年　霊帝光和四年　辛酉
霊帝、後宮に仮設の店舗を出させ仕女を売り子に見たてたり、お互いに盗ませたりし、自分は商人服を着てそのなかにまぎれこみ、酒宴を開いて淫楽にふける。諸葛亮《しょかつりょう》、生まれる。

一八二年　霊帝光和五年　壬戌
孫権《そんけん》、荀緯《じゅんい》生まれる。曹丕《そうひ》の妃となる甄《しん》氏、生まれる。

一八三年　霊帝光和六年　癸亥
〝太平道〟の首領、張角が蜂起を計画。陸遜《りくそん》、生まれる。

一八四年　霊帝中平元年　甲子
三月、張角は天公将軍と名のり、全国で一斉に蜂起（黄巾《こうきん》の乱）、朝廷は盧植《ろしょく》、皇甫嵩《こうほすう》らに黄巾軍鎮圧を命ず。曹操、騎都尉となり、皇甫嵩らと潁川《えいせん》黄巾軍を鎮圧。曹操、済南国の相に移る。劉備、関羽・張飛らを率いて黄巾軍を打ち破り安喜尉となる。孫堅、黄巾軍を打ち破り、左軍司馬となる。

一八七年　霊帝中平四年　丁卯
十一月、曹操の父、曹嵩《すう》が一万銭で太尉の官を買う。卞氏（曹操の妻）、長男曹丕《そうひ》を産む。

一八八年　霊帝中平五年　戊辰
冀州の刺史王芬《おうふん》ら秘密裡に霊帝廃位を曹操にもちかけるが、曹操は拒み、王芬は自殺。八月、霊帝は西園に八校尉を置き、曹操、典軍校尉となる。

一八九年　霊帝中平六年　己巳

四月、霊帝崩御、少帝劉弁《りゅうべん》が帝位に即《つ》く。何太后が国政をつかさどり、大将軍何進が実権をにぎる。八月、何進、宦官の張譲によって殺され、袁紹軍は宮中に入って宦官二千人余りを殺す。董卓《とうたく》、少帝を擁立。九月、董卓、少帝劉弁にかえて陳留王を位につけ献帝とする。袁紹、曹操、洛陽を脱出。蔡邕は董卓に召請され、侍御史となる。

一九〇年　献帝劉協初平元年　庚午

正月、各地の諸侯らは、袁紹を盟主として董卓討伐軍を起こす。二月、董卓、献帝を西の長安へ移し、洛陽の宮室を焼きはらう。曹操は董卓軍と滎陽汴水《けいようべんすい》で戦うが敗れる。冬、袁紹は幽州の牧劉虞《りゅうぐ》を新帝に擁立しようとして、曹操に働きかけるが、曹操は拒否。

一九一年　献帝初平二年　辛未

二月、孫堅、董卓軍を破り洛陽に入る。七月、袁紹、冀州を攻め取る。劉備、平原の相となる。荀彧《じゅんいく》、袁紹を離れて曹操の配下に入る。鍾繇《しょうよう》、郭嘉《かくか》らも曹操のもとに集まる。

一九二年　献帝初平三年　壬申

四月、王允《おういん》・呂布《りょふ》、董卓を殺す。冬、曹操、青州黄巾軍を降伏させ、青州軍とする。六月、董卓の部下だった李傕《りかく》・郭汜《かくし》、長安の実権をにぎる。蔡邕、獄死。曹植、生まれる。

一九三年　献帝初平四年　癸酉

春、曹操軍、袁術軍を大破。夏、曹操の父曹嵩、徐州の牧陶謙の部下に殺され、曹操、陶謙を攻む。

劉備、予州刺史となる。

一九四年　献帝興平元年　甲戌
曹操、呂布・陳宮・張邈《ちょうばく》に兗州を奪われる。陶謙病死、劉備、徐州牧を継ぐ。孫策、江東に進出。

一九五年　献帝興平二年　乙亥
正月、曹操、定陶で呂布を破り兗州奪回。呂布、劉備のもとに身を寄す。十一月、献帝、長安を脱出、安邑にいたる。

一九六年　献帝建安元年　丙子
正月、曹操、曹洪を派遣して献帝を迎えようとするも董承らに拒まれる。六月、曹操、鎮東将軍となり費亭侯に封じられる。劉備、曹操のもとに身を寄す。七月、献帝、洛陽に到り、曹操、これを迎う。九月、曹操、献帝を許都に迎え、大将軍となる。

一九七年　献帝建安二年　丁丑
袁術、寿春で帝を称す。孫策、江東に独立。諸葛亮、荊州の劉表のもとに至る。

一九八年　献帝建安三年　戊寅
九月、曹操、徐州の呂布・陳宮を殺す。袁紹、曹操に孔融《こうゆう》誅殺をうながすが断わられる。

一九九年　献帝建安四年　己卯
董承・劉備ら曹操誅殺を企てる。曹操、劉備を袁術討伐に派す。劉備、曹操に叛《そむ》く。六月、袁術、寿春で病死。袁紹、曹操を攻めるべく、大軍をもって南下。九月、曹操、袁紹との決戦にそなえ官渡に布陣する。

二〇〇年　献帝建安五年　庚辰
　正月、曹操、董承らを処刑、徐州の劉備を攻めて関羽を捕う。劉備は袁紹のもとに逃げる。二月、曹操軍、白馬で袁紹軍を破る。関羽、顔良を斬り、劉備のもとに去る。十月、曹操軍、袁紹軍十万を官渡に迎え撃ち（官渡の戦い）、袁紹、逃走す。孫策、暗殺され、孫権、あとを継ぐ。
二〇一年　献帝建安六年　辛巳
　劉備、曹操に破れ、荊州の劉表を頼る。
二〇二年　献帝建安七年　壬午
　正月、曹操、故郷の譙郡に進駐。五月、袁紹、病死。
二〇五年　献帝建安十年　乙酉
　正月、曹操、袁譚を殺し冀州を制圧。以後、人材を集める一方、屯田政策に力を入れる。四月、黒山賊、曹操に降る。
二〇七年　献帝建安十二年　丁亥
　五月、曹操は北方の烏桓を征す。劉備、諸葛亮を訪い、諸葛亮「天下三分の計」を述ぶ。
二〇八年　献帝建安十三年　戊子
　曹操、丞相となる。七月、軍をひきい南下して荊州に到る。劉表、病死。子の劉琮《そう》、曹操に降伏。劉備、諸葛亮ら南に逃走。呉の孫権、劉備と同盟し、赤壁で魏軍を拒む（赤壁の戦い）。
二〇九年　献帝建安十四年　己丑
　劉備、荊州牧となり孫権の妹を妻とする。諸葛亮、零陵・桂陽・長沙、三郡の督となる。

二一〇年　献帝建安十五年　庚寅

　春、曹操、「求賢令」を出し、冬、鄴城に銅雀台《どうじゃくだい》を建てる。

二一一年　献帝建安十六年　辛卯

　三月、曹操、関中の馬超・韓遂を降す。劉備、蜀に入り、諸葛亮・関羽は荆州《じゅす》を守る。

二一二年　献帝建安十七年　壬辰

　九月、孫権、秣陵（今の南京）を建業と改む。十月、曹操、南下して濡須に至る。荀彧、寿春にて病没。このころ、銅雀台にて曹操・曹丕・曹植の親子を中心とした当代の詩人たちによる文学談義盛んとなる。

二一三年　献帝建安十八年　癸巳

　五月、献帝、曹操を魏公とし、九錫を加える。七月、魏は社稷・宗廟を建てる。

二一四年　献帝建安十九年　甲午

　劉備、成都に進撃、劉璋を降して蜀を制す。曹操、献帝の伏皇后を殺す。

二一五年　献帝建安二十年　乙未

　三月、曹操、張魯を降し漢中を征す。孫権と劉備、荆州をめぐって争う。

二一六年　献帝建安二十一年　丙申

　五月、曹操、魏王となる。

二一七年　献帝建安二十二年　丁酉

　曹丕、魏太子に立てられる。劉備、漢中に進駐。

二一九年　献帝建安二十四年　己亥
　正月、劉備、定軍山で夏侯淵を破り、曹操軍を撃退して漢中王となる。樊《はん》城《じょう》の関羽、孫権軍に捕えられ斬られる。曹操、孫権を荊州牧とする。
二二〇年　献帝建安二十五年、献帝延康元年、魏文帝曹丕黄初元年　庚子
　正月、曹操、洛陽にて病没。曹丕、魏王となり、丞相・冀州牧を兼ねる。曹操、高陵に葬らる。十月、献帝、帝位を曹丕（文帝）に禅譲す。十二月、洛陽に遷都。
二二一年　魏文帝黄初二年　辛丑（蜀昭烈帝劉備章武元年）
　五月、劉備、蜀漢の皇帝となり諸葛亮を丞相に任ず。七月、劉備、関羽の仇をとるべく呉討伐軍をおこす。孫権は魏に臣従し、王となる。
二二二年　魏文帝黄初三年　壬寅（蜀章武二年、呉王孫権黄武元年）
　五月、蜀、夷陵の戦いで大敗、劉備、白帝城に逃げこむ。
二二三年　魏文帝黄初四年　癸卯（蜀後主劉禅建興元年、呉黄武二年）
　五月、劉備、病没。諸葛亮、後事を託され、劉禅、即位す。
二二五年　魏文帝黄初六年　乙巳（蜀建興三年、呉黄武四年）
　司馬懿《い》は撫軍大将軍となり、許昌を守る。諸葛亮、蜀の南中諸郡の反乱討伐に向かう。
二二六年　魏文帝黄初七年　丙午（蜀建興四年、呉黄武五年）
　五月、曹丕、洛陽で病没。曹叡、帝位につき明帝となる。六月、呉、魏に攻めこむが勝てず。司馬懿は驃騎大将軍となる。

二二七年　魏明帝曹叡太和元年　丁未（蜀建興五年、呉黄武六年）
三月、諸葛亮、「出師《すいし》の表《ひょう》」を奏上して漢中に出征。

二二八年　魏明帝太和二年　戊申（蜀建興六年、呉黄武七年）
正月、司馬懿、孟達を斬る。蜀軍、祁山に進軍、馬謖《ばしょく》、魏将張郃《ちょうこう》に街亭で破らる。諸葛亮、敗戦の責任をとらせて馬謖を斬る。八月、陸遜、魏の曹休軍を石亭で大破する。

二二九年　魏明帝太和三年　己酉（蜀建興七年、呉大帝孫権黄龍元年）
春、諸葛亮は武都、陽平二郡を攻め、魏軍に勝つ。四月、呉王孫権、帝位につき、黄龍と改元。ここにいたって、名実ともに魏・蜀・呉の三国鼎立す。

二三一年　魏明帝太和五年　辛亥（蜀建興九年、呉黄龍三年）
二月、諸葛亮ふたたび祁山を囲み、張郃を討ち取る。

二三四年　魏明帝青龍二年　甲寅（蜀建興十二年、呉嘉禾三年）
二月、諸葛亮、斜谷《やこく》から大挙して魏に攻めこみ、五丈原で司馬懿と対峙。百余日の持久戦のさなか、諸葛亮病没す。

二三五年　魏明帝青龍三年　乙卯（蜀建興十三年、呉嘉禾四年）
蜀の蔣琬、諸葛亮のあとを継ぎ大将軍となる。正月、魏の司馬懿、太尉となる。明帝、宮殿を造営し、逸楽にふける。

二三七年　魏明帝景初元年　丁巳（蜀建興十五年、呉嘉禾六年）
七月、公孫淵、東方で自立し燕王を号す。

二三八年　魏明帝景初二年　戊午（蜀後主劉禅延熙元年、呉大帝孫権赤烏元年）
六月、司馬懿、遼東に至り公孫淵父子を斬る。九月、呉は赤烏《せきう》と改元する。
二三九年　魏明帝景初三年　己未（蜀延熙二年、呉赤烏二年）
魏の明帝、病没し、幼帝曹芳即位。曹爽・司馬懿、後見す。
二四六年　魏斉王正始七年　丙寅（蜀延熙九年、呉赤烏九年）
呉の陸遜、後継者争いのなかで憤死。蜀の劉禅、宦官黄皓を寵愛す。
二四七年　魏斉王正始八年　丁卯（蜀延熙十年、呉赤烏十年）
五月、司馬懿、曹爽の大権掌握に対し、病気といつわって自邸にこもる。
二四九年　魏斉王（邵陵歴公）曹芳嘉平元年　己巳（蜀延熙十二年、呉赤烏十二年）
司馬懿、曹爽およびその一派の何晏・丁謐を誅殺、丞相となり実権を掌握。これ以後、司馬一族（懿、師、昭）は朝政の大権を掌握してゆく。
二五〇年　魏斉王嘉平二年　庚午（蜀延熙十三年、呉赤烏十三年）
十一月、呉、太子孫和を廃して孫亮を立てる。
二五二年　魏斉王嘉平四年　壬申（蜀延熙十五年、呉孫権神鳳元年、呉孫亮建興元年）
正月、司馬師、大将軍となる。四月、孫権、病死、孫亮が即位し建興と改元。呉の諸葛恪、専権をふるう。
二五四年　魏高貴郷公曹髦正元元年　甲戌（蜀延熙十七年、呉会稽王孫亮五鳳元年）
二月、魏で李豊・夏侯玄らのクーデター発覚、誅殺される。十月、司馬師、魏帝曹芳を廃し、曹髦《ぼう》を帝位につける。

二五五年　魏高貴郷公正元二年　乙亥（蜀延熙十八年、呉五鳳二年）
正月、毌丘倹《かんきゅうけん》ら寿春で起兵、司馬師、討伐を策すも失敗。司馬師、許昌で没し司馬昭、大将軍となる。七月、蜀の姜維《きょうい》、魏を攻め、鄧艾《とうがい》ら、これを阻止。

二五六年　魏高貴郷公甘露元年　丙子（蜀延熙十九年、呉会稽王孫亮太平元年）
正月、甘露と改元。蜀の姜維、大将軍となる。七月、姜維、再び魏を攻めるが、大敗。呉の孫峻《しゅん》、死に、弟孫綝《ちん》、大将軍となる。

二五七年　魏高貴郷公甘露二年　丁丑（蜀延熙二十年、呉太平二年）
魏の諸葛誕、寿春で司馬昭に謀反。

二五八年　魏高貴郷公甘露三年　戊寅（蜀後主劉禅景耀元年、呉景帝孫休永安元年）
正月、魏の諸葛誕、文欽を殺す。司馬昭、これを攻め諸葛誕を斬る。五月、司馬昭、相国となり、晋《しん》公に封ぜらる。九月、呉の孫亮、孫綝誅殺に失敗。十月、孫綝、孫亮を廃し、孫休を即位させる。十二月、孫休、孫綝を殺す。

二六〇年　魏元帝（陳留王）曹奐景元年、庚辰（蜀景耀三年、呉永安三年）
五月、曹髦、司馬昭の大権掌握に不満を抱き、殺そうとするが、かえって刺し殺される。六月、曹奐《かん》を帝位につける。

二六三年　魏元帝景元四年　癸未（蜀後主劉禅炎興元年、呉永安六年）
魏の将軍鄧艾ら蜀に大挙して侵入。八月、劉禅、降服し蜀滅亡す。

二六四年　魏元帝曹奐咸熙元年　甲申（呉烏程侯孫皓元興元年）
正月、魏の将軍鍾会《しょうかい》、蜀の姜維らと魏にそむくが失敗、ともに殺される。呉の孫休没し、孫皓《こう》、帝位につく。
二六五年　晋武帝司馬炎泰始元年　乙酉（呉烏程侯甘露元年）
八月、司馬昭没し司馬炎、晋王となる。十二月、魏皇帝曹奐、晋王に禅譲し、魏滅ぶ。
二七九年　晋武帝咸寧五年　己亥（呉烏程侯天紀三年）
十一月、晋の武帝司馬炎、呉討伐を決意。二十万の晋軍、大挙して呉に攻めこむ。
二八〇年　晋武帝太康元年　庚子（呉天紀四年）
三月、孫皓、晋に降服、呉滅亡し、晋の三国統一なる。太康と改元す。

コラム集

奴婢の値段は一万五千文

新しい時代をもとめて群雄が割拠した後漢末動乱の時代、中国にはいったいどれほどの奴婢《ぬひ》がいたのだろうか。商《しょう》（殷《いん》）・周の時代に異族の俘虜が奴隷にされて以来、秦・漢とくだるにしたがって俘虜はもちろん犯罪者やその妻子、貧困者の身売り、掠奪されて売られた者などによる奴隷（奴婢）は膨大な数にのぼっていった。

史書によれば、たとえば漢の丞相陳平《ちんぺい》は奴婢百人を陸賈《りくか》に贈っているし、武帝は奴婢三万人をつかって苑中で馬を養わせ、また前漢の終わり、哀《あい》帝のときは、諸侯・列侯・公主・太守はじめ豪族たちが勝手放題に奴婢をたくわえたために、諸侯は二百人、列侯・公主は百人、吏民は三十人以内に制限した。後漢末も、これとほぼ同様の事情だったようである。

当時、奴婢は官─庶人─奴隷という身分体系の最下層として、奴婢・臣妾《しんしょう》・家僮《かどう》・人民などと呼ばれた。奴隷市場などでさかんに売買され、かれらは経済上の財貨の一つとしてあつかわれる人間だったのである。一般的な値段は成年男子の奴婢で一万五千文、少年で七千文、女で一万文。そのころの常食だったアワが一斛《こく》（ひとます）五十～百文くらいだったから、かなり高価なものである。奴婢は青色の衣服を着ていたが、売るときには刺繍入りの美しい服と縁飾りのついたクツを身につけさせ、逃げないよう檻《おり》に入れられたという。

では、奴婢の生活はどのようなものだったのか。宮中で働くもの以外のほとんどの奴婢が、農耕作業に従事したことは言うまでもない。彼らは朝はやくから夜おそくまで、極寒の真冬から炎熱の真夏まで、その主人である豪族や官吏や庶人にこき使われた。その様子は紀元前一世紀中ごろ、王褒《おうほう》が書き残した「童約《どうやく》」（奴隷買約証文）というユーモア韻文にいきいきと表現されている。

……家の中では、うす作り、ほうきをたばね、さおを切り、さてまた荘園の仕事には、井戸をほったり、どぶさらい、いけがきしばって、すき入れよ……門にはかんぬき、くぐりはピッシャリ、ブタにはえさやり、犬のくさりはといてやれ。トナリ近所とけんか口論、やっちゃならぬぞ、無用のさたじゃ。わしのドレイになるからは、豆くって、水のんで、それでおしまい、一ぱいやるなど言語《ごんご》ドウダン……。（宇都宮清吉訳）

というような具合で、むろん文句を言ったり反抗しようものなら、死ぬほどの容赦ない体罰がまっていた。

ところで、このような奴婢を大勢かかえて荘園を維持し、勢力をたくわえていった豪族たちは、三国鼎立にむけて部曲《ぶきょく》と呼ばれる部隊を編成してゆく。よるべない貧民、没落農民の家族、あるいは奴婢たちを、戦闘的で同時に農耕を任務とする集団につくりあげたのだ。かくして群雄たちの力は、漢王朝の没落と反比例して増大していったのである。

後漢の女性は化粧好き

古来、女性は化粧好きだった。男は己れを知る者のために命を投げだし、女は自分を愛してくれる者のために粧《よそお》う、という意味の言葉があるけれど、後漢の女性も例外ではない。

彼女たちはニワトリが鳴くと起床し、まず手を洗って口をすすぎ、髪を梳《す》いてたばね、かんざしを差す。黒髪の多いのが美人の条件だが、少ない御婦人は仮髪《かもじ》（そえ髪）で髪型をふっくらと整えた。

三日に一度くらいの割で、金盥《かなだらい》に米のとぎ汁を満たし、髪を洗う。庶民のばあいは粟《あわ》のとぎ汁が多く、いずれもなめらかで髪についた垢が落ちやすいのである。かわいた髪をすくときは象牙や角《つの》、べっこうなどの櫛（庶民は黄楊《つげ》の櫛である）を使うとすべりがよく、同時に髪に油をぬって光沢をだす。櫛には数種類あって、目の粗いものから順に梳《そ》、比《ひ》、笸《き》といった。

さて髪が終ると顔である。顔は粱《おおあわ》のとぎ汁で洗う。眼と眉は婦人の美容上もっとも気をつかうところ、後漢から三国時代にかけては黛《まゆずみ》を描くことが大流行した。眉毛の一部を抜いて、蛾の触角のように細く長く黛をひくのが好まれた。いわゆる〝蛾眉《がび》〟である。漢代の墓からは〝摂《さつ》〟とよばれる眉毛を抜く道具も発掘されている。

ついで白粉《おしろい》、頬紅、口紅で化粧する。白粉は一般には米の粉がつかわれた。米をこまかくすりつぶしたあと水にとかして濾過し、その沈澱物を天日《てんぴ》にさらして粉にする。ほかに鉛を使用した胡粉《ごふん》の白粉もあった。口紅は丹《たん》砂《しゃ》でつくり、燕脂《えんじ》は紅藍《あかねそう》の花汁をかためたものである。あとは髪に歩揺《ほよう》（黄金の台に珠玉の飾りをつけた簪《かんざし》。歩くたびに美しくゆれるのでこう呼ばれた）をさし、耳飾りをつける。耳に穴をあけてイヤリングをさげる習慣は、すでに周の時代からあつた。

古代の女性たちは美しい自分の顔や姿を水鏡にうつしたものだが、戦国時代のころから銅をつかった鏡がたくさん造られるようになり、漢、後漢と質が向上し、裏面の紋様も精巧になっていった。女子箴図《しんず》などに描かれた化粧の様子をみるとよくわかる。銅鏡にうつった完全武装、いや化粧した姿にうなずいてＯＫ！

さて、それから外を歩くとき、あるいは心よせる男性のまえで、彼女はどのようなしなをつくるのか――曹操の祖父、宦官曹騰《かんがんそうとう》と親しかった後漢の〝跋扈《ばっこ》将軍〟梁冀《りょうき》一族にまつわる、こんな話もある。

桓帝《かんてい》の元嘉《げんか》年間（一五一～一五二年）、洛陽の都の女性たちは、猫も杓子《しゃくし》も「愁眉《しゅうび》に啼妝《ていしょう》、堕馬《だば》の髷《まげ》、折腰《おれこし》の歩《ほ》に齲歯《くし》の笑《え》み」をうかべたという。つまり細く曲った眉を描き、目もとには薄く涙のあとをつける。髷は片方にながし、腰を折ってしなしなと歩きながら、頬には歯痛をこらえるような男心をそそる笑みをたたえたというのである。この魅惑的な姿態は、ときの大将軍、梁冀の家庭からひろまり、たちまち洛陽じゅうを風靡したのだった。

和らかな音楽にやすらぐ民衆

古代中国においては〝楽《がく》〟（音楽）は〝礼《れい》〟とともに、人間としての身を治めるもっとも根本的な観念だった。普通には〝礼楽〟と称される。礼をもって民の心をまっすぐにし、楽をもって民の声をやわらげ、政治によってそれを実践し、刑罰によってこれを守ったのである。

音《おん》は人の心によって起こり、生じる。物に感じて心が動けば、それが声にあらわれ、声と声が感応した結果、変化がうまれ、変化が一定の秩序をもったとき、それを音という。そして音を並べて楽器にかけたとき、それを〝楽〟と呼んだ。

音楽は聖人の楽しむもので、しかもそれは民心を善い方向にみちびくことができる。人を感動させ、風俗の変化を容易にする。むかしから政治にたずさわる者が音楽を重視したのは、そのためである。繊細でやせおとろえた音楽がおこると民衆は思い憂え、ひろびろとして和《やわ》らかな音楽がはやると民衆はやすらぎ楽しみ、荒く猛《たけ》だけしい音楽をきくと民衆はかたぐるしく剛毅《ごうき》になる。

また、まっすぐで誠《まこと》のある音楽を耳にすると民衆はつつしみ深く敬《うやま》うようになり、だらしなく邪悪な音楽につつまれると民衆は淫《みだ》らに心をまどわせる。『書経』に邪悪な音楽の例として「殷《いん》の紂《ちゅう》王は先祖の音楽をすてさって、かわりに淫声をつくり、それで婦人を悦《よろこ》ばせた」とあり、そのため師《し》・瞽《こ》と呼ばれた心ある楽官たちは、楽器をかかえて他の国や海上の島に逃げかくれたという。

漢の高祖劉邦は秦の楽人によって宗廟の楽を制定したが、房中楽《ぼうちゅうがく》（后《きさき》や夫人がたのしむ楽調）は劉邦の好きな楚《そ》の国の声律だった。また武帝は音楽をつかさどる楽府《がふ》をつくり、民間から詩を採取して誦《うた》いならわせた。ちなみに高祖時代の李延年や成帝時代の丙彊《へいきょう》、景武《けいぶ》などのように美声で神技《かみわざ》のような歌をうたった芸人には宦官が少なくなかった。同じように去勢された西洋キリスト教会の美声の歌手（カストラート）との類似性が感じられる。

後漢から三国時代にかけての音楽は、すたれつつあった伝統音楽に清新の気を吹きこみ、一種、自由奔放で開放的な旋律をうみだした。大学者の蔡邕《さいよう》、その娘の蔡文姫《ぶんき》、蔡邕の弟子の阮瑀《げんう》、魏の宮廷用音楽を制定した杜夔《とき》など、いずれも琴《こと》や笙《しょう》の名手だった。また彼らはみな曹操とのつながりが深く、曹操自身、蔡邕に匹敵する音楽的才能があったという。

三国～晋《しん》時代で音楽に秀でた人物といえば、竹林《ちくりん》の七賢《しちけん》のなかの嵇康《けいこう》、阮籍《げんせき》、阮咸《げんかん》である。阮籍は阮瑀の子で、その創作と伝えられる《酒狂》の曲は、今日、音譜に復元されていて聴くことができる。阮咸は阮籍のいとこである。

嵇康は魏の司隷校尉鍾会《しょうかい》の讒言《ざんげん》にあって殺されたが、処刑場に行くにさきだって平然と琴をつまびき、

「古楽はここで絶えるであろう」

と慨嘆した。『魏書』に載っている話である。

戦乱の日々でも人びとは雑技を楽しんだ

雑技《ざつぎ》とは春秋戦国時代にはじまり漢、後漢としだいに系統的・芸術的に発展していった演技のことである。手《て》技《わざ》、口技《くちわざ》、玉乗り、綱渡り、馬乗り、武術、猛獣使いから魔術まで多くの演目があり、その技術は漢の武帝時代に大きな進歩を見せた。

雑技が人びとの享楽の対象であることは言うまでもないが、中国で最初の国際人と言ってもいい漢の武帝は、各国の使節を招いた外交の席で、大々的に中国の雑技を披露した。しかも武帝が西域に派遣した張騫《ちょうけん》は、アラビア地方から魔術師などの芸人を連れきたり、ここに古代ローマに発する西洋の遊芸と中国のそれが影響しあうようになったのである。

漢から後漢にかけての雑技の様子は、おもに墓石や磚《せん》（レンガ）に刻された石刻画《せっこくが》（画像石、画像磚《がぞうせん》と呼ぶ）

や副葬品の陶俑《とうよう》（陶製の人形）などに生き生きと表現されている。「巴兪舞《はゆぶ》」「七盤の舞《しちばん》い」などの舞踏ともいえる技巧的雑技が流行し、大きな催しには当然、見合った施設が必要だった。それは「観《かん》」と呼ばれ、都長安には著名な平楽観《へいらく》をはじめ二十四カ所もあったという。

とくに後漢時代には雑技の演技種目はひと通り出そろい、鐘、太鼓などで伴奏する楽隊の発達とともに、ほぼ完璧な芸術的体系がつくられた。そして後漢末の動乱に遭遇し、王朝で管理された雑技は一時的に衰退するものの、どっこい芸人たちは戦乱のちまたを流浪しつつ、雑技の芸を売りながら、その伝統を絶やすことはなかったのである。曹丕《ひ》の妻となった甄氏《しん》の伝（甄皇后伝）には、彼女が八歳のとき、おもてに馬乗り曲芸がやってきた話がある。

曹操はじめ曹丕、曹植の親子は文学、武術のほか雑技をとても楽しんだ。『後漢書』「方術伝」のなかには、曹操の宴会の席にいた左慈《さじ》という幻術師が、今日の宴会に呉の松江《しょうこう》のスズキが足りないと曹操がいえば、即座に水をはった銅盤からスズキを釣りあげ、蜀のショウガが欲しいといえば、ただちにショウガを調達した話が載っている。

もっとも曹植に言わせれば（『魏書』「華佗伝《かだ》」注）、曹操父子はけっして幻術師や方術士らの技にだまされていたわけではなく、彼らを宮廷に招き集めたのは、そうした連中が迷信をあおり、民衆をまどわせるのを警戒したからだ、ということになる。

おもしろいことに、魏の文帝となった曹丕は雑技や馬戯を見るのが好きなばかりでなく、みずから口技ができた。口技とは口腔の発声によって虫や鳥、獣の鳴き声や生活上の音を真似る技である。文学仲間の王粲《おうさん》が死んだとき、葬送にのぞんだ曹丕が悲嘆のあまりロバの鳴き声を発したので、みなも彼にならって鳴いたという。王粲はロバの鳴き声を愛していたのである。

また、まだ皇帝になるまえ、曹丕は故郷の譙《しょう》に滞在したおり、長老や住民を集めて歌舞や雑技を楽しませている。そのときの妙技は、芸人が馬の背に乗って演じる、スリルに富んだ〝戯馬立ち乗り〟だったという。

数奇な運命をたどった蔡文姫

広大な中国大陸の大自然の厳しさと闘い、かつ戦乱をくぐりぬけながらも己れの生き様を貫徹しようと必死だったのは、ただに男たちばかりではなかった。後漢末の女たちもまた、乱世の嵐にもてあそばれ数奇《すうき》な運命をたどりつつ、声をかぎりに生の証《あかし》を求めたのである。

大学者蔡邕《さいよう》は、霊帝時代に宦官を批判したため罪におとしいれられ、一家は十二年ものあいだ南方呉《ご》の地への亡命を余儀なくされた。折しも董卓が献帝を新帝にたて、蔡邕は洛陽に呼びもどされて左中郎将《さちゅうろうしょう》を命ぜられる。蔡邕の一人娘、文姫《ぶんき》は十四、五歳の乙女になっていた。

文姫は琴をはじめ様々な学問を、父からみっちり仕込まれた。洛陽に帰ってきた彼女は十六歳で結婚する。「名は琰《えん》、字《あざな》は文姫。博学で才気にあふれ、ことば遣いもさわやか。そのうえ音楽の天才だった。河東郡の衛《えい》仲道《ちゅうどう》に嫁いだ」と『後漢書』「董祀《とうし》の妻」の伝に記されている。

しかし非情な運命は、蔡文姫だけを仕合わせにしてはおかなかった。洛陽を焼きはらって長安に遷都したばかりの董卓が呂布らに殺されると、父蔡邕は獄死させられ、さらに文姫は夫、母まで病で失くす。そこを匈奴《きょうど》が襲った。

夫が亡くなり、子もなかったので、文姫は実家（陳留）にもどった。興平年間（一九四～五年）、天下は大いに乱れた。文姫は胡《えびす》の騎兵に捕えられ、南匈奴の左賢王《さけんおう》の妾にされた。胡の地に住むこと十二年、二人の子を生んだ。（「董祀の妻」）

朔北《さくほく》の地における異民族との生活がはじまった。言葉は通じず、食べ物はのどをとおらず、生活習慣はまったく異なる――愛する二人の子を生んだものの、故国漢への望郷の念は日々につのってゆく。後年、蔡文姫はふたたび故国の地を踏むが、戦乱で親子離ればなれになった痛ましい体験を思い出し、悲憤のあまり、いくつかの長詩をよんでいる。その一節――

道はけわしく行く手をはばむ、
ふりかえり見れば故郷《ふるさと》はるか、
想いにはらわたもちぎれんばかり。
さらわれゆく婦女の数しれず、
ちりぢりばらばらに引っ立てられ、
たとえ身内に出合おうとも、
口には出せぬ胸のうち……
夜が明ければ泣きつつ歩き、
日が沈めば悲歎にくれて腰下ろす。
死のうにも死にきれず、
生きようにも救いなし。

天よ、ああ、何の罪あって、
これほどの災禍《さいか》に遭《あ》わしめる⁉

十二年後、蔡文姫は左賢王および二人の愛児と別れて洛陽にもどってくる。実は、すでに丞相《じょうしょう》の地位にあった曹操が、玉璧《ぎょくへき》と交換に蔡文姫を連れもどしたのだった。文姫の父蔡邕は曹操の学問の師であり、曹操はその学統をつぐ彼女の才能を惜しんだのである。帰国後、蔡文姫は董祀《とうし》に嫁ぎ、曹操の庇護のもとで父の作品四百篇を編集した。彼女の絶唱「胡笳《あしぶえ》の歌・十八節《ふし》」の長詩は、二一九頁をご覧いただきたい。

後漢末セックス事情

前漢から後漢にいたる皇帝の多くが、数えきれないほどの宮女を相手にしたばかりでなく、宦官などの男をも性の対象にしたことはよく知られている。かの武帝はすでに少年のときから漢嫣《かんえん》という同性愛者がいた。母太后の命令により漢嫣が殺されると、こんどは宦官李延年《りえんねん》を相手に選んだ。李延年は美声の宮廷俳優、いわば後世ヨーロッパのカストラートとして、武帝の寵愛を一人占めした。

以上は後宮での話だが、大臣以下一般庶民にいたるまでの性事情はどうだったのだろうか。前漢から後漢にかけて、すでに社会生活において絵入りの性の手引書がひろく利用されていた。いわゆる〝房中術《ぼうちゅうじゅつ》〟(寝室のなかでの術)である。これらの教本には性行為におけるさまざまな体位が絵で示され、嫁入り道具にも加えられた。そこには、いかにすれば男女双方が満足できる性交を維持できるかだけでなく、男は射精をおさえ、女性の体液を吸収することで健康を維持し、寿命を延ばす方法も示されていた。いわば儒家は優れた子孫を生むために、道《どう》家《か》は長命不死の性的修行として〝房中術〟を研鑽《けんさん》したのである。

世は後漢末の戦乱の時代に入った。戦争や大飢饉や大洪水で、中国の人口は激減してゆく。為政者はその増殖にやっきとなり、女子は十五歳から三十歳までのあいだに嫁がなければ罰金を課し、また夫が戦死や病死した寡婦の再婚を奨励した。厳しい儒教社会は意味をなさなくなっていた。

男女は一緒に飲食し、道を歩き、同じ車に乗り、二人きりで逢った。男は相手が離婚した女であれ、夫を亡くした婦人であれ、好《よ》い女であれば一緒になった。曹丕、劉備、孫権、みな寡婦を夫人にしていることからも、それがいかに普遍的だったかがうかがわれよう。

だが乱世に生じる精神や性の開放は、一方でそれを利用する宗教的、政治的集団を生む。性的結合により男女の生命力が増すという道教的風潮は、たまりにたまった民衆の不満のはけ口に変貌し、道教徒のなかには、集団で性的修行にとりくむことで信徒らを〝合気《ごうき》〟（男女の結合によって精気を統合する）のエクスタシーにかりたて、反政府蜂起へと煽動するものも少なくなかった。後漢滅亡への序曲ともなった黄巾賊の反乱のうちにもむろん、そのような集団はあったのである。

当時、張角ら黄巾賊の反乱に批判的だった仏教徒たちは、道教徒の一派の実態を次のように記している。すなわち「道教徒たちは『黄書《こうしょ》』（黄巾賊秘伝の教範）にのっとって猥褻《わいせつ》な修行をしたい放題した。〝生命の門を開く〟〝真人（師）の息子を抱く〟〝龍と虎の戯れ〟などの名目で性交を行ない、天の災難から逃れるべく、男女の信徒はさながら鳥けだもののように相手かまわぬ性交にふけった……」と。

それらの信徒が指導者の意のままにあやつられ、蜂起の先頭にたって命を落としていったことは、説明の必要はないだろう。

仙薬のもとは玉・金・銀

普通、ひとは少しでも長生きしたいものである。神や仏を信じず、人間の死を冷静に見つめていた曹操でも、養性《ようじょう》の法（道家の、生をまっとうする方法）を好み、処方や薬にくわしく、健康を保つために野生の葛《くず》を一尺ほど食べる訓練をしたり、鴆毒《ちんどく》入りの酒を多少飲んだりした。頭痛もちだった彼は、その痛みから逃れようとした面もあったようだが、当時、多くの人びとは長生のための秘薬（仙薬とも呼ばれた）を求めることに熱心だった。

むろん、金銭をもたぬ一般庶民には縁のない話である。しかし皇帝は言うまでもなく金持ちや大官僚たちは、不老長生だけではあきたらず、死後の屍体が腐って朽ちはてることまで心配して、その処方を実践した。仙薬をつくり、処方を指導したのは、方士《ほうし》と呼ばれるあやしげな人たちだった。前漢の李少君《りしょうくん》や東晋の葛洪《かっこう》（抱朴子《ほうぼくし》）などが有名である。彼らは何を材料にして仙薬をつくり、そしてそれは実際に効いたのだろうか。今日の中国では、出土した仙薬の科学的分析結果が出ている。

中国の古代人は玉《ぎょく》を非常に珍重した。さまざまな玉器をつくって権威の象徴にしたばかりでなく、墓葬に際しては屍体を玉でおおった。玉には屍体防腐剤の効果があると信じられたのである。その観念は漢代になってより顕著になり、玉片を金や銀の糸でつなぎあわせて〝玉衣〟をつくり、それを屍体に着せるようになった。

そのような玉防腐剤の〝迷信〟は、やがて〝丹沙《たんしゃ》〟や〝雲母《うんも》〟などの鉱石と同様に、方士らによって防腐術の粉薬《こなぐすり》として利用されるようになる。つまり生きているときから飲んでいれば体は腐ることがない、不老長生の

〝仙薬〟というわけである。丹沙（辰沙《しんしゃ》とも言う）は水銀と硫黄《いおう》の化合物で、古代から長生防腐薬として利用された。粉末にしたあと練って丸薬にし、服用したのだが、そのような薬をつくるのを〝煉丹術《れんたんじゅつ》〟と呼び、その技術は方士たちの〝秘術〟とされた。

仙薬の材料である玉や鉱石を処理するには、当然、冶金《やきん》技術が必要である。古代中国では早くから青銅や金・銀の冶金技術が発達しており、それが〝煉丹術〟に応用された。金・銀・鉛・水銀なども防腐剤や不老長生薬に利用されるようになり、それらを含んだ丸薬を口にすることで、漢から三国にかけての大尽《たいじん》たちは長生きを夢みたのである。

方士らの煉丹術によって造りだされた仙薬を飲んで、彼らはどれくらい長く生きられたのだろうか。その効果のほどは、実際には明らめられてはいない。丹薬に凝った皇帝たちには、若くして昇天している例が多いようではあるが、といって、御利益がなかったとはいえない。もし方士の勧めを断わって仙薬を服用しなければ、もっと若くして、あの世に旅立ったかもしれないのだから――。

曹操の墓、未発見の謎

魏王曹操が出征中の洛陽で病没したのは、後漢の建安二十五年（二二〇年）正月、享年六十六歳のときのことだった。ほぼ一八〇〇年むかしのことだが、いまだに彼の墳墓がどこにあるのか杳《よう》として知れない。『魏書』「武帝紀」には「庚子《こうし》、王、洛陽に崩ず、年六十六……二月丁卯《ていぼう》、高陵に葬る」とあるが、その高陵の所在がわからないのである。三男曹植の「武王誄《るい》」（死者をたたえる言葉）に「柩《ひつぎ》は、はや西陵に着いた」と記されており、西陵はおそらく「武帝紀」の高陵をさすのだろう。しかし、それがどこかはわからない。

墓陵が見つからないため、後代、曹操の墓についてのさまざまな伝説が生まれた。その所在地については三説ある。高陵は魏の国都鄴《ぎょう》城に近い河南の安陽《あんよう》一帯につくられたという説。これは生前の曹操が、寿陵《じゅりょう》（王の陵墓）を「西門《せいもん》豹《ひょう》の祠《ほこら》の西にある高地」（安陽付近）に造成せよと指示していることから可能性は高いと思われるが、それらしきものはまだ発見されていない。

もう一説は曹操の故郷、譙《しょう》（安徽《あんき》省亳《はく》州市）にあるという説。だがここでも、曹氏一族の墓は発掘保存されているものの、本人の陵は未発見である。そして今日、最も注目されているのが後漢献帝の居城があった許（許昌市）存在説である。言うまでもなく許は後漢末期最大の都城で、いわば曹操が造ったようなもの。そこを終《つい》の住処《すみか》に選んでも、なんの不思議もない。今に語り継がれている伝説によると――

洛陽で病に臥した曹操が史書を読んでいると、春秋末期の呉の伍子胥《ごししょ》が平王の墓をあばき、その屍を三百回鞭打って、殺された父と兄の怨みをはらした、という記述に出会った。ぞっとした曹操は許都に至急便を発し、司《し》馬孚《ばふ》（司馬懿《い》の弟）にこう命じた。

「許の潁陰《えいいん》城外に七十二の疑冢《ぎちょう》（にせの墳墓）を造り、もう一つ景福殿の古樹のそばに真の冢《はか》を築造せよ。完成後は職人を一人残らず殺せ」

いっぽう鄴から曹丕を呼びよせ、

「司馬孚に逆心あり。わしが死んだら、機会をみて処分せよ」

と遺言した。曹操が死ぬと金の柩《ひつぎ》が鄴城の墓地に埋められた。むろんこれは偽《にせ》で、本物は許に運ばれ司馬孚に渡された。司馬孚は用意していた七十二の柩を一どきに四つの城門から運び出し、城外の各所に埋め、曹操の屍体は景福殿のまえに埋葬した。時をおかずに、司馬孚は曹丕に殺された。かくして曹操の墓の所在は、一つの謎になった……。

実際には司馬孚は晋朝創建後まで生きていたので、この話を笑ってしまえばそれまでだが、許昌には他にも『聊斎志異《りょうさいしい》』に取りあげられている「曹操冢」の物語りなど、曹操墓伝説が少なくないのだ。観光政策も手伝って、ここ数年、発掘ブームにわく許昌で、真の曹操の墓がみつからないとも限るまい。

洛水の女神に託す兄嫁への恋

後漢から三国時代にかけては、曹操の妻となった卞《べん》氏や蔡邕《さいよう》の娘文姫《ぶんき》など活躍した女性は少なくなかった。なかでも最も魅力的で、しかも悲劇的な最期を終えた甄后《しんこう》の生涯は、時代をこえて人の心をとらえずにはいない。甄后は漢王朝で代々二千石を食《は》む官吏の五女として生まれた。家は裕福だったのでしっかりした教育をうけ、九歳で書法を好んだという。十四歳のとき次兄が死んだ。彼女の悲嘆は礼の慣習をこえるほどで、未亡人となった兄嫁には敬意をもって仕え、残された子どもをいつくしむなど、その苦労をもひきうけた。

建安年間、袁紹《えんしょう》の次男袁熙《き》のもとに嫁ぐ。袁熙が幽《ゆう》州刺史となって地方に出ると、あとに残って袁紹の妻劉《りゅう》氏の世話をみていた。ちょうど官渡の戦いがおこり、袁紹一族は曹操軍に徹底的にうち破られる。袁紹の居城だった鄴《ぎょう》城が陥落、曹操の長男曹丕《ひ》らが城内に踏みこんだとき、劉氏と甄后は四方に壁のない部屋のなかに坐りこみ、恐怖にふるえていた。「嫁ごの顔をあげさせなさい」という曹丕の言葉に、劉氏が甄后をかかえて上をむかせた。と、その類《たぐい》まれな美貌に引きこまれるように、曹丕は大きなため息をついた。

曹操は曹丕の気持ちを聞き知ると、彼女を嫁にむかえてやった。曹丕の寵愛ぶりは一方《ひとかた》ならず、曹叡《そうえい》（のちの明《めい》帝）と東郷公主の二人をもうけた。のち曹丕は、漢の献帝から禅譲をうけて魏の皇帝となり、甄后は皇后となる。

だが彼女の仕合わせは、長くは続かなかった。皇帝となった曹丕のまわりには彼女と寵愛をきそう側室が次々と現われ、礼儀正しく尽くし型の彼女は失意の底にしずんでゆく。そして、ふともらした怨みごとが曹丕をひどく刺激し、ついに死を命ぜられて鄴に埋葬されたのである。

彼女が死んで一年後、曹丕の弟曹植（三十一歳）は、洛陽から封地に帰る途中、洛水《らくすい》のほとりで伝説の女神の幻影を見て「洛神《らくしん》の賦《ふ》」を詠《よ》んだ。

むかし宓《ふっ》羲《き》氏の娘宓《ふっ》妃《き》が洛水で溺れ死に、この河の女神になったという。

……なで肩につづく白絹をつかねたような腰あたり
うなじに匂う白い肌
あまい香《こう》も白粧《おしろい》もつけず、
黒髪ゆたかに柳の眉……
薄絹の一衣《ひとえ》、風にたなびき
この世のものとも思えぬ、その艶《あだ》なる姿……

この洛水の女神の美しさをたたえる詩は、実は兄曹丕の嫁、甄皇后によせた道ならぬ恋をうたったものだ、といわれている。兄に殺された、いまは亡き甄后の面影が洛水の霧の彼方にあらわれる――皇帝の弟の身でありながら政治的に疎外され、うつうつとした日々を送っていた曹植にとって、ありし日の切ない恋が、女神の姿をかりて白昼夢となって現われたのかもしれない。

四世紀東晋の画家顧愷之《こがいし》は「洛神賦」に感じて一巻の絵巻物を残しており、また書聖王羲之《おうぎし》とその子は、この詩を十枚も作品に書きのこしている。

魏と蜀の少数民族対策

秦漢以来、中原《ちゅうげん》（洛陽を中心とする黄河中流域）の漢民族と辺境の少数民族は、いくたびとなく衝突をくりかえしてきた。とくに漢の武帝時代は、屈強な北方遊牧民族匈奴《きょうど》の侵入に対して大軍を派遣し、徹底的な反撃、攻撃をくりかえし、ついに臣従させた。だが後漢から三国時代にかけては、北辺から東北部一帯に烏桓《うかん》族や鮮卑《せんぴ》族が勢力をはり、中原を悩ませたのである。

袁紹との官渡決戦において窮地から一挙に勝利を手にした曹操は、袁一族追撃の手をゆるめなかった。袁紹が病死すると、息子の袁尚《えんしょう》・袁熙《えんき》らは北方烏桓をたよって逃亡、かくして曹操と烏桓族の戦いは時の問題となった。建安十二年（二〇七年）五月、曹操は奇策をもちいて烏桓を襲撃、徹底的に打ち敗る。投降する者二十余万人、烏桓の捕虜となっていた十数万の漢人を内地に連れかえった。

いっぽう鮮卑族のほうは、烏桓討伐さるの報を聞くや、自ら漢の朝廷に恭順の意を示してきた。こうして曹操の時代にいったんは武力で平定したものの、魏の明帝時代になると、ふたたびすきを突いて反乱をおこすようになる。西に蜀漢、南に呉と対峙する魏にとっては、北方少数民族の勢力の消長はもっとも敏感な軍事問題だったのである。

ところで中原から江東周辺を転々としたあげく、荊州の地から益州・蜀の地に乗りこんだ劉備と諸葛亮は、建安十六年（二一一年）、劉璋《りゅうしょう》を攻撃して成都を落とし、自分たちの根拠地を手にいれた。二年後、白帝城で劉備が病没するや、〝南中〟地区の少数民族が次つぎに反乱をおこした。建寧《けんねい》（雲南の普寧《ふねい》）の雍闓《ようがい》、牂柯《しょうか》（貴州の凱里《がいり》）の朱褒《しゅほう》、越嶲《えつすい》（四川の西昌《せいしょう》）の高定らである。蜀漢は南中地区を失う危機にみまわれた。だが、国を創ったばかりの蜀漢自体の体制確立のほうが先である。諸葛亮が内政を治め、大軍をひきいて南下したのは二年後（二二五年）の春のことである。

当時、彼ら少数民族は夷族《いぞく》（今日も西昌一帯にはイ族自治区がある）と呼ばれ、奴隷制社会を営み、漢民族が雑居していた一部分に封建制社会が混入していた。ほとんどが農業と牧畜に従事し、いわば原始部落を形づくる部族社会だった。『蜀書』「諸葛亮伝」注には「諸葛亮軍は南中に到り、向かうところ敵なし、というありさまだった。夷族にも漢族にも押さえのきく孟獲《もうかく》という者がいることを聞き、生け捕らせた」と記している。いわゆる〝七縦七擒《しちしょうしちきん》〟（七たび放《はな》って、七たび捕える）によって手なずけた、といわれる孟獲の話の原典である。後世、少数民族を皆殺しにしなかった諸葛亮の心のひろさとしてとらえられているが、おそらく戦略上有効な手段にすぎなかったはずである。夷族の首領、孟獲を恭順させることで、南中以南、昆明にいたるまでの地域を制圧することができたのである。これによって諸葛亮は、魏との戦いに力をそそぐことが可能となった。魏も蜀も、少数民族にたいする後顧の憂いをとりのぞいたのちに、お互いの決戦にのぞんだわけである。

身も心も裸の好漢《おとこ》

酒とともに昇天した、うらやましい男の話である。時代は魏の正始年間（二四〇〜二四九年）から泰始年間（二六五〜二七九年）にかけての頃、世の知識人のあいだでは老子《ろうし》や荘子《そうし》の思想がさかんにもてはやされた。後漢末乱世の破壊や殺戮、飢餓の風景が、儒学を衰退させ虚無の潮流をうんだのである。

混迷の時代、政治や文学に関心をよせ、心傷つくがゆえに現実政治から一歩身をひいて為政者を批判する知識人たち――かれらは俗世間に身を置いていながら世俗と交わらず、音楽や詩や不老長生や人生の無常について、酒を飲みつつ語りあった。魏から晋にかけての、その代表的人物が、いわゆる〝竹林《ちくりん》の七賢《しちけん》〟と呼ばれる人たちである。（二五〇頁「和やかな音楽にやすらぐ民衆」参照）

阮籍《げんせき》、嵆康《けいこう》、阮咸《げんかん》、山濤《さんとう》、向秀《しょうしゅう》、王戎《おうじゅう》、そして劉伶《りゅうれい》。この七人は、あるいは官吏となり、あるいは山中で生活し、あるいは年がら年じゅう飲んだくれるといったふうに、それぞれ他人に強制されぬ己れの生き方を実践したのだが、共通していたのは、その個性的な人生において、つねに人間の真の幸福とは何か、真の自由とはなにかという、魂の問題を追求したことだった。もっとも興味深い男〝酒聖〟劉伶（字《あざな》は伯倫《はくりん》）のエピソードをご紹介しておこう。

劉伶は漢の高祖劉邦と同じ沛国《はい》の出身である。六尺あまりの身長、容貌は「はなはだ陋《みにく》し」と『晋書《しんじょ》』「劉伶伝」にある。彼の生き方は、心のおもむくままにまかせ、この宇宙は狭いもので、存在するものの価値はみな等しいと考えた。ふだんは無口だったが、阮籍や嵆康らと会うとたちまち意気投合して、ともに竹林にわけいって遊んだ。

とにかく、いつも酒びたり。むろん財産のある無しなど、これっぽっちも念頭になかった。酒壺をかかえ、粗末な荷車に乗って出かけたが、いつも鋤《すき》をかついだつきそいを連れていき、こう言いつけていた。

「わしが死んだら、その場に埋めてくれ」

あるとき、またまた喉が酒を求めるので妻に所望《しょもう》した。と、劉伶の妻は、なかの酒をあたりにぶちまけ、酒壺を地面にたたきつけた。そして大声で泣きわめいた。

「あなたの飲みかたは、あまりにひどすぎます！　お体にいいわけがありません。どうぞ、お酒を止《や》めて下さい！」

劉伶は、その通りだ、というようなとぼけた顔つきで言った。

「わかった。だがな、自分ひとりじゃ止められそうもない。ひとつ、鬼神に祈って誓いをたてよう。すぐ、お神酒《みき》とお供えを用意してくれ」

また、こんな話も伝わっている。酒びたりの劉伶は、家の中ですっ裸でいることもあった。ある人が家にやってきて、その様を見て注意した。劉伶は平然として、こう言った。

「天下はわしのわが家、わが家はわしの褌《ふんどし》じゃ。おぬし、なんでわしの褌のなかにはいりこむ⁉」

劉伶は「酒徳頌《しゅとくしょう》」というただ一つの文章を残して、天寿を全《まっと》うしたという。

あとがき

近年は三国志のブームだそうである。

言われてみれば、名の知られた作家の手になるものを中心に、小説・評論・漫画などの〝三国志もの〟が書店のコーナーを占めている。それればかりか、このごろでは「三国志」を冠した専門（？）の新聞・雑誌やビデオ・CD・ゲームまで巷に氾濫し、ブームは当分、下火になりそうもない。

中国語原典の『正史・三国志』や『三国志演義』の日本語訳出版も、ブームを支えているのだろう。しかしおおかたは江戸時代以来の、原典をダイジェストし、翻案し、日本人好みに脚色した、いわゆる〝下敷《したじき》三国志もの〟と称してよいようである。下敷だからどうの、と言うのではない。ただ私は、それらには関心がないのである。

はや二十数年以前のことになる。中国文学には素人だったにもかかわらず、私は竹内好《よしみ》先生門下の翻訳者集団「柿の会」の最末端に連らなり、徳間書店版・正史『三国志』の訳業にたずさわっていた。私にとっては天から与えられたとでも言うべき、得がたい寺子屋教室であった。そのころ勤めていた会社が退けると、ほとんど毎夜、渋谷桜ヶ丘のマンションの一室に通ってはガリ版で切った自分の訳を刷り、三三

五五、集まってこられる諸先輩（十〜二十歳年長の方が多かった）に差しだし、茶碗酒片手の集団討議による厳しい指導をいただいた。

その仕事が終わって数年後、私は新人物往来社から『三国志曹操伝』を上梓した。政治と文学の狭間を人として誠実に生きぬいた後漢末の雄・曹操に惚れ、彼の詩文を徹底的に読みこんだ成果を自分に問うたのである。むろん私の曹操など、だれも見向いてはくれなかった。

ほぼ十年が過ぎ、今度は四百五十点もの写真図版を盛りこんだムック版の『三国志誕生』（写真と文の一部は小松健一氏）を、同じ新人物往来社から刊行した。さきの『曹操伝』を練りなおし、後漢末憂き世の中国大陸を疾駆した男たちの、詩のドラマを再現させたかったからである。それからまた、十数年が経った。

このたび影書房から、ムック版の写真を省いた私の文章のみの単行本『三国志誕生』を出版していただくことになった。影書房の松本昌次さんとのあいだを取りもってくださったのは、私の住む埼玉県飯能市で同人誌『文游』を主宰されている鈴木地蔵さんだが、私たち三人には、実はもっと旧《ふる》くからの因縁があった。

松本さんはかつて未来社の編集者時代に、竹内好先生の著作を担当されたことのある方で、私は雑誌『中国』（竹内好主宰、徳間書店発行）の編集部員だったころから存じあげていた。

少し後のことになるけれども、東京都中野区に庄《しょう》幸司郎という奇特な建築家がおられた。文学者の書斎や住居を手がけるかたわらミニコミ紙『告知版』や月刊誌『記録』を発行され、庄さんは竹内家の造作にも関わっておられたので、いつしか私も面識を得ていた。あるとき私が手伝っていた中野の飲み屋を、庄さんに買いとってもらったこともある。その庄さんが松本さんとは年来の盟友だったことを、当時は知らなかった。しかもそのころ、若き日の鈴木夫人が庄さんの建築会社で献身的に働いておられたから、鈴木さんも庄さんとは昵懇だったのである。やがて私は飯能に移り住み、鈴木さんと出会うことになる。

竹内先生逝かれてもうすぐ三十年、庄幸司郎氏他界されて五年、私はいま〝還魂《かんこん》の縁《えにし》〟とでもいうべきものを感じている。

出版にご尽力いただいた松本さんと鈴木さんに、心より感謝申し上げます。また実務に当たってくださった影書房編集部の方々に、お礼申しあげます。

二〇〇五年十二月

尾鷲卓彦

初出＝別冊歴史読本『三国志誕生――真のヒーローは誰か』（新人物往来社・一九九六年四月刊）

尾鷲卓彦（おわせ　たくひこ）
1947年、福岡県京都郡に生まれる。雑誌『中国』などの編集を経て、現在、中国古代の文化・歴史を中心とした翻訳・文筆の仕事に従う。著訳書に『宦官』『酷刑』『厚黒学』（以上、徳間文庫）、『中国商人』『酷刑図解篇』（以上、徳間書店）など。

三国志誕生《さんごくしたんじょう》
二〇〇六年三月三日　初版第一刷
著　者　尾鷲卓彦《おわせたくひこ》
発行所　株式会社　影書房
発行者　松本　昌次
〒114-0015　東京都北区中里三―四―五
ヒルサイドハウス一〇一
電　話　〇三（五九〇七）六七五五
ＦＡＸ　〇三（五九〇七）六七五六
E-mail : kageshobou@md.neweb.ne.jp
http://www.kageshobo.co.jp/
〒振替　〇〇一七〇―四―八五〇七八
本文印刷・製本＝新栄堂
装本印刷＝美和印刷

定価　二、五〇〇円＋税

ISBN4-87714-346-7 C0022